절
박
한

삶

탈북 여성 다섯 명이 말하는
도망쳐온 삶,
새로 꾸려가는 삶

절박한 삶

전주람 · 곽상인 지음

글항아리

| 일러두기 |

- 이 책에 실린 인터뷰들은 2014년 11~12월에 이루어지고, 원고 녹취와 재수정 작업에 오랜 시간을 들여 2020년에 원고를 마무리했다. 저자마다 2~3회씩 인터뷰를 했고 만난 장소는 방화6종합사회복지관, 마포 가든가족연구소다. 표지 인물은 2장의 인터뷰 대상자 백장원씨로 2020년 10월에 촬영했다.

- 본문에 실린 이름은 가명이며, 나이는 인터뷰 당시를 기준으로 했다.

- '탈북민' '북한 이주민' '북한이탈주민' 등의 여러 용어 중에서 '북한이탈주민'이 행정, 법률 용어로서 쓰이고 있다. 그러나 당사자들이 '이탈'이라는 단어를 선호하지 않는다는 점을 고려하여, 이미 등재된 논문명 등을 제외하고 본문에서는 '탈북 여성' 혹은 '북한 이주민' 등으로 통일했다.

- 현장 인터뷰 및 채록은 전주람, 원고 정리 및 글 구성은 곽상인이 주로 했다.

우리가 아닌 그들이
그들이 아닌 우리가 되기까지

차례

2012년, 남들이 우러러보는 박사학위를 취득하고 전국을 떠돌며 본격적인 보따리장수를 시작했다. 학위를 받게 되면 바로 전임교수 자리가 날 거라는 생각은 하지 않았다. 욕심이 없다기보다 그 당시에 내 선배들이 자리를 잡지 못했고 몇 명은 현재까지도 그러고 있으니까. 그러나 서서히 실적을 쌓다보면 언젠가는 명패가 달린 개인 연구실을 독차지하고 앉아 커피잔을 들고서 창밖의 캠퍼스 풍경을 낭만적으로 바라볼 때가 오리라 생각했다. 많은 시간이 흘렀건만 세월이 하 수상하여, 현재까지도 불안정한 상황에 처해 있는 것은 마찬가지다. 얼마나 더 연구를 해야 할까.

학위 취득 후 10년이 지난 지금, 나보다 주변에서 나를 더 걱정해주는 분들이 많이 생겼다. 그것은 곧바로 나 자신의 열등감으로 이어지건만, 사람들은 내가 불편해하는 것을 잘 모르는 것 같았다. 물론 가족들은 나를 걱정하면서도 언젠가 교수가 되리라는 믿음을 보여주고 있었지만, 대학원의 동학들은 한편으로 내가 그런 자리에 오르지 못한 것을 고소해하는 것같이 느껴져 마음이 무거웠다. 사람이라는 게 참,

알다가도 모를 일이다. 어쨌든 교수가 되고 싶다는 욕망에서 출발한 나는 현재 교수가 과연 될 수 있을까, 교수가 되면 뭐하나라는 회의적인 생각에까지 도달했다. 자신의 한계를 스스로 규정하는 것처럼 비극적인 일이 또 있을까.

다시 2014년으로 가보자. 막상 박사가 되고 나니 바빠진 것은 확실했으며 주변의 기대도 달라졌다. 교수가 되고 싶다는 꿈 덕분에 서울에서 멀리 떨어진 지방에까지 날아다녔다. 트로트 가사에도 나오듯이, '당신이 부르면 달려갈 거야. 무조건 무조건이야'라는 심정으로 그랬으니까. 그 시간이 길어지다보니, 나는 자연스럽게 '공허'와 마주하게 되었다. 무엇을 하고 있지? 무엇을 해야 하지? 무엇을 향해 질주하는지에 대한 나름의 철학적 물음을 던지기 시작했다. 안타깝게도 회의적인 생각에 직면하자, 벼랑 끝에 서 있는 듯한 느낌이 들었다.

복지관과의 인연

불편한 마음으로 복지관을 찾았다. 복지관 관장은 한때 나와 직장을 함께 다닌 상사였다. 퇴사를 한 이후에도 사람이 좋아서, 질긴 인연으로 종종 만나는 사이가 되었다. 나보다 아홉 살이나 연상이니 식사를 하러 가거나 커피라도 한잔 얻어 마시려면 그녀의 잔소리를 들어야만 했다. 세상에 공짜가 어디 있겠는가. 그녀는 다 좋은데, 꼭 나를 가르치려 든다. 이것만 빼면 백점짜리인데 말이다.

복지관 관장의 수다와 훈계와 꾸중과 인생사를 듣다보니 시간 가는 줄 몰랐다. 어느새 해가 붉은색의 옷을 입게 되자, 그녀가 나를 집에까지 데려다준다고 했다. 고마운 마음이 들었으나 한편으로 그녀의 잔소리를 차 안에서도 들어야 할 판이라 불편함도 있었다. 그런데 막상 지하철과 버스를 번갈아 타면서 집으로 향할 생각을 하니, 번거롭고 거추장스러움이 더 크게 느껴졌다. 다시 말하지만 세상에 공짜가 어디 있겠는가. 결국 내 몸은 조수석에서 편안한 자세를 취하고 있었다.

그녀의 자동차를 타는 일은 익숙했으므로, 결국 그 안에서 우리 두 사람은 목적지 없이 다양한 세상사를 산발적으로 이어가는 대화를 했다. 정치는 어떻고, 강의하는 건 어떻고, 학생들과 세대 차이는 어떻게 극복할 것인지, 지방으로 강의를 나갈 때 기차 안에서 배고픔을 어떻게 해결하는지, 아울러 개인적으로 슬픈 얘기지만 왜 여전히 다이어트에 실패하는지. 의미 없는 시시콜콜한 대화가 오가는 듯 보였지만 그 안에는 서로에 대한 애정과 연민과 배려와 사랑의 감정이 섞인 어휘가 넘실거렸다는 것 정도는 공감할 수 있었다. 맥락 없는 인생사가 두 사람 사이의 공기를 뜨겁게 달구었음은 틀림없었으니까.

수다의 장단점은 시간 가는 줄 모른다는 것이다. 누군가는 시간을 붙잡고 싶어하겠지만, 또 누군가는 시간을 빨리 흘려보내고 싶을 테니까. 그녀와 이야기를 나누다보니 집 근처에 도착했다. 인생은 타이밍이라 했던가. 마침 그때 앞 유리창에 한두 방울의 비가 떨어지고 있었다. 내게는 우산이 없었기에 만일 대중교통을 이용했더라면 생쥐 꼴이 될 뻔했다. 그러니 그녀와의 대화가, 아니 수다가 한편으로는 고마울 수밖에. 그렇다고 아직까지는 한쪽 고막을 그녀에게 내버릴 용기는 없었다.

헤어지려는 찰나, 그녀는 내게 '북한 이주민 사업을 5년째 진행하고 있는데 사업보고서나 같이 묶어보지 않겠냐'고 넌지시 미끼를 던졌다. 난 북한 사람을 만나본 적이 없었으므로 단호히 '관심 없다'고 말했다. 관장의 얼굴을 보니 약간 뜨악한 표정이어서 '내가 너무 냉정했나?' 하는 생각이 들었다. 북한? 내게 북한이라고? 곱씹어봐도 신문과 뉴스에서 듣고 본 것이 전부인데, 북한이라고? 안 될 말이었다.

엎질러진 물

집에 도착하여 짐 정리를 하고 씻은 다음에 문득 '북한 사람? 그들은 누구일까? 왜 난 그들에게 관심이 없을까? 그녀는 왜 내게 사업보고서를 묶자고 했을까? 나는 북한 사람에 대해 얼마나 알고 있는가? 우리는 동포라고 말하지 않는가? 그 동포의 의미는 뭘까?' 그녀가 내뱉은 말 한마디에 나는 단순한 호기심을 넘어서 근본적으로 '북한'이라는 명사에 대해 그다지 아는 바가 없다는 것에 놀랐다. 왜 그랬을까? 그녀의 한마디 권유에 의해 내 인생은 참으로 많은 변화를 겪게 되었다.

일단 복지관에 방문하는 북한 이주민들이 어떻게 대한민국 땅을 밟게 되었는지가 궁금했다. 남북 경계선을 넘어오다가 총살을 당했다는 이야기를 종종 들어왔던 터라 그랬다. 또한 실제 북한에서 어떤 일들이 벌어지고 있는지도 무척 궁금했다. 어린 시절에 동화책에서 봤던 빨간 망토를 두른 뿔 달린 악마들이 사는 세계라는 생각이 들지는 않지만, 막연하게 '무섭다'는 생각이 각인된 탓이었다. 그 공포와 낯섦과 긴장과 설렘이 이튿날 그녀의 사업 자료들을 보게 만든 동인이 돼버렸다. 왜 그랬을까? 두려우면 피하는 게 상책일 터인데, 나는 왜 그랬을까? 왜 같이 한다고 했을까? 얻어먹었던 밥과 커피 때문이었을까? 질긴 인연의 고리를 끊지 못한 업보 때문이었을까?

물은 이미 엎질러졌고, 일 또한 이미 저질러졌다. 찰나의 내 선택을 되돌릴 기회는 마련되지 않았으며, 어차피 나는 스스로 걸어서 복지관의 문을 열고 있었던 것이다. 일단 자료들을 보고 결정하고자 했다. 그녀는 내 방문을 반가워하기는커녕, '그럴 줄 알았다'는 듯이 책상에 쌓아놓은 자료들을 보란 듯이 내밀었다. 최소한 고맙다는 말은 해야 하지 않겠는가. 앉은키보다 높았던, 5년 동안 모은 북한 이주민들의 자료를 보면서 입이 떡 벌어졌다. 고개를 돌려 출입문을 바라보며 '내가 어쩌자고 저 문을 통과했지?'라는 생각을 했다. 이제야 부질없는 일이었다. 어차피 복지관 관장은 나를 놓아주지 않을 테니까. 내 나약한 심성을 이용한 그녀가 야속하게 여겨졌으나, 사실 걸어 들어온 것은 나였으니까 누구를 탓하겠는가.

그간 복지관에서 어떤 일들을 수행했는지 알아보기 위해 자료를 들추었다. 낯선 글귀와 데이터, 사진 등을 보면서 약간의 긴장감이 밀려왔다. 미지의 세계로 들어가는 기분이랄까, 저 깊은 어둠 속 동굴로 들어가는 느낌이랄까. 자료집을 넘길 때 일어나는 먼지와 바람이 내 피부의 솜털을 간질이고 있었다. 내 호기심은 어쩌면 그 미세한 솜털의 움직임에서부터 발휘되었다고 봐도 과언이 아닐 것이다. 이것이 내가 북한 연구를 하게 된 시작점이다.

우리가 아닌 그들: 북한의 무서운 언니들

임대주택단지 안에 있는 복지관은 주변 환경 때문인지 소박하나 멋스러움은 없었다. 독자분들은 오해하지 마시라. 기분 탓이었으니까. 낮은 높이의 갈색 벽돌 이층집. 북한 이주민 사업을 맡고 있는 복지관 담당자가 나를 반갑게 맞아주셨다. 나는 일주일에 한 번씩 북한 이주민들과 만나기 위해 원예치료프로그램에 참여했다. 상담사가 아니라 3개월 동안 자원봉사자 신분으로 말이다.

처음 만나는 자리에서 내 소개를 하는데, 그들의 눈빛이 이미 나를 경계하고 있었다. 무거운 공기를 걷어내려고 "안녕하세요" 하며 어색한 눈웃음을 짓는데, 특히 나와 마주보고 있던 여성의 눈빛이 몹시 차가워서 겁을 먹었다. 당황한 나는 '이 상황을 어떻게 극복해야 하나' 하고 잠시 머뭇거렸다. 다시 용기를 내서 "이번 프로그램에 자원봉사로 참여하게 됐습니다. 만나서 반가워요"라고 인사를 했음에도 불구하고 아무 말이 없던 그들은 반겨주는 표정 뒤에 경계의 비수를 감추고 있는 듯 보였다. 그들의 눈빛과 '북한'의 낯선 이미지가 더해지고, 돌아오지 않는 인사말과 불편한 공기가 더해지면서 나는 당장이라도 숨을 곳을 찾고 싶었다.

설렘은 긴장과 두려움으로 바뀌었고, 이질감을 해결하기 위한 나만의 묘책이 필요한 타이밍이라 생각했다. 내 머릿속이 복잡해질 때쯤, 그들도 내 모습에서 낯섦을 느꼈는지 그중 한 분이 손을 높이 들어 박수를 크게 쳐주었다. 뭔지 모를 생경한 분위기를 해소하고자 그중 한 분이 쇼맨십을 보였으나 상황은 더 어색해졌다. 분명히 모두가 박수를 치고는 있었으나 나는 결코 그들에게 있어 이방인일 수밖에 없었다. 어쩌면 그들이 남쪽으로 내려왔을 때 우리가 그들을 이방인으로 대했기 때문일 것이다. 이렇게 북한 이주민과의 첫 만남은 어색함으로 얼룩졌다.

마침 강사가 교육장에 들어오면서 공기는 사뭇 달라졌고, 곧 프로그램이 시작됐다. 어지럽게 펼쳐진 꽃들과 가위, 나무 등의 재료가 책상 위에 놓여 있었다. 강사는 우리에게 가위질을 시켰는데, 몇 번 하고 났더니 간식 시간이라 했다. 강의실 한편에는 다양한 종류의 과자와 음료가 준비되어 있었다. 그때 놀라운 광경이 펼쳐졌는데, 한 여성이 분주하게 일어나 두 손 가득 간식을 집어와 자기 앞에 당당하게 놓았던 것이다.

과자를 많이 좋아하나? 배가 고픈가? 챙겨줄 사람이 있나? 북한에서는 저런 식으로 과자를 챙기나? 등등 간식 한 뭉치를 통해 많은 생각이 스쳐지나갔다. 가져온 양을 보고 놀랐지만, 책상 위에 당당히 두고 있는 것에 더 놀랐다. 먹지도 않으면서 끝날 때까지 저 간식을 복잡한 작업대 위에 놓고 있는 걸 보고 있자니 안쓰러운 생각도 들었다. 어떻게 하나 지켜봤더니, 그녀는 가방에 마구 집어넣더니 아무렇지 않은 듯 바구니 리본에 가위질을 했다. 염치가 없다고 해야 할까, 아니면 그녀의 삶을 이해해야 할까, 그도 아니면 그녀가 살아온 북한을 이해해야 할까. 많은 생각이 들었다.

생각이 이어지는 중에도 시간은 흘렀다. 작업에 몰두하고 있는데 누군가의 전화벨이 울렸다. '여보세요!' 프로그램에 참가한 한 분이 전화를 받았다. 그런데 목소리의 데시벨이 높아 불편했다. 그분은 마치 이 공간에 혼자 있는 것처럼 아랑곳하지 않았다. 주변 사람들의 표정이 좋지 않았지만 누구도 그분에게 '조용히 하라'는 언질을 주지는 않았다. 그분의 행동은 계속됐는데, 통화를 하다가 휴대전화 속 저 너머의 누군가에게 욕을 퍼붓기 시작했다. 목소리가 큰 데다 욕까지 하다니. 욕먹을 당사자는 분명 내가 아닌데도 불편하기 그지없었다. 더군다나 어느 누구도, 하물며 프로그램을 담당하는 강사조차도 그분의 행동을 제어하지 않았다. 사실 나는 자원봉사자 신분이었기 때문에 이 낯선 광경을 관망할 수밖에 없었는데, 다른 참가자들이 아무 말도 하지 않아서 뭔가 사정이 있는 듯 보였다. 어쩌면 강사와 다른 참가자들의 침묵이 그분의 무지막지함을 인정해주는 꼴이 되어서 이상했다.

통화는 그분의 흥분이 극에 달했을 때 중단되었고, 프로그램도 시간이 흘러서 막바지에 도달했다. 이때 강사가 꽃을 인원수대로 건네주면서 한 사람씩 옆으로 돌리라고 말했다. 이때 한 분이 꽃 한 송이를 책상 밑 가방 속으로 넣었다. 강사는 '가져가시면 안 된다'고 지적했는데, 그분은 끝까지 '가져간다'고 했다. 이유는 딸내미를 줘야 한다는 것이었다. 내가 보기에는 교양과 규칙을 찾아보기 힘들 정도로 막무가내라는 느낌이 들었다. 이분들과 앞으로 어떻게 생활해야 하나, 생각할수록 머리가 복잡했다.

나와 완전히 다른 사람들, 예컨대 외모, 눈빛, 말투, 성격 등 문화와 삶의 방식이 나와 전혀 다른데 어떻게 저들과 규칙을 지켜나가고, 소통할 수 있을까. 아울러 나 또한 저들을 과연 이해하고 배려할 수 있을까 하는 생각이 들었다. 나와 융화할 수 없다는 결론에 이르자, 먹구름이 내 앞길에 내려앉은 것 같았다. 나에게 그들은 '우리'가 아니라 '그들'일 뿐이었다. 기름과 물의 관계, 현재까지는 그랬다.

지하 계단을 걸으며

복지관으로 들어가는 입구에는 휠체어가 여러 대 비치되어 있었고, 게시판에는 이 시설에서 주최하는 여러 행사의 안내물이 게시되어 있었다. 로비를 비롯해서 이곳저곳에 몸이 불편하신 분이나 노인분들이 오가고 있었다. 한쪽에서 아이들 소리가 왁자지껄하게 들리는 걸 보고, 이 시설에서 어린이집도 운영하고 있나보다 생각했다. 정신없는 걸 싫어하는 나로서는 이 공간이 그저 힘겹게 다가왔다. 나는 천생 조용히 앉아 연구만 하는 스타일인데 어쩌다가 현장에 투입되어서 질적 연구를 하겠다고 자청했는지. 알 수 없는 것이 인생이다. 복지관을 에워싸는 공기마저 낯설어서 숨 쉬는 것조차 잠시 머뭇거렸던 기억이 난다.

인터뷰 장소는 지하 일층이었다. 왜 하필 어두운 지하일까. 어두컴 컴한 계단을 한 층씩 내려가니 몇 개의 문이 보였다. 어디로 들어가야 하나 잠시 쭈뼛하고 있었더니 담당자가 다가와 목례를 하고 열쇠로 인터뷰실 문을 열어주었다. 적절한 환경을 세팅하기 위해 담당자는 온풍기의 온도를 조절했다. 공간은 아담했다. 가운데 큰 책상 하나와 편안해 보이는 의자 몇 개가 놓여 있었다. 읽어보지 못한 몇 권의 책, 티포트와 몇 종류의 커피가 준비되어 있었다. 지하 계단을 내려올 때 취조실 분위기가 나면 어쩌나 염려됐는데, 나름대로 따뜻한 분위기가 연출된 것 같아 안심되었다. 인터뷰하기에 적절한 장소라 생각했다.

문제는 내 긴장감이었다. 약간의 두려운 감정을 없애는 것이 중요한데, 조절이 잘 안 됐다. 그래서 괜히 옷매무새를 건드리며 곧은 자세를 유지하려고 했다. 그런데 그런 꼿꼿한 자세는 긴장을 푸는 데 전혀 도움이 되지 않았다. 괜한 제스처를 취했다고 생각하고, 가방에 미리 적어둔 인터뷰 질문지를 꺼냈다. 그리고 녹음기의 작동 상태를 짐검할 때쯤 문밖에서 발소리가 났다. 누군가가 뚜벅뚜벅 걸어오는 것이었다. 그 당시 내 심장 박동 수가 아마도 내 생애 최고치에 도달하지 않았을까 싶다. 처음 대면하는 북한 사람, 그것도 어두운 지하 방에서 그와 단둘이 얘기를 나눈다는 것은 쉽지 않은 일이었다. 나는 그 순간에도 내담자에게 내 긴장감을 들키면 안 된다고 다짐했다. 예전에 인기 드라마에 나왔던 '나는 선생이고 너는 학생이야'라는 대사처럼, '나는 연구자이고 당신은 인터뷰이야'라는 각자의 자리매김과 위치 규정이 여느 때보다 필요한 시점이었다.

그녀(들)에게 귀를 기울이다

드디어 만남이 이루어졌다. 노크 소리가 나더니 밝은 표정과 단정한 옷차림을 한 그녀가 들어왔다. 나는 자연스럽게 의자에서 몸을 일으켜 그녀와 눈높이를 맞추었다. 북한 이주민과 일대일 대면은 처음이었다. 그녀와 나는 겉으로 반갑게 인사를 하고 있었으나, 하나하나의 동작에서 긴장감이 묻어났다. 간단한 인사를 마치자, 그녀는 보험사 직원이라서 인터뷰를 빨리 끝내고 다시 회사로 출근해야 한다고 말했다. 북한에서 온 그녀는 씩씩해 보였고 표정도 당찼다. 어색함을 없애고자 나는 마실 차를 한 잔 건네며 그녀에게 가까이 다가갔다.

그녀에게 연구 절차를 설명하고 연구동의서에 서명을 받았다. 인터뷰 내용이 녹음된다는 것도 설명했으며, 이에 대한 동의도 받았다. 그녀는 다소 낯설 수 있는데도 이러한 계약에 익숙했던지 흔들리거나 당황하는 기색 없이 내 의견에 잘 따라와주었다. 되레 너무나 반듯한 자세를 보여주어서, 그분이 스스로 긴장을 노출하고 있다고 생각했다. 그래도 이러저러한 사정 설명과 이야기가 몇 번 오가자 마음이 약간 열리는 듯했다. 상담사라는 직업으로 수많은 내담자를 만났지만, 북한에서 왔다는 이유로 내가 괜한 오해와 선입견을 갖고 있었던 것 같아 미안한 마음도 들었다.

북한 사람을 만나는 일은 생각보다 쉽지가 않았다. 대화를 하는 동안 언어와 억양이 달라서 적절한 타이밍에서 되물었던 기억이 난다. 북한의 문화와 실상을 전할 때에는 남쪽과 너무 달라서 놀라기도 했다. 그러나 최대한 공감하려고 노력했는데, 특히 그녀들의 아픈 이야기를 들려줄 때는 나도 모르게 눈물이 났다. 북한의 절박한 실정과 체제에 대한 비판을 들려줄 때는 그들의 이데올로기를 곱씹게 됐다. 남쪽으로 내려와 정착하던 시기 남한 사람들이 그들에게 보낸 시선으로 인해 상처를 받았다는 얘기를 할 때는 괜히 머쓱해졌다. 아직까지 그녀는 우리가 아니라 그들이었으니까. 그래서 한편으로는 그들에게 미안한 감정도 들었다. 왜냐하면 아픈 과거를 들추어내게끔 유도하는 질문도 내가 전투적으로 던져야 했기 때문이다. 그러나 '임금님 귀는 당나귀 귀'라고 하지 않았던가. 속에 있는 상처를 이야기하지 않으면 곪아서 병으로 이어질 확률이 높지 않겠는가. 어쩌면 그녀는 자신의 이야기를 내뱉으면서 스스로 치유하고 있을지도 모르겠다는 생각을 했다. 나 스스로 자기합리화를 했다기보다 그래야만 그녀가 올곧게 드러날 것이라 기대했기 때문이다.

결국 나는 긴 여정을 마쳤고, 그 결과를 게으른 탓에 지금에야 내놓게 되었다. 북한의 센 언니 다섯 분 덕분에 나는 북한의 실상을 현실적으로 받아들이게 되었고 머릿속에 그렸던 북한의 막연했던 이미지를 좀더 선명하게 그릴 수 있게 되었다. 삼팔선 너머의 북한이 제법 가깝게 여겨졌다. 물론 다섯 분의 북한 이야기를 들었다고 해서 '북한'을 완전히 이해했다고 보기는 힘들다. 그래서 편하게 생각하려 한다. '어쩌면 북한의 이야기를 들은 것이 아니라 평범한 다섯 명의 여성이 살아온 인생 이야기를 들었다'고 말이다. 그래야만 나와 그들, 그리고 내 연구에 덧씌워진 많은 빛을 좀 덜어낼 수 있지 않을까.

그들의 이야기에 귀를 기울이면서 깨달은 것이 있다. 내가 연구를 위해서 이곳에 왔나, 아니면 북한 이야기를 들으러 이곳에 왔나, 아니면 그녀들이 살아온 이야기를 들으러 이곳에 왔나, 고로 나는 북한 연구자였나. 아직도 헷갈린다. 어찌 됐건 인터뷰 현장을 생생하게 전하고자 그 흔적을 최대한 활자화시켜보았다. 그 생생한 현장으로 들어가자.

안녕하세요. 인터뷰 시작할까요?

1장

반듯하게 걷는 여인

"운 좋게 남편과 딸내미 두 명
가족 모두 탈북했습네다"

이수린
56세 여성
중국 경유

저는 2006년 남한으로 왔습네다. 지금 내 나이는 56세이고 보험 회사에 다녀요. 압록강 건너온 여자가 뭔들 못하겠습니까. 이번 달에는 보험왕입네다! 북한에서는 탁아소 선생님을 했습네다. 남한에서 그 직업을 이어가보려고 어느 집에 들어갔는데 제 말투 보드만 바로 짤렸습네다. 북한에서 했던 일, 남조선에서 하기는 불가능했어요. 운이 좋게 남편과 딸내미 두 명까지 가족 모두 탈북했습네다. 딸 둘과 남편 해서 네 식구입네다. 남한 넘어오다 한번 잡혀 들어갔죠. 한 자세로 오랜 시간 앉아 있는 형벌을 받았습네다. 환각이 보이고 환청이 들리고. 살아야겠다고 생각했습네다. 애들이 넣어주는 입쌀과 얼음 받아먹고 살았습네다. 사람이 맥을 탁 놓으면 죽는 기라. 여기서(남한) 감옥을 거기서(북한)는 구류장이라 합네다. 거기 있었던 거죠. 그때를 생각하면 못할 일이 없지요. 매사에 당당하고 자신감 넘치게 살고 싶어요. 내 자신에게 '할 수 있다, 하면 된다' 자꾸 말합네다. 북에서 후배늘이 내려오먼 남편과 함께 궁고 가구니 유모차 등을 주워다 줍네다. 트럭이 하나 있거든요. 가스도 연결해주고 집 배정받고 아무도 없는 곳에서 혼자 있는 그 첫날 밤이 끔찍합네다. 경험 안 해보면 모르지요. 상상하고, 된다고 말하고 노력하면 현실로 됩네다. 생각을 바꾸면 무엇을 못하겠습니꺼?

상상이 곧 현실이 된다

'북한 이주민의 심리사회적 자원'이라는 연구 주제의 답을 얻기 위해 인터뷰 질문지를 꼼꼼하게 준비해갔다. 그러나 초면인 데다 낯선 이방인이라고 할 수 있는 상담사에게 북한 이주민인 그녀가 순조롭게 문답을 해올지는 미지수였다. 그 과정이 순조롭지는 않을 거라고 예상했다. 그래서 일단 나 스스로 그녀에 대한 혹은 북한의 실상에 대한 어떤 기대와 욕심을 갖지 않기로 했다. 다만 그녀가 어떤 인생을 살았는지를 진지하게 들어줄 각오만 다졌다.

심리상담사로 오래 일하다보니, 위급한 상황에서 적절하게 쓸 수 있는 나름의 필살기가 있었다. 나는 그녀가 편안한 상태에서 자기 이야기를 할 수 있도록, 그리하여 자신도 모르게 무의식을 드러낼 수 있도록 그 기술을 사용하고자 했다. 그것이 바로 '보물상자' 비유다. 나는 그녀의 내공*에 초점을 두었다. 간단한 인사를 나누고 바로 인터뷰에 들어갔다.

전   인간의 마음을 보물상자라고 치면 굉장히 많은 것이 들어 있을 거

● 게재된 논문명은 「북한이탈여성들의 심리사회적자원에 관한 질적사례 연구」(2016, 한국가족관계학회)이며, 이들의 '내공'을 학회지에서는 "심리사회적 자원"이라는 학문적 용어로 표현했다.

잖아요. 값비싼 것도 있겠고 안 좋은 것도 있겠고요. 근데 사람마다 보석 같은 거 하나씩 갖고 있지 않을까요? 그것을 어머님만의 보석, 장점, 강점이라고도 말할 수 있는데요. 그 보석을 같이 찾아보고 싶어요.

이   나는 남을 많이 배려하고 이해하려는 마음이 핵심인 것 같아요.

전   아, 상대방 입장에서 바라보는 거요? 그거 생각보다 쉽지 않죠. 쉬워 보이지만요. 제가 볼 때 사람들은 대부분 이기적인 것 같아요.

   '배려'와 '이해', 물론 좋은 말이다. 그런데 너무 이상적인 답변이 아닐까. 인터뷰 시작부터 난항이 예상되는 듯했다.

이   사람이 자기 인생만을 위해서 태어난 것은 사실인데, 저 같은 사람은 볼 거 못 볼 거 다 봤거든요. 그래서 자기를 위해 세상에 태어났다 하지만, 남을 먼저 배려해야 그 마음이 나한테 돌아온다고 생각해요. 나는 그걸 체득했어요.

전   그러니까 내가 먼저 배려해주었을 때 복이 돌아오고, 상대방이 나를 배려해주기도 한다는 뜻이에요? 결국 나한테 좋은 걸로 돌아온다는 건가요?

이   그렇죠. 예전에 화가 복이라는 말이 있어요. 그 말 들어봤어요? 나한테 화가 됐는데 그것이 역설로 복이 될 때가 있어요.

전   화가 복이 되면 인생 걱정할 거 없겠는데요.(웃음) 화를 복으로 만들 수 있어요?

이   화가 복이 될 수 있어요. 그것은 생각하기 나름이고 지금 제 마음 안에 보석을 생각해보라고 하셨잖아요. 내가 좋은 생각을 하게 되면 이 안에 좋은 마음이 그려지고 나쁘게 생각하면 나쁜 일만 생각되잖아요. 저는 열 달 동안 그걸 체험하고 느꼈어요. 정확히 14개월 동안. 1998년도에 중국으로 넘어갔어요. 탈북해서 한국에 온 게 2004년도예요. 딱 10년 된 거죠. 중국에서는 만 7년 살았어요. 2004년도에 한국 오다가 잡혀서 북송됐거든요. 그때 겪어본 체험이 있어요. 거기 잡혀가서 14개월 동안 말 못할 고문을 당했거든요.

전   거기를 뭐라고 하죠? 정치범수용소이던가요?

이   그렇죠. 정치범수용소까지는 안 갔고. 뒤에서 힘 써주는 사람들이 있어서 가지는 않았죠. 구류장이라고 있어요. 딱 14개월 동안. 한국말로 하면 구치소거든요. 막말로 '똥칸'이라 해요. (갑자기 일어나 다리 구부리는 시늉을 하고서) 거기서 이렇게 다리도 펴지 못하게, 딱 '올방다리'●를 요렇게 해가지고. 무릎이 엄청 다 망가졌어요.

전   묶어놓는 건가요?

이   묶어놓는 건 아니고 한 자세로 딱 앉아 있으라고 해요. 경찰이 수시로 와서 감시를 하거든요, 바로 앉았는가, 그다음에 무릎도 딱 이렇게 해가지고 손가락 까딱해도 안 돼요. 하루 종일 밥 먹는 시간 하고 잠자는 시간, 화장실 가는 시간 빼고 그렇게 해야 되거든요. 사람이 그렇게 한 시간만 앉아 있어도. 어휴.

그때가 떠오르셨는지, 아니면 갑작스레 한기가 느껴졌는지 몸을 바들 떨었다. 곧이어 몸이 흔들리면서 손동작까지 분주해지는 것을 확인할 수 있었다. 나와 시선을 맞추던 눈동자도 허공을 맴돌았다. 트라우마적 사건과 시간을 재생한다는 것은 그녀에게 또 다른 고문이자 상처가 될 거라 여겨져 내 마음도 편치는 않았다.

전   전 10분도 그렇게 앉아 있기 힘들 거 같아요.

이   그렇죠. 그러니까 사람이 그렇게 하고 십사 개월 동안 앉아 있으면

---

* '올방다리'는 사전에 등록되어 있지 않지만, '올방'이 강원도 방언으로 '책상다리'라는 점을 염두에 두면 그 뜻을 이해하는 데 어려움이 없으리라 판단된다. 그녀의 제스처와 어투를 봐서도 무릎이 망가질 정도로 고통을 주는 자세는 '책상다리'였던 것으로 이해된다.

서 어떤 생각인들 못해봤을까요. 화장실 가는 것도 맘대로 못 가요. 화장실 가는 것도 '선생님. 화장실 다녀오랍니까?' 하고 묻고. 그러면 '누구 아무개' 하고 부를 때가 있거든요. 그때 허락받고 나가는 거예요. 거기서는 경찰을 '선생님'이라고 부르는데. 선생님의 허락이 떨어지면 가거든요. 갔다 와서 도 '아무께 감방에 누구 화장실 갔다 와서 앉았습니다' 하고 딱 보고를 하고 앉아요. 그래서 '앉아라' 하면 앉아요. 그러고는 저번에 밤 10시에 취침 시간인데 잠을 제대로 잘 수가 없는 거예요. 진짜 머리에 좋은 생각을 하면 머리에 좋은 생각이 그려지고 나쁜 생각만 하면 나쁜 것만 그려지는 거더라고요. 나는 살아남아야겠다는 생각만 가졌어요. 교회 있잖아요. 그 지붕 같은 거, 뾰족한 모양으로 돼 있는 거. 힘드니까 그게 자꾸자꾸 창살 너머로 환상처럼 보이더라고요.

전   북한에서 교회 다니셨어요?

이   아니, 북한에서는 몰랐죠. 잠깐 하얼빈에 살 때 교회가 있었는데 거기 한 분이 와서 자꾸 교회를 다니라고 하더라고. 그때 두 번인가 세 번인가 갔다 왔어요. 교회 찬양가 이런 것도 몰라. 나는 자꾸 살아남아야겠다는 생각만 있는데 자꾸 그런 집들이 눈앞에 떠오르더라고. 더 높이, 높이, 높이, 높이, 높이 하늘을 찌를 것처럼 더 높이 그 지붕이 환상으로 떠오르더라고. 뭔 소린지 모르갔지요? 어쨌든 그 안에서 상상한 것이 현실이 되었거든요. 믿거나 말거나.

지옥이나 다름없었을 공간에서 그녀가 교회 첨탑을 떠올렸다고 하니, 이 얼마나 기적 같고 감사한 일인가. 가톨릭에 대한 규제와 반감이 심한 북한에서 아이러니하게 첨탑이 떠오른 것은 그녀의 삶에 대한 의지가 강한 덕분이라고 볼 수 있겠다. 그 첨탑은 비록 환상으로 드러났지만, 그녀가 살아 있음을 처절하게 확인시켜주는 생의 기호였던 것이다.

전 그니까 내가 생각하고 꿈꾸었던 게 진짜 현실이 되었다는 말씀인가요? 좀더 구체적으로 말씀해주세요. 신기한 게, 다 똑같이 감옥에 갇혀 있어도 사람마다 생각하는 게 다르잖아요. 어떤 사람은 절망에 빠지고, 어떤 사람은 죽기도 할 텐데 말이에요. 그렇게 상상을 할 수 있었던 건 무엇 때문이었을까요? 그 에너지의 원천은 어디서 나오는 것 같아요?

이 아 그거. 나 구류장에 있을 때 자식들은 밖에 있잖아요. 상상했어. 애들을 철창 속에서 부르고 쓰고 했어요. '엄마 빨리 나오라' 부르고 손을 젓는 거처럼 내 마음으로 그렇게 그려보곤 했어요. 결국은 자식인 거 같아요. 자식에 대한 사랑이랄까? 밖에 있는 자식이 과연 어떻게 됐을 것인가. 그 생각을 하니까 철창 속에서 '엄마 빨리 나오라고 불렀으면 좋겠다' 내 마음이 그렇게 상상을 했거든요. 그런 환상이 현실이 된 거지요. 어느 날 내가 꿈을 꿨는데 하늘에서 이렇게 큰 달 같은 게 보이더라고. 어라? 근데 그 달이 소이지 뭐야. 음매 하는 소.

전 아, 꿈 이야기군요. 달이 소라고요?

이 네. 달이 소꼬리처럼 보이더라고. 달이 떴다고 하는데 보니까 소꼬리더라고요, 꿈에. 그래서 과연 저것이 무엇인가 했는데, 나와서 물어보니까 우리 딸애가 그렇게 그렇게 간절하게 나오기를 마음속으로 빌고 빌고 하니까 나한테는 환각적으로 꿈에 나오는 거더라고. 영혼이라는 게 있잖아요. 말도 못하겠더라고. 그리고 돌아가신 엄마나 아빠, 할머니까지 꿈에 나타나서 저를 도와주더라고. 그 꿈에 내가 해석을 단 거지. 난 그 자리에서 죽어나가는 사람도 봤거든요. 그 순간에 저는 '쟈는 왜 죽을까, 정말 안타깝다' 생각해봤어. 사람이 왜 죽는 것인가.

그녀는 해리장애나 환각 같은 정신병리적 장애를 경험했던 것으로 보인다. 그래서 꿈을 믿었고, 자신의 방식으로 해석하고 확신했기에 살아날 수가 있었다.

전 자살한 거예요?

이 아니지. 밖에서 기다려줄 사람도 없다 생각하면, 맥을 탁 놓으면 죽는 거예요. 사람이 죽는다는 게, 목숨은 끊기도 힘들지만 죽는 건 한순간이에요. 자기가 기운을 놓으면 죽어요. 생각하기 싫고 이대로 몸이 지치고 이대로 나는 죽어도 편안하겠다 하면 끝이에요. 저도 그걸 당해봤거든요.

그래가지고 심지어 내가 어떤 일이 있었는가. 감옥 안에서도 어떻게 했는지 알아? 감옥 밖에서 우리 동생들이 살아 나오라고 자기도 못 먹으면서도 입쌀밥을 넣어줬어요. 여기서는 쌀밥이라고 하는데 우리는 입쌀밥이라고 하거든요. 한때는 말 다듬기를 해서 신쌀이라고 했어요. 근데 우리는 입쌀이라고 하거든요. 입쌀, 그다음에 잡곡. 강냉이는 잡곡이라고 하거든요. 잡곡에 어떤 게 속하는가 하면 감자, 고구마, 옥수수, 콩도 이거 다 잡곡에 속하는 거예요. 우리는 이렇게 주거든요. 옛날에 카드 같은 게 있었어요. 입쌀 몇 킬로, 잡곡 몇 킬로 이렇게 주는 게 있거든요. 북한 사람 대다수는 잡곡은 먹는데 입쌀은 흔하지 않았어요. 그때 당시에 격부 차이가 너무 심하다나. 먹는 사람은 먹는데 우리 있을 때까지만 해도 먹기가 힘들었어요. 흰쌀이라는 게 연하잖아요. 잡곡은 거칠지. 그니까 그걸 밖에서도 못 먹으면서 그걸 들여보내는 거예요. 애들이.

전　　입쌀을 들여보낼 수가 있었나봐요.

이　　그렇지. 인맥을 해가지고.

전　　쌀밥을 애들이 갖다줬어요? 어떻게 애들이 쌀을 구했대요?

이　　얼음을 팔아가지고. 큰애가 열아홉 살이고 작은애가 열여섯 살이었거든요. 내가 잡혀 있을 때. 우리 동생이랑 자기 어린 조카가 아마 열 살인가 그 정도 됐는데도 안 주고 큰엄마 줘야 된다, 그래서 애들은 하나도 안 먹이고 그걸 싸서 들여보내요. 들여오면 나는 먹고 살아 나와야겠다는 생각을 해야 되는데 나보다 더 불쌍한 사람이 보여. 저 사람이 이걸 못 먹으면 죽겠다는 생각이 자꾸 드는 거예요. 나는 이걸 안 먹어도 살 수 있는데. 그래서 줬어. 그게 나한테 오늘날에 와서는 꼭 돌아오더라고. 한국에 와서도 나한테 또 오더라고요. 희한하게.

엄마를 살리기 위해 얼음을 팔아 쌀을 넣어주었던 어린 딸과, 스마트폰으로 쉽게 쌀을 구입하는 내 모습 간에는 괴리가 컸다. 처절하고 절박한 상황은 계속 이어졌다.

전   애들이 얼음을 어디서 팔아요?

이   밖에서 팔지. 그때 일본에서 들여온 냉장고가 있었어요.

전   부잣집이었어요?

이   부자는 아니어도 조금 살았죠.

전   냉장고 없는 집이 많으니까 얼음을 얼려 파는 거예요?

이　　그렇죠. 그걸 내다 팔아서 쌀을 구입해 먹어야 돼요. 자기 딸은 요만큼 주고 또 구류장에 들여와요. 애들은 얼마나 먹고 싶겠어요. 그럼 나는 먹고 살아나야 되는데 하면서도 못 먹는 사람한테 나눠줘요. 그럼 옆에서 나를 보고 바보라고, 막 그렇게 욕하는 사람도 있더라고. 그때 내 사촌동생이 같이 잡혔는데 '저 언니 머저리'라고, 자기 먹고 살아야 되는데 남 준다 그랬죠. 그런데 나는 마음이 못 그러는데 어떻게 하겠어요. 거기 탁아소에서 일할 때 우리 큰애 또래 아이들이 내 젖을 안 먹어본 아이들이 없어요.

전　　아, 탁아소에서? 어린이집 선생님 하셨어요? 남의 애들한테 젖을 주시고 했던 거예요?

이　　네. 탁아소인데 교원들은 시간을 맞추지 못해요. 두세 살짜리들 시간이 안 맞아서 제때 젖을 못 먹이면 애기가 울잖아요. 그래서 내 젖을 다 먹여줬어요. 나는 어쨌든 애가 막 울면 내 새끼만 내 젖을 먹이면 안 된다고 생각했으니까. 내가 맡은 애들을 봐줄 의무가 있는데. 그렇다고 맨 물을 먹일 수도 없는 거고. 그래가지고 얘가 울면 얘를 젖 먹이고, 쟈가 울면 쟈를 젖 먹이고. 근데 북한에 그런 유래는 있어요. 남자 젖을 여자가 먹으면 재수 없다고. 여자애가 내 젖을 먹으면 재수 없다고 그래요. 그런 말이 있어요. 근데 다행히도 우리 애가 여자애여서. 그래서 나는 뭐 어쨌든 그런 거도 없었으니까. 남자애고 여자고 상관없수다.

전　　다른 선생님들은 잘 안 그러시잖아요. 애들이 울어도 내 젖을 먹여서 키우지는 않잖아요? 다른 선생님들은 어때요?

이　　그때 젖 먹인 사람은 저 혼자였어요. 다른 선생님들은 연세가 있으시고, 애들도 다 컸으니까 그런 게 없었고. 나보다 더 힘든 사람 도와줘야 마음이 내려가던데. 근데 그게 바보하고 머저리 종잇장 한 장 차이래요. 북한 사람들이 그래요.

　　대한민국에서는 상상하기 어렵다. 죄송한 얘기지만 비위생적인 데다 잘못하면 바이러스가 전염돼서 병으로 고생할 수 있기 때문이다. 함부로 모유를 나눠 먹지 않는 데는 이유가 있을 터인데 말이다. 헌신적이라고 봐야 할지…… 난감하지만 이해가 되었다. 인터뷰를 시작할 때 말씀하셨던 '이해'와 '배려'는 이분에게 헛말이 아니라 생의 열쇳말이었구나 하고 공감됐다.

이　　한국에서 '마음이 너무 예쁘게 생겼다' 그러면 싫더라고. 사람 얼굴에 관상이 딱 보이잖아요. 그래서 보는 사람이 '마음이 너무 예쁘겠다' 그러면 안 좋더라고. '면전에 대놓고 바보라는 소리를 못해 저 소리를 하는가?' 생각했지. 한국말 뜻이 여러 갈래가 있을 수 있잖아. 그래서 스스로 '나는 할 수 있다. 해야 된다' 그렇게 자꾸 생각했어요.

전   의식적으로요? 기분이 처질 때마다요?

이   '나는 해야 된다' '나는 반드시 꼭 한다'. 그래서 '있다' '한다' '해야 된다' 이 세 가지로 이뤘어요. 머릿속에다가. 진짜 힘든 때가 있어. 보험 영업이라는 게 마음의 상처를 받는 때도 있고. 그렇지만 다 마음의 수련이라든가. 결국은 인간 수업을 더 받는 거지, 영업을 하면서. 우리가 북한에서 배웠던 거예요, 북한의 교육이랄까? 그것이 참 중요한 거예요. 그러니까 그 제도가 다를 뿐이지 교육한 것 자체는 맞는 거예요. 북한은 좋은 거만 가르쳐주지 나쁜 건 안 가르쳐주거든요. 근데 이 민주주의 자체는 좋으면 좋다, 나쁘면 나쁘다 다 공개를 하잖아요. 탁아소 때는 애들이 '아버지 고맙습니다' 하고 두 살 때부터 다 의무적으로 배우죠. 근데 사람마다 생각하기 나름이죠. 세상이 돌아가는 물정을 비록 어린 나이라 하더라도 어떻게 보는가에 따라서 천천히 트이든지 아니면 빨리 트이든지 하겠죠. 그게 포인트거든요. 나는 그런 긍지감으로 사는 거야. 내가 스튜어디스 하는 딸내미한테 그랬어. '대통령보다 더 세다, 맘만 먹으면 전 세계를 다 다니는데' 그랬더니 '엄마 별난 말 다 한다'더라고. 제가 말하자는 게 그거예요. 어리건 나이가 많건 세상 물정을 얼마나 빨리 보는가, 그에 따라 생각의 차이가 나고 그래요. 부모 영향도 많이 중요하고. 저희 엄마가 원래 항상 자신감 넘치고 우리를 가르쳐줄 때 남보다 뒤떨어지지 않게 했어요.

전   아, 당당하게!

이 그렇죠. 그 영향도 많이 받은 거 같아. 한마디로 말해서 유전자라 할까? 그 관계도 있죠.

전 상상이 현실이 된 일이 또 있었나요?

이 열세 살인가 열네 살인가 그때예요. 수도에서 먼저 김일성이 시범적으로 이쁜 옷을 줬거든요. 지방은 나중에 줬어요. 나는 그때 표현을 안 했어요. 표현을 못하고 속으로만 '나도 입어봤으면, 나도 쟤처럼 예쁘게 하고 다닐 수 있겠는데' 이걸 상상했어요. 혼자서. 근데 그게 현실로 되더라고. 김일성이가 먼저 수도에 선물을 줬고 후에 지방에 선물을 줬거든요. 제가 영업을 하면서 상상을 하고 처음에 얘기했던 것처럼 '나는 할 수 있다' '나는 해야 된다', 그렇게 해서 그걸 목표로 삼으니까 그 사람한테 접근하면 이루어질 때가 있더라고요. 나 자신한테도 도움이 되지만 회사 매출도 올라가니까 좋죠. 어쨌든 어떤 물건이 갖고 싶잖아요? 나 저거 갖고 싶은데. 그걸 상상하면 어떻게든 얻게 되더라고. 회사에서도 나보다 일을 더 많이 해서 상품을 타는 사람이 있어요. 어제도 '와, 이거 어떻게 탔어? 나도 이런 게 있었으면 좋겠다' 했는데 저녁에 선물로 받았어요. 난 너무 신기한 거예요. 또 저는 쓸데없는 욕심은 안 써요. 허망한 생각을 자주 한 것도 아니에요.

전 그게 현실적으로 가능한가요? 만약 내가 빌딩을 갖고 싶다고 상상하면 이루어지는 것이 아니잖아요. 현실 안에서 상상으로 이룰 수 있는 것은 한계가 있지 않을까요?

이   당연하죠. 내가 말하면 말한 대로라는 것은 내 노력의 대가라는 거예요. 내가 말만 하고 꿈만 꾼다면 될 수가 없잖아요. 실천 안 하고 생각만 하면 꿈으로 끝날 수 있는데, 노력하고 행동으로 옮기면 현실이 되는 거죠.

꿈꾸는 것이 곧바로 현실이 된다면 얼마나 행복할까. '나는 해야 된다' '나는 반드시 꼭 한다'는 신념, 그래서 '있다' '한다' '해야 된다'라는 세 가지 행동강령으로 세상을 살아간다는 말을 통해 '상상의 힘'을 배웠다.

전   그런 삶의 자세는 어떻게 형성된 거예요?

이   어릴 때 부모님은 저를 통제하지 못했어요. 내 맘대로 행동했거든요. 하기 싫다면 안 하고……

전   주관이 강하고 내 뜻을 굽히지 않았네요.

이   네. 억울한 일도 있었는데 학급에서 청소를 할 때였어요. 내가 반장이라서 막 시켜야 되는데 그게 안 되더라고요. 애들이 청소하기 싫으니까 구석탱이에 먼지를 '싹싹싹' 해서 털어놨어요. 근데 나한테 책임이 와서 참 억울하더라고. 그때 선생님이 우리 어머니한테 내가 청소를 그렇게 했다고 얘기를 했어. 나는 어린 마음에 무서워서 엄마한테 사실을 얘기하지도 못했어요. 엄마가 나를 채찍질할 거니까. 우리는 엄마한테 말대답질을 못해봤어요. 지금 한국 애들처럼 자기 주관을 확고하게 세워서 얘기를 못해요. 엄마가 앉으라면 앉고 서라면 서고 하는 교육을 받았거든요. 말대꾸를 하면 안 돼요. 그때는 몰랐어요. 어떤 때는 돌아서서 엄마를 욕했죠.

전　　선생님과 얘기 나누면서 들은 생각인데요. 화를 복으로 만들고, 생각한 것을 행동으로 옮겨 실현하는 것이야말로 '상상의 현실화'라고 볼 수가 있겠네요. 이 점이 마음에 숨겨진 보석인 것 같아요.

이　　우리말에 '역경을 순경으로 바꿀 수 있다'는 말이 있어요. 내 생각이 아니고 실제 북한에 있어요. 고난의 시절을 겪고 나서 사람들이 다 생각이 바뀌는 거죠.

　'역경을 순경으로.' 멋스러운 표현은 아니지만 그래도 삶에 대한 긍정적인 메시지가 담겨 있어 인상적이었다. 그런데 한번 생각해보자. 정말로 고난은 우리에게 좀더 나은 삶을 예비한 생의 신호일까. 비록 이 아포리즘이 현실에 가까운 진실이라 하더라도 나는 절실하게 와닿지가 않는다. 쉽게 공감되지 않는데, 그 고난을 어떻게 해석하고 받아들여야 할 것인가. 고난은 약이 됨과 동시에 독이 되기도 한다. 누군가에게는 자원이 되겠지만, 또 누군가에게는 탈선의 길이 될 수도 있다.

뭔가 복잡하다. 그렇다고 이 철학적 물음을 지속할 수는 없다. 아직 할 얘기가 많았으므로. 그래서 나는 다시 그녀 스스로 생각하는 장점에 집중해보기로 했다. 그런데 그녀는 쑥스러운지 손사래를 치며 싫은 내색을 보였다. 아마도 익숙하지 않거나, 자기 자랑을 할 기회가 없었거나, 그런 환경에서 자라지 못한 탓이리라.

전   어머니 장점을 몇 가지 말씀해주실 수 있어요?

이   장점이라는 게 사람 자랑하는 건데. 그런 걸 쑥스럽게 생각해요. 그런 것보다 남을 비판하는 게 더 많았어요. 여기 와서 오픈하는 건데, 자랑할 게 별로 없었어요. 쑥스럽죠. 이 나이 먹고 자랑한다는 게. 몸에 배어 있는 것도 아니잖아요.

예상했던 바이다.

전   그러면 장점이라기보다 한국에 와서 어쨌든 내가 구치소 같은 데도 갔다 왔고 정말 힘든 것들을 겪어냈잖아요? 어쨌든 지금 적응해서 굉장히 잘 지내시고 계시잖아요? 적응할 수 있었던 까닭이랄까요?

이　　첫째는 자기 자신이죠. 내가 어떻게 생각하는지, 우리 운명의 주인은 자기 자신이라는 말이 있어요. '내 운명을 개척하는 건 나다.' 이 말은 김일성이 내놓은 이론이거든요. 내 운명의 주인은 나 자신이고 내 운명을 개척하는 것도 나 자신이다 이거죠. 이것은 지금 사회주의 사회나 자본주의 사회 어느 쪽이든 누구한테나 맞는 말이에요. 선생님도 그렇잖아요? 내가 주변에 좋은 사람들을 만드는 것이 중요하고요. 여기 복지관에 온 게 저한테는 운이라고 할까요? 복이라고 할까요?

전　　어떻게 복지관 오시게 됐어요?

이　　남편이 먼저 남한에 내려와서 여기 다녔어요.

전　　남편분이요?

이　　남편이 처음에 서울 살게 되면 어디가 좋은가 봤대요. 방학동이 그때 10년 전에 교통수단이 좋고. 공기가 좋고 대신 가양동은 교통수단이 안 좋고 했대요. 그때 '여기도 괜찮다' 해서 집을 받은 거라고 했어요. 이것도 복인 것 같아요.

전　　복지관도 남편분이 먼저 터전을 닦아주셨군요.

이　　그렇죠. 이런 프로그램 한 것도. 주변 사람들이 '자원봉사 활동 있는데 하겠느냐' 추천해주는 바람에 한 거거든요. 때로는 내 몸이 지치고 할 때 나가기 싫어요. 근데 끝나고 나면 보람을 느끼거든요. 힘들어도 하고 나면 얼마나 마음이 즐거운지 몰라요. 즐겁고 행복하다고 생각하고 나가면 즐겁습네다. 가장 힘들고 어려울 때 만난 곳이 복지관이니까요. 경사가 났다든가 불상사가 났다든가 할 때 사람들 위로해주고 싶어요.

전　　잠깐 복지관 얘기 좀 해주세요. 복지관에서는 북한 이주민들을 위해 무엇이 가장 중요할까요?

화제를 갑자기 바꾸는 것 같아서 죄송한 마음이 들었다.

이　　내가 만약 경영하는 사람이라면 복지관에 참가하는 회원들 가운데 힘들고 어려운 일이 있잖아요. 기쁜 길 같이 나누면 불이난다는 말이 있고 슬픈 거는 나누면 덜어진다는 말이 있잖아요. 나는 그런 마음이 가장 중요하다고 생각해. 저희 북한 사람들은 인정, 사람 사는 정이 그립죠. 물건을 들고 가는 것보다는 그 사람한테 최소한도로 음료수 한 통이라도 들고 가서, '너 정말 힘들겠다' '좋은 일 나서 기쁘겠다' 그런 말 해주는 게 중요한 거예요. 돈보다도. 너무 오래돼서 기억이 안 나는데 그런 유래가 있었어요. 옛날에 어떤 사람이 배가 고파서 쓰러졌어요. 쓰러졌는데 물이라도 먹어야 살 수 있잖아요. 지나가던 여자가 자기 젖을 짜서 먹여줬대요. 우리 부모도 없을 때 옛날옛날에. 그래서 다시 일어났대요. 지나가던 애를 업고 가던 여인이 너무 안쓰러워서 자기 젖을 짜서 먹여줘 그 사람이 일어났대요. 그래서 고장 이름을 그 여자분과 연결된 이름으로 지었는데 너무 오래 돼서 잊어버렸어요.

전　무엇보다 정을 중요하게 생각하시는 것 같군요.

이　네. 북한에는 이웃이라고 하면, 명절에는 노나주는 거예요. 우리는 떡을 했다 그러면 옆집에 나눠주거든요. 사람마다 손맛이 다르잖아요. 근데 여기는 옆집도 모르잖아요. 그게 참 안 맞더라고요.

대한민국의 현실을 꼬집는 것 같아 마음이 불편했다. 하긴 그녀의 삶이 '이해'와 '배려'라고 했으니. 그녀는 이웃과의 나눔을 중요하게 생각하는 듯했다. 생각해보니 나 역시 어린 시절에 이웃들과 다정한 만남을 많이 가졌던 기억이 있다. 사회가 다변하고 개인화가 극에 달하면서 나눔 문화는 찾아보기 힘들 정도가 되었다. 그런데 북한 사회는 예측하건대 아직까지 나눔의 공동체를 유지하고 있다니 다소 놀라웠다.

전　저도 어렸을 때 외할머니랑 골목 한 주택에 살았는데, 특정한 날이 되면 친지들이 모여 음식도 하고 김장도 했던 기억이 나요. 그 뒤로 아파트에 살게 되면서 그런 경험이 없어요. 엘리베이터 안에서도 아는 사람들하고만 가볍게 인사하죠.

이   우리는 가까운 이웃들이 와서 음식도 해주고 그래요. 여기는 그런 게 없잖아요. 이게 다 문화 차이죠. 그니까 인간미라는 게 시골에 가면 있던데 도시는 잘 없더라고요.

전   남한에 오셔서 편견 같은 것도 느끼시죠?

이   그거는 뭔가 하면. 복지관에서는 그런 거 못 느끼고 한국에 와서 일할 때 느꼈지. '못사는 동네에서 와서, 우리 세금이나 받아먹는 주제'라고 손가락질할 때 무시당하는 느낌이 들었지. 그럴 때는 너무 마음이 아프더라고요. 이게 남과 북이 갈라져서 그래요. 자랑은 아니지만, 1박 2일로 연수 갔다가 거기서 지점장님에게 대표로 편지를 쓰라고 하더라고. 제 인생을 여기에 와서 살게 해주신 지점의 여러분이 고맙다고 썼어요. 아는 것보다 모르는 것이 더 많은 저한테 하나하나 가르쳐주신 여러분이 참 고맙다고. 체제가 갈라져서 사는 자체가 너무 아픈데 우리 지점에서는 저를 받아주고 모르는 게 있으면 가르쳐주는 사람이 있어서 고맙다고 했어요. 그니까 온 애들이 박수치면서 '너가 그렇게 감성적인 줄 몰랐다'고 하더라고.(웃음) 그렇잖아요. 남북이 갈라졌다는 게 얼마나 가슴이 아파요. 어떤 사람은 얼마나 무시당했는지 알아요? 한국 여자가 얼마나 깔본다고요. 나하고 나

이가 비슷한데 그런 사람한테는 딱 하나만 생각나더라고요. '우리나라 니
네 나라'라고 하는 관계가 아니잖아요. 남북이 총체적으로 보면 한 땅인데.
갈라져서 제도가 다를 뿐이지. 안 그래요? 그게 너무 가슴이 아픈 거예요.
이거만 깬다면 통일인데. 남북이 합쳐져야 된다는 걸.

북한 이주민을 왜곡되게 바라보는 시선 속에 내가 있었다. 나도 처
음에는 그들을 '우리'가 아니라 '그들'이라고 했고, 은연중에 '구별 짓
기'를 하고 있었으니까. 그들에게 꼬리표를 달아준 것은 어느 누구도
아닌 바로 나였던 것이다. 부끄러웠다.

전　　　언젠가 통일이 될 겁니다.

이　　　이게 진짜 너무 가슴이 아파요, 나는. 그 당시에도 앉아서 남북 통
일이 되기를 바랐어요. 감옥에 앉아서 창실 너머 보는데 흙밭에 우리나라
지도가 보여요. 땅이 딱 꺼졌는데 지도처럼 보이는 거예요. 그 안에서 생각
을 했어요. 진짜 거기서 볼 거 못 볼 거 다 봤거든요. 죽은 사람 영혼이 막
들어오더라고. 내 몸이 허약하니까 오더라고. 귀신처럼 들리더라고. 희한
하게 들리더라고. 당시 컴퓨터라는 것도 몰랐는데 저기 앞에 컴퓨터를 막
다루는 장면이 보이고 그렇더라고. 컴퓨터라는 말을 몰랐을 때인데. '자식
들이 내 생각을 해줬으면 좋겠다' 그랬는데 현실로 되었잖아요. 나는 그게
너무 신기했어요. 사람이 좋은 생각을 하게 되면 좋은 일이 생기는 건 맞

아요.

상상하면 현실로 이루어진다는 그녀의 믿음은 변함이 없다.

전   복지관 재밌어요?

이   처음에 프로그램에 와서 심리에 맞게 막 한다고 했잖아요. 했을 때 뭐 꽃도 만들고 그림도 그리고 동심의 세계로 들어간 거 같았어요. 어릴 때 물건이 흔하지 않으니까 못해봤는데. 여기 오니까 보지 못한 필기도구라든가 크레파스 있잖아요. 직접 내 손으로 하니까 너무 즐거운 거 같더라고.

크레파스? 그녀에게는 새롭고 소중한 물건이었다.

전   뭐 만드셨어요?

이   화분도 만들고. 무슨 그림도 그리고 여러 가지 프로그램이 많았는데 내가 직접 만들었다는 자체가 좋아요. 또 만들어서 주고 그게 너무 좋더라고. 즐겁잖아요. 그리고 이거 우리만 배려받으면 안 되잖아요. 남을 줄 줄 안다면 자원봉사를 해야죠. 손으로 직접 요리해서 남한테 '드셔보라고' 남한의 음식을 배워서 했을 때. 여기서 그런 봉사를 많이 했잖아요. 부모가 장애인인데, 내가 음식 들고 가면 애들이 너무너무 좋아하더라고. 난 그 사람들을 보면 마음이 짠해요. 그 국정원에서 조사받을 때 한국이 어딘지도 모르잖아요. 그런데도 '이 사회가 어떤 거 같냐'고 물어요. '복지국가인 거 같다' '복지' '복지' '복지' 그랬어요. 복지관에서 할 수 있는지 없는지는 모르겠는데 일단 취업이 중요해요. 그건 이미 하나원에서 다 하고 나오지만 그 직업적인 걸 나와서 해보면 또 다르거든요. 직장에 가서 체질에 맞게 할 수 있는 직업이 있잖아요.

전　어쨌든 나랑 맞는 직업이 뭔지 직장 체험 프로그램 이런 거요? A라는 데도 가보고 B라는 데도 가보고 어디가 더 잘 맞는가 선택하기 전에 할 수 있는 프로그램. 진짜 직업을 갖는 게 중요하죠.

이　그걸 하나원에서 가르쳐주긴 주는데…… 거기서 배우는 거하고 나와서 체험하는 거하고는 다르더라고. 거기서 나는 탁아소 교사를 했으니까 직접 현장에 뛰어들긴 했는데 말이 안 돼가지고.

전　어린이집에 가셨어요?

이　벼룩시장 광고를 보고 3만 원 회비를 내고 교육을 받고 개인 집 애를 봐주는 거 하러 갔어요. 애가 여섯 살짜린데 내 말을 따라 배우기를 꺼려하더라고. 면접을 봤는데. 그래서 이것도 나한테 안 맞는구나 생각했지.

전   북에서 경력이 있는데도 어렵네요.

이   이것도 아니구나 하고 마음 접고 나와서 진짜 생산 현장에 뛰어들었죠. 여기 오게 되면 사람들이 직업을 180도 바꿔야 돼요. 북한에서 가지고 있던 직업들은 다 못 써먹어요. 거기서 교원을 했다고 여기서 교원을 할 수가 없어. 말이 다른데. 안 되는 거지요. 판매원도 안 된대. 내가 말을 바꾸기 전에는. 나 참.

북한 이주민에게 직장은 현실적인 의미 이상의 상징성을 지닌다. 생계 유지, 사회화의 연결, 그리고 자기실현을 지속적으로 가능하게 해주는 기회를 제공하기 때문이다. 아울러 다문화 이민자들 혹은 이주민들에게 직장은 사회문화와 연결을 짓고 주체적인 사회의 일원으로 생활할 수 있도록 돕는 곳이 된다. 기초생활 이상의 것이 가능하게끔 경제적 능력을 키워주고, 남한 사회에서 공식적인 지위를 부여받을 수 있는 신분을 보장해주고 이를 토대로 자신의 소질과 능력을 발휘하게 하여 자기 가치를 발견해나가게끔 도와주는 공간이 바로 직장이다.

이   처음에는 제 말을 못 알아듣죠. 말투가 그러니까. 백화점에서는 신기하게 쳐다보면서 '중국 여자인가 교포 여잔가' 생각하는 것 같아요.

전   억양 때문에 그런가봐요. 한국말 교육이 먼저 되면 좋겠네요.

이　　하나원에서 가르쳐주긴 하는데 그게 고집이 완고하고.

전　　익숙한 거라 잘 안 바뀌죠.

　약속했던 인터뷰 시간이 거의 다 되어간다. 마무리를 해야 하는데, 상담 영역에서 자주 활용하는 나무로 된 관절인형을 이용하기로 했다. 표정이 없고 팔다리가 자유자재로 움직이는 인형인데, 이것은 인간의 무의식을 드러내기 위한 도구로 활용된다. 그녀의 내면에 웅크리고 있는 무의식을 최대한 끌어내기 위해 그 인형으로 자신을 표현해보도록 유도했다. 관절인형은 다양한 크기가 있는데, 소·중·대로 구분해서 일곱 개 정도를 제시했다. 그런 다음 '자기 모습하고 가장 비슷한 걸 골라서 표현해보실래요?'라고 물었는데, 그녀는 내 말의 의도를 선뜻 이해하지 못했다. 갑자기 나에게 '몇 살이냐'고 물어서 '36세'라고 답했다. 그런데 '왜 뚱뚱하냐? 다이어트를 하라'고 했다. 내 질문에 대한 답의 맥락 없음에, 이게 뭔가 싶었다. '젊은 사람이 부지런히 살 빼고, 게으름 떨지 말고 살라'고 하신 뜻이었다. 나는 그녀에게 '자신과 비슷한 인형을 골라보시라'고 했는데, 엉뚱한 답변을 해서 서로 웃었다. 혹시 일부러 나를 민망하게 만들려고 그러셨던 걸까? 어쨌든 그 덕분에 서로 편해졌고 강직해 보였던 그분의 모습에서 일종의 틈새가 생긴 것 같아 인간미가 더 느껴졌다. 웃음이 그치자 그분은 팔을 하늘 쪽으로 향하고 당당하게 걷는 모습의 조각상을 집으셨다.

이　　반듯하게 걷는 모습이에요. 다리를 쩍 벌리지 말고 직선으로 오므리고. 지금 저는 부인이 되니까 골반이 늘어져서 더 반듯하게 걷고 싶거든요. 그러면 골반이 당겨진다고 하더라고. 발은 절대 이렇게 바깥으로 나가면 복이 나간다고 했어요. 발은 되도록 안쪽으로, 밖으로 하면 보기 흉하고, 손은 나비같이 날아갈 듯이 걷고 싶어요.

전　　얼굴은 어때요? 지금 아무것도 없지만 표정이 어떤 거 같아요?

이　　하하하! 나는 웃음이 나는 거 같아요. 팔이 이렇게 있잖아요.

전　　기분은 어떠세요?

이　　너무 좋은 것 같아요. 이 상태가 지금 좋은 일 있어서 구경 가는 기분이잖아요. 하하하! 좀더 열심히 세느르시 않고. 나은 생활을 했으면 좋겠다.

생사와 오징어

2014년 12월의 달력을 넘기기 하루 전이었다. 바쁜 일상 탓에 연말 분위기도 내지 못했다. 가족과 보내야 할 황금 같은 시간에 북한 이주민과의 인터뷰라니. 내 지나온 생을 생각하면 안 될 일이었으나, 한 차례 면담 실시를 통해 형성된 친밀감 덕분에 그분과의 인터뷰를 접을 수는 없었다. 발길은 임대주택단지로 향했고, 연말인데도 그곳은 비교적 한가로워 보였다. 녹취록을 반복해서 들었던 덕분에 라포Rapport가 형성된 것인지 그녀와의 만남은 이제 어색하지 않을 정도가 됐다. 지난번과 유사하게 지하 계단을 내려가 인터뷰실로 들어갔는데, 이전과는 다르게 불편함이 없었다. 공간을 기억하는 인간의 뛰어난 적응력과 그녀의 발걸음 소리를 기억하는 인간의 뛰어난 청각력이 더해지면서 면담은 시작됐다.

그녀와 내 표정이 허공에서 교차하는 순간, 우리는 서로의 단정한 매무새와 소박한 예의를 확인했다.

전   오늘은 지난번에 했던 얘기를 좀더 구체적으로 하고 싶거든요. 나를 견디게 해주었던 것, 내공 같은 거 있잖아요. 나를 버티게 해준 마음의 자원이랄까요. 환상을 현실로 옮길 수 있었던 그 힘의 정체를 밝혀보고 싶거든요.

이　죽는 사람도 옆에서 지켜봤는데 뭘. 그 마음 심정을 제가 읽었어요. 사람이 죽는다는 게 모든 것을 다 포기하고 '나를 기다려줄 사람이 없다' 이렇게 마음을 놓으면 죽는 거예요. 죽는 것도 잠깐이에요. 근데 난 그때, 그렇게 힘들었을 때 우선 남편이 있지, 애들이 있으니깐 내게 희망이 된 거예요. 애들이 엄마를 기다리겠다는 생각에, 어느 날은 철창 속에 앉아서 너무 힘들 때는 창밖에서 아이들이 '엄마 막 빨리 나오라'고 이렇게 말해주기를 바랐거든요. 그 장면이 환각으로 막 떠오르는 거예요. 애들이 엄마 때문에 속상해가지고 교회는 문전에 가보지도 못했는데 우리 엄마를 살려달라고 저녁마다 빌었대요. 큰애가.

전　어디에 빌었대요?

이　마음속으로 그렇게 하나님이라고 찾으면서 빌었대요, 큰애가. 교회를 알지도 못하면서. 그래도 사람이 바쁘면 하나님을 찾을 때가 있어요. 그게 희한해. 저도 그걸 느껴봤거든요, 믿지 않는데도. 그때 교회가 있는지 없는지도 몰랐어요, 나는. 그런 상태인데, 그때 두만강을 잠깐 넘다가 미끄러져서 딱 죽을 뻔했죠. 속으로 '하나님 와달라' 했어요. 교회 자체도 몰랐어요. '하나님 날 도와달라'고, '우리 딸 둘이 있으니 나 죽을 수 없다'고. 이렇게 한 백 미터 둥둥 떠내려와서 물살이 너무 세서 가라앉지는 못하고. 헤

엄을 못 치니까. 주인집을 통해야만 두만강을 건널 수가 있거든. 근데 그 집에 가보니까 바닥이 없는 신발이 있어요. 천으로 만든 신발인데 색깔이 까맣고, 다 낡아서 바닥이 없어요. 그걸 신고 나왔으니. 물 바닥은 이끼가 껴서 미끌미끌하거든요. 그 당시 장마철이라 강이 불어서 그런 상태에서 발을 헛디뎠단 말이에요. 그다음에는 물을 꼴딱꼴딱 먹거나 넘어지면 죽어요. 옷은 머리 위에 이고, 오징어, 마른오징어 머리에 이고. 내가 오징어를 좋아하거든요. 중국에 나가면 오징어가 비싸다는 생각에 내가 오징어를 달라고 했지.(웃음)

전　지금 오징어가 문제가 아니잖아요. 오징어를 이고 건너신 거예요?

(한동안 같이 웃음)

이　그렇지! 오징어가 문제는 아니지. 옷 젖을까 팬티가 위로 오고, 교회도 안 다니면서 하나님 찾게 되고. 무사히 강을 넘어와 구사일생으로 살았는데, 그때 내가 마음속에 에너지가 있다는 것을 알았죠. 한마디로 말해서 부모 자식 간의 사랑, 남편에 대한 사랑이 힘이 됐던 거예요. 되게 중요해요. '그 애들이 나를 기다리고 있다' '이걸 생각하면 죽을 수 없다', 이 생각을 하니까 사람이 기운을 못 놓겠더라고요. 사람이 기운을 탁 놓으면 죽어요. 그래서 내가 죽는 사람도 딱 보니까, 모든 걸 포기하고 '이 순간이 편안하다' 그러면 그 순간에 죽는 거예요. 모두 다 맥을 놓아버리고…… 사람이 죽는 게 몇 끼씩 굶고 힘이 없잖아요. 그때 딱 다 놓으면 죽는 거예요. 여기 와서도 내가 힘들잖아요. 식당 일 하고. 육체가 힘들 때가 있어요. 그러면 내가 어떤 생각을 하냐면, '야 이거는 아무것도 아니다. 내가 북한에서 진짜 먹지 못하고, 그 감옥에서 배고픈 거 생각하면 이거는 아무것도 아니다' 이렇게 생각하면은 또 기운이 나는 거예요. 지난주에 며칠이더라. 26일인가 종로에서 행사가 있었어요. 근데 6층에서부터 10층까지 할머니들이 한 번에 다 올라가자니까 힘들어가지고는. 걸어서 계단을 올라가는데 어떤 할머니가 지팡이를 짚고 올라가더라고요. 막 힘들다고 그러더라고요. 그래서 내가 그랬어요. '할머니 두만강을 넘던 생각을 하면 이건 아무것도 아니지요' 그랬더니 '맞소!' 그럽니다. 그게 맞다는 거지. 두만강에 비하면 네 계단은 아무것도 아니지.

전　　생명 걸고 넘었던 때 생각하면 한국에서 힘든 건 정말 아무것도 아니겠어요.

이　　그렇지요. 근데 먹을 거 앞에서는 못 참겠어요. 거기서는 사람 신경이 곤두서니까 먹을 걸 앞에 두고도 못 먹겠던데, 너무 신경 쓰고 심리적으로 그러니까 못 먹겠더라고요. 그래서 어떤 때는 '먹자, 내가 이거 먹어야 산다. 먹어야겠다'는 생각에 억지로 먹었지요. 그러니까 사람이 살이 쭉쭉 빠지더라고요. 먹지 못하니까 그 안에서 신경만 딱 살아가지고. 근데 여기 와서 먹을 게 넘쳐나는데, 자제를 못하는 거예요.

전   충분히 이해가 돼요.

생사의 갈림길에서 오징어를 머리에 이고 강을 건넜다니. 웃어야 할지 울어야 할지 모르겠다. 나보고 '뚱뚱하니까 다이어트 하라'고 하신 분이 먹는 것에 집착했다는 걸 보고 되레 숙연해졌다. 발은 미끄러지는데 오징어가 젖지 않게 머리 위에 이고 간다는 것은 시트콤에서나 나올 법한 장면이라 여겨질 것이다. 그러나 그녀에게 오징어는 그 이상의 의미를 지녔다고 봐야 한다. 먹어야 살고 살아야 먹을 것이 아닌가. 인간의 가장 기본적인 욕구에 충실할 수밖에 없었던 이유는 그녀가 오징어를 꼭 좋아해서가 아니라 그것이 그녀의 명을 연장시켜주는 상징적인 힘이었기 때문이다. 남들이 볼 때는 '웃긴' 상황일지 몰라도 내가 볼 때는 요즘 말로 '웃픈' 상황이었다.

전   감옥에 계실 때 또 어떤 생각들 하셨어요?

이   이렇게 다리를 꼬고 앉았는데 딱 발바닥 앞에 지도가 펴져 있는 거예요. 조선 지도처럼 생겼더라고. 빨리 통일이 돼야겠는데. 한국으로 건너간다는 생각은 못했어요. 한마디로 안기부 꼬임에 '잘못 걸렸구나' 난 그렇게 생각했으니까 한국으로 건너갈 생각을 안 했죠. 그래서 '중국은 가야 되겠다' 이렇게 생각했지요. 중국에 애들이 있고, 남편은 한국에 온 걸 알고 있었거든요. 그래가지고 사람이 몸이 허약하니까 환각 증세, 환각적으로 막 떠오르더라고요. 희한하게 환청 같은 게. 그런데 그게 현실로 됐어요. 저희 남편이 컴퓨터를 가지고 막 뭐를 한다고 하더라고요. 중국에 있을 때 애들이 컴퓨터를 하러 PC방에 놀러 간다는 것만 알았지 보지는 못했거든요. 중국에서 내가 그 당시 1998년도에 넘어왔을 때 호출기 삐삐를 차고 있었는데, 조금 지나고 휴대전화 있었어요. 그때는 컴퓨터가 흔하게 집집마다 없었어요. 중국에도 그렇고. 남편이 컴퓨터로 애들을 가르친다, 어쩐다, 글을 쓰고 어쩐다고. 이쪽에서는 남편이 부르고, 우리 언니가 부르고 이런 게 떠오르는 거예요. 어쨌든 환각적으로 떠오른 것이 여기 와서 다 현실로 된 거예요. 내가 실제로 보지 않은 물건을 떠올리기도 하고. 그런 건 정말 과학적으로 해석할 수 없는 그런 영역이잖아요. 나는 진짜 무슨 생각을 골똘하게 하면, '내가 어떻게든 해야겠다' 하면 그게 꿈에 나타나고 내 몸에 나타나고 막 느낀다고요. 내 몸으로 느껴요. 어떻게든 '이걸 해야겠다' 하면 묘안이 생기는 거예요.

전   직감적으로요?

이   그러니까 사람이 결심하면 못해낼 일이 없다는 게 맞는 거 같아요. 이거는 우리 옛날에 북한에서 배웠던 그 내용이거든요. 구호가 있었어요. '하자고 결심하면 못해낼 일이 없다', 그 말이 딱 맞는 거예요. '죽어도 해야겠다' 그러면 내 꿈에 나타나고 몸에 막 나타나는 거예요.

잠시 쉬는 시간을 가졌다. 그때 그녀가 내 상을 봐주겠다고 했다. 혹시나 하는 마음이었다. 그런데 의외의 관상풀이가 나와서 놀랐다. 그녀는 내게 '법조계에 있을 사람'이라고 했다. '그러면 그렇지.' 내가 법을 얼마나 모르는지, 그녀는 몰랐다. 어렸을 때 법 없이 살 사람이라는 얘기는 들었으나 법을 다루며 살 사람이라는 얘기는 금시초문이다. 이렇게 안 맞을 수가. 아 참 그러고 보니, 법을 몰라서 종종 실수로 사고를 쳤던 순간들이 있었다. 내 천성의 천진난만함, 앞뒤 안 가리고 전진하는 추진력, 섬세하지 못해 자주 내보이는 빈틈, 게다가 덜렁대는 성격 탓에 생긴 주의산만함, 이것들이 합체가 되면 아마도 법의 심판을 받을 수도 있으리라. 어, 그렇다면 그녀의 관상풀이가 맞는 건가. 뭐 어쨌든. 이야기를 계속 이어나갔다.

전　　그러니까 간절하게 내가 어떤 의지를 갖는 거네요. 보이든지 느껴지든지 직감적으로. 그게 맞기도 하다니 신기합니다.

이　　사람이 교회를 믿고 어디를 믿고 하는 것도 이게 신이 있다 없다 말은 못해도 사람이 어디를 향해서 목표를 정하면 그것이 반드시 이루어질 때가 있어요. 사람마다 다 그걸 소망하겠지만, 백 프로는 아니지만은 자기가 할 수 있는 가능성 한도 내에서는 그게 꼭 온다고 나는 믿어요. 그거는 이제 선생님도 제 나이 먹으면 느낄 거예요.

전　　어머니 연세 정도 되어도 그런 거 모르시는 분들 많아요.

이　　순탄하게 살아온 사람들은 그걸 모르지요. 저처럼 진짜 풍파에 고초를 겪어온 사람들은 알지. 70~80대 되는 할머니라도 아무 곡절 없이 산다는 건 거짓말이고 우리는 그 곡절을 너무 심각하게 받았잖아요. 거기에 비하면 내가 진짜 70~80대 인생을 산 거 같아요. 인생 수업을 호되게 받았지.

전　　왠지 억울하고 그런 게 있을 것 같아요.

이　　당연히 있죠. 근데 희한한 게 있어요. 호미로 땅을 팔 때 막 그 소리가 죽은 사람들, 그 영혼의 목소리처럼 들려오더라고요. 교도소 가서 일을 하는데 감자밭을 맸어요. 풀을 뽑는 거. 풀을 뽑아 솎아줘야 감자가 무성하게 자라거든요. 그걸 깡노동으로 하는데, 거기서도 희한하게 돌에 부딪히는 호미 소리가 사람이 말하는 음성으로 들리더라고. 그래서 난 어떤 때 혼자 있으면 이런 '옹' 하는 온풍기 소리가 나면 싫어요. 심지어 파리랑 모기하고도 말해봤어요. 파리가 '왱' 하면서 날아다니잖아요. 그 '왱' 하는 소리가 사람 목소리처럼 들리더라고요. 그래서 말을 하고, 모기하고도 내가 말을 했어요. 그 안에 있다보니 사람이 너무 민감해지니까 이상하게 그렇게 들리더라고요. 머리가 딱 돌기 직전인 거지. 근데 그때 당시 같이 있었던 사람을 내가 여기 와서 만났는데, 내가 머리가 돌았대. 근데 걔는 나 덕분에 살아 나왔어요. 왜 그런가 하면 걔는 누구한테 말을 못해서 목이 꽉 막혔어. 옛날에 만났던 앤데 거기서 또 만나니까 반갑더라고요. 내가 자꾸 말을 시켰어요. 내가 자꾸 말을 시키고 그러니까 걔가 목이 열린 거예요. 옆의 사람들도 그거 인정하더라고.

전   맞아요, 그럴 때 누가 말을 시켜주고 해야 좋아요.

이   그런데 걘 그걸 몰라요. 나중에 길에서 만났어요. 근데 걔는 나를 못 알아보더라고요. 그대로더라고요 살이 안 찌고. 노원에 있어요. 어디 보험사에 있어서 들르라고 하더라고요. 근데 내가 연락을 안 하니까 걔도 연락 안 하더라고요. 걔가 살아온 패턴하고 난 다르니까. 걘 청진에서 살았고, 난 시골에 살았으니. 청진은 도시가 크고 사람도 많고 그래. 우리는 정말 시골이지. 사람이 복잡한 데서 살지 않았고 직장도 차분한 데서 애들만 가르치다가 왔으니까. 사람이 수준이 좋고 정말 천진했어요. 걔네가 살아온 것과 다르지. 억울한 거는 말을 못하니까요. 난 한국에서 느꼈어요. 마음을 오픈하는 사람하고 '꽁' 하고 있는 사람하고 다르다는 것을. 내가 한국에 와서 부천에 정신병동에서 간병해봤거든요. 간병하는데 옛날에 어디서 교수 했다는 여자인데 시댁에서 시집살이를 심하게 하는 바람에 정신이 잘못된 거예요. 근데 옆 사람들 누구도 그 사람이랑 대화를 안 해. 근데 나랑은 말을 하고 손을 꼭 잡아요. 옆의 사람이 '말을 하네?' 그래요. 그 사람은 나를 알아보더라고요. 그 사람이 일어나 앉았는데 하루 종일 묶어놓고 누워 있었으니 얼마나 답답하겠어요. 그래서 내가 운동도 시키고 그랬지. 그리고 열일곱 살짜리 여자애가 있었어요. 교통사고로 머리를 다쳤는데 내가 자꾸 말을 시키니까 '이모가 최고'라고 했죠. 지네 엄마 아빠가 면회 와도 '이모가 최고'라고 '좋다'고 '가지 말라'고 이러더라고요. 불쌍하잖아. 난 내가 한번 그래봤기 때문에 그런 사람들 보면 막 동정이 가요. 그 사람이 어떤 순간에 어떻게 돌았는지 알겠더라고.(헛웃음) 내가 감옥 나올 때 너무 억울해서 한마디 던졌어요. '그 사람의 죄를 묻기 전에 그 사람의 마음부터 읽어야지'라고. 그러니까 저쪽에서 '니는 사람의 마음을 읽을 줄 아나?' 그러는 거예요. 기가 막혀서. 그런데 TV에도 나오잖아요. 가정이 막 문란한데, 거기서 자란 애들이 꼭 죄를 지어요. 그러면 저는 '쟤가 본심은 나쁘지 않은 사람인데' 그렇게 생각해요. 근데 또 사람이 태어날 때부터 범죄자처럼 나오는 사람도 있어요. 나쁜 사람이라고 하나님이 지정해주는 것은 없지요. 그런데 어떤 사람들은 자기가 나쁜 사람이라고 알려요. 그 사람들은 길을 잘못 들어선 거지. 길을 바로잡아줘야 돼요.

'니는 사람의 마음을 읽을 줄 아나?' 이 말이 갑자기 내 가슴에 꽂혔다. 상담사이자 가족학 연구자로서의 직분을 갖고 열심히 살아왔는데, 과연 나는 사람의 마음을 읽을 줄 아는가. 그 순간 내가 공부했고, 공부하고 있고, 공부해야 할 것에 대한 근원적인 물음을 스스로에게 던져야만 했다. 나는 지금 왜 이분과 인터뷰를 하고 있는가? 이야기를 주고받은 목적은 이분의 삶을 이해하기 위함인가 아니면 내 개인의 유의미한 연구 성과를 내기 위함인가? 그 짧은 답변에 진정한 상담 인터뷰와 소통의 의미가 무엇인지 더듬게 됐다. 본의 아니게 마음이 무거워졌다.

전　길을 잘못 들어선 사람도 변화가 될까요?

이　당연히 되지요. 그런 사람들은 딱 보고 '아 너는 어떤 스타일이겠다' 알거든요. 그런 사람들의 머리에 맞게끔 교육을 해주는 거예요. 그렇게 해야 나쁜 길을 안 들어가는 거예요. 보면 알지요. 선생님 그 나이 되면 더 잘 알아요. 난 어렸을 때부터 목소리 들으면 알아요. 아이 때부터 걸음걸이 보면 그 사람 알아요. 사람 목소리도 얼굴 보면 '누구다' 하고 알잖아요? 근데 솔직히 지금은 힘들어요. 머리가 한번 이렇게 되니까. 또 보험을 공부하면서 내가 머리 좋아졌다는 것을 또 느껴요. 머리라는 것은 쓰면 쓸수록 계발돼요. 반짝반짝해지지, 가만 놔두면 녹스는 거예요. 그런데 있잖아요. 여자들은 애 낳으면 일부러 엑스자로 꼬아 걷는 거예요. 그럼 자세가 펴지는 거예요. 내 몸을 가꾸면 되겠지요. 그런데 지금 먹고사는, 돈 버는 일이 더 중요하다보니까 자세를 고치지 못해요. 우리 큰애는 살이 찐다 그러면 딱 그만 먹어요. 근데 모든 스트레스는 또 나한테 푸는 거 같아요.

자꾸 살 얘기다. 민망하게.

전　　많은 딸들은 또 엄마한테 풀잖아요. 또 엄마는 애들한테 풀고.

이　　맞아요. 그러다 또 '엄마 미안해' 이러고. 그게 부모인 거 같아요 진짜. 거미에 대한 거 모르시나요? 거미는 자기 새끼를 위해서 마지막에는 말라죽어요. 거미는 그렇대요. 자기 몸의 것을 다 뿜어내서 치고 날아오는 것 잡아 지 새끼한테 먹이고.

전　　저는 그런 펭귄을 봤어요. 펭귄은 수컷이 그렇게 알을 품는대요. 영하 수십 도에서도 얼지 않게 하려고. 아버지끼리 동그랗게 원을 만들어서. 진짜 눈물 나던데요. 어쨌든 부모 자녀는 아닌 경우도 있지만, 거의 내리사랑 같아요.

이　　남편이 죽으면 통곡하고 울지만 자식 죽으면 마음속에 묻는다잖아요. 근데 또 님자는 마누라가 죽으면 북안에 이런 말 있어요. '부인이 죽으면 재래식 간에 가서 담배를 한 대 물고 손거울을 보고 웃으면 끝'이래요. '히쭉' 웃으면 끝이래요. 그렇지만은 여자는 남편이 죽으면 '어떻게 살겠는가' 하고 그러는데 남자는 아니란 말이죠. 남자는 마누라가 죽으면 석 달을 못 넘기고 다른 처를 얻어 가잖아요. 북한에서 여자는 3년 동안 다른 남자한테 못 가죠.

전　　관례적으로요?

이　　그렇죠. 나쁜 여자라고 흉보죠. 남자는 부인이 죽었다 하면 새장가를 갔다 그러죠. 남자는 크게 비웃지 않는데, 여자는 비웃어요. 어쨌든 여자는 지조를 지켜야 한다는 거죠.

시대가 많이 변했다고 해도, 이 부분에서만큼은 북한이나 남한이나 여성이 남성을, 또는 남성이 여성을 바라보는 편견이 심하다고 느꼈다. 같은 여성으로서 동류의식이 느껴지다가 괜히 화가 났다. 내 남편도 그럴까? 마음속으로 고개를 흔들었다. 에이, 설마?

전　　요즘 뭐 재미있는 일 있었어요?

이　　강화에 가서 감자 팠던 거. 우리는 어려서부터 농촌 지원 나가서 막 감자 팠잖아요. 사람은 흙 냄새를 맡아야 건강에도 좋대요. 그러니까 그런 일을 해봤던 뚝심이 있어서 그러는지 기분이 너무 좋은 거예요. 내 가져가는 것도 좋지만 어디에 가서 1~2시간 노동을 해야 마음이 편안한 거 같아요. 난 그렇게 노동을 하는 게 내 몸에 편안하고 좋아요. 난 단련돼서 그런지 그게 너무 좋은 거예요. 막 이렇게 어디 가서 곡괭이질하고 삽질하고. 막 남자 열을 제쳐놓고 할 거 같아요. 난 어디 가서 나무를 패라고 하면 팰 것 같은데, 아마 한국 남자들은 그렇게 못할 거예요. 나는 몸에 배서. 그렇게라도 몸을 막 풀고 싶어요. 그렇게 해서 스트레스 받았던 거, 정신적으로 압박받았던 거 없애버리고 싶어요. 남을 위해 자원봉사해준다는 게 너무 즐거운 거예요. 나도 솔직히 힘들 때가 있거든요. 내 몸이 지치고 힘들 때, 그럴 때는 나가기 싫어요. 그런데 내 손으로 직접 해서 남한테 기쁨을 준다는 것이, 그게 참 긍지감을 갖게 하더라고요. 어르신들한테 음식 해갖고 가잖아요. 애들한테 먹으라고 이렇게 줄 때도 있지만. 애들이 언젠가는 맛있다고 편지도 했데. '내가 만든 음식을 먹고 즐거웠다, 맛있었다' 이런 거요. 그때 순대를 했어요. 새벽 3시까지 순대를 했잖아요. 그거 하려면 시간이 많이 걸려요. 그런데도 그 이튿날 열 시까지인가 열한 시까지인가 또 나갔어요. 피곤한데 운동장에 나가서 북한 음식 맛보라고요. 여기서는 아바이순대라고 하더라고요. 아바이순대라고 못 드셔봤어요?

전   지나가다 간판만 봤어요. 아바이순대가 북한 순대예요?

이   아뇨, 비슷해요. 그리고 십이주 찹쌀순대라고 있어요. 그거하고 똑같아요. 근데 이 쉬운 짐은 다 같이 합심해서 했으면 좋겠는데 인원이 모자랄 때가 있어요. 일하는 사람만 일해요. 그게 안타깝더라고요. 직장에서 일하면서 이것도 한다는 게. 그런 건 좀 그렇더라고요. 집에서 놀면서 운동 삼아 한다는 건 아니거든요. 일하는 사람은 둘밖에 없어요. 나머지는 다 바쁜데. 그래서 시간 쪼개서 하는 거거든요. 또 그렇게라도 나와주는 것도 고마운 거지요. 그런데 오늘 보니까 3층에 누군가가 하나원에서 퇴소하고 오더라고요. 4동에.

전　이웃집에 누군가가 이사 왔어요?

이　그럴 때 혼자 나오면 얼마나 외로운 줄 알아요? 난 이럴 때 찾아갔으면 좋겠어요. 저쪽 10층이더라고요. 첫날 밤이 가장 쓸쓸해요. 가스도 분명 안 되어 있을 거고. 한국에 나왔을 때 그 이튿날부터는 어디서 오라 오라 하니까 정신없는데 첫날이 중요해요. 내가 혼자 올라가는 것보다 복지관에서 같이 왔다고 그러면 좋지. 짐 날라주는 사람들이 트럭에다 짐을 싣고 왔더라고요. 어디에 뭐 있는 줄도 모르고, 지하철도 탈 줄 모르잖아요. 여기 복지사 선생님이 나 마트 데리고 가고 포인트 하는 방법도 알려주고 그랬어요. 이웃집에서 어느 날 '집에 봉투가 하나 있으면 좀 달래'요. 무슨 이력서를 써서 보내야겠는데 봉투가 없대요. '우리 집에 있으니까 가져가라'고 봉투 줬어요. 내가 보험 하나 들라니까 아직 말이 안 먹히더라고요.(웃음) 아직 뭐가 뭔지 하나도 모르는 거지.

　이분은 정말 생활력이 강하다고 생각했다. 그 와중에 보험을 들라는 말이 나올 수 있을까? 과연 나라면 그랬을까? 그런데 이상하게도 비정함이나 냉정함보다도 뭔가 치열한 생의 의지가 느껴졌다.

전　그분도 온 지 얼마 안 됐어요?

이　그렇지. 8월인가?

전　　직업 찾으시나봐요. 이력서 넣는 걸 보니까.

이　　금방 온 애들은 안쓰러워. 아무것도 없어요. 그래서 내가 이것저것 도와줬지. 병원에서도 그랬고. 그랬더니 걔가 '고맙다'고 하더라고. 내가 보험뿐만이 아니고 자선사업을 얼마나 하는지. 남편도 그렇고.

전　　여러 사람을 도와주고 대단하세요.

이　　자원봉사라면 그런 게 필요해요. 지금 우리가 그걸 해주는 것도 참 좋은 것 같아요. '병원이 어디 있고, 어디 가면 뭐가 있더라' 하고 구체적으로. 물론 하나원에서 초보적으로 가르쳐주긴 하는데, 그때는 '여기를 빨리 나가고 싶다'는 생각뿐이더라고. 근데 상담사 선생님, 혹시 보험 든 것 있수?

　'이분이 진짜!!' 너무 황당해서 쉽게 답을 하지 못하고 잠시 얼버무렸다. 자연스럽게 눈동자가 확장되면서 머리카락도 쭈뼛 서는 느낌이 들었다. 다시 떠올려도 마찬가지 느낌이었다. 인터뷰를 하러 온 건지 보험 판매를 하러 온 건지, 순식간에 그녀와 나의 위치가 바뀌었다. 그녀는 아랑곳하지 않고 '먹잇감을 물었다' 싶었는지 보험왕답게 화려한 말솜씨로 내 틈새를 비집고 들어왔다. 정글의 법칙에서는 강자가 약자를 잡아먹는다. 치열하게 살아가는 우리의 현실 또한 정글에 곧잘 비유되곤 한다. 그녀는 정말로 정글의 사자였고, 현실의 '보험왕'이었다. 나라고 가만히 있었을까. 처절하게 잡힐 뻔했는데, 간신히 빠져나왔다. 그녀 앞에서 들키지 않았지만 나는 안도의 한숨을 길게 내뱉었다. 독자들은 오해하지 마시라. 나는 웬만한 보험에 다 가입되어 있어서 거절한 것이었다.

그녀의 거침없는 이야기에 어느덧 마무리를 해야 할 시간이 됐다. 인터뷰를 마치고 지하 계단을 오르면서 우리는 같이 식사를 하기로 했다. 그때 그녀의 휴대전화에서 벨이 울렸다. 그녀는 무슨 일인지 '잠깐 집에 들러야 한다'고 했다. 나 또한 혼자 기다리기가 뭐해서 덩달아 그녀의 집으로 향했다. 복지관 바로 옆 임대주택 안에 그녀의 집이 아담하게 자리하고 있었다. 집은 조금 좁았지만 생활하는 데 큰 무리는 없어 보였다. 복도식으로 된 임대아파트였는데, 현관문을 열고 들어가니 방 두 칸에 거실은 따로 없는 구조였다. 잠깐이었지만 집 안을 둘러봐도 눈에 띄는 가구는 없었고, 침대가 없어서인지 안방에는 이불이 덩그러니 깔려 있었다. 무난한 형태의 집 구조였다.

그런데 청소를 오래 안 한 탓인지 집안 공기가 퀴퀴했다. 그렇다고 눈에 띄게 싫은 내색을 할 수는 없었다. 차라리 밖에서 기다릴걸 그랬나 하고 생각해서 밖으로 나갔거나 밖에서 기다렸다면 그녀는 되레 상처를 받았을 것이다. 나 혼자 속으로 어쩌다가 이곳까지 왔을까, 나라는 사람, 참 오지랖도 넓다고 생각했다. 공과 사를 구분해야 하는데 천성이 어디 가겠는가. 내가 꿔다놓은 보릿자루처럼 서 있으니까 그녀는 미안했던지 몸을 바삐 움직여 바닥을 닦았다. 거실 바닥이 지저분해서 서 있었던 게 아닌데도 그녀는 섬세하게도 내 작은 행동에서 불편함을 읽어냈다. 본의 아니게 미안함이 가중되는 순간이었다. 나라고어디 편했겠는가. 그런데 그녀는 거실 바닥이 깨끗해 보였는데도 결벽증이나 강박이 있는 사람처럼 닦고 또 닦았다. 바닥이 번지르르한 빛깔을 찾아가자 그제야 그녀의 입꼬리가 올라가는 것을 봤다. 참 힘들게 산다고 생각했다.

그런데 놀랍게도 옆방에 남편이 계셨다. 소설가라고 소개를 받았는데 그가 쓴 책 한 권을 우연찮게 받았다. 그녀의 남편은 거무튀튀한 혈색에다 무뚝뚝한 말투여서 외관상 무섭다고 느껴졌다. 가깝게 지내고싶지 않은 외모라고나 할까. 사실 제일 불편했던 것은 자기 아내에게명령조로 말하는 점이었다. '남자는 하늘, 여자는 땅'이라는 의식이 자연스럽게 몸에 밴 듯해서 그녀가 안쓰럽게 보였다. 잠깐의 어색하고불편한 마주침 끝에 그는 트럭을 끌고 나가야 한다고 했다. 문밖으로향하는 그녀 남편의 발뒤꿈치가 괜히 반갑게 느껴졌다. 나중 얘기지만 그녀의 남편이 쓴 책을 집에 돌아와 읽었는데 형태상으로는 문단의 앞 칸 들여쓰기가 들쑥날쑥하고, 내용상으로는 문장이나 어휘 선택이 잘못됐는지 가독성이 떨어져서 읽기 부담스러웠다. 그래서 죄송하게도 끝까지 읽지 못했다.

그녀의 남편이 나가자, 그녀의 휴대전화에서 또 전화벨이 울렸다.저쪽 너머에서 뭔가를 말했던 모양이다. 그녀는 갑자기 펄쩍 뛰면서

'이번 달 보험왕이란다' 하고 좋아했다. 어찌나 펄펄 뛰면서 얘기를 하던지, '남북 통일'이 되는 줄 알았다. 그녀는 감정을 추스르더니 말했다. '대한민국 참 감사한 나라죠. 노력한 만큼 돈도 벌 수 있고. 얼마나 좋습네까?' 나는 그 모습이 무척이나 좋아 보였다. '보험왕도 있는데, 상담왕은 없나?' 하고 잠시 우스운 생각을 해봤다. 그러고 보니 그녀는 지금까지 나에게 오직 한 가지 삶의 법칙을 줄기차게 말하고 있었던 것이다. '상상이 곧 현실이 된다'고.

2장

돈 안 주고 산 별장에서 즐겁습네다

"고통스런 세월 지나니 지금은 살 만합니다예"

백장원

58세 여성

탈북 중 2회 북송, 구류

저는 2004년 남한으로 들어왔습네다. 딸 하나 아들 하나 뒀습네다. 애들하고 같이 넘어오다가 저랑 딸은 북송됐습죠. 딸내미는 다른 지역으로 이동되었고, 10년이 지난 지금도 딸의 생사를 모릅네다. 죽었다 살았다 뭐 사실을 알기만 해도 좋겠습네다. 처음에 제정신이 아니었제. 날마다 불상에 가 엎어져 울었어예. 아들 내외 가까이 살아예. 요즘은 손주 보는 재미에 요즘은 살아예. 고통스러운 세월 지나고 보니 지금은 살 만합니다예. 티비에서 효소 담그는 거 보는 게 좋아요. 그거 보고 배워가지고서레 이웃 집들에 나눠주고 맛나다고들 그래예. 여자들이랑 그래 수다 떨고 먹으면 재밌지예. 우리 집 앞이 돈 안 주고 산 별장이라요. 북한에는 민둥산이 많지 그렇게 예쁜 꽃이 많이 없어요. 처음에는 내가 하도 사진을 이래저래 찍어제끼니 사람들이 저 여자 미쳤나 그래 쳐다봐요. 그러든가 말든가. 개화산 오르고, 공원에 다니면서 운동을 부지런히 하는 편이제. 내 건강 누가 지켜준답니까? 대한민국이 내게 자유를 주었기 때문에 행복힙니다. 감사하게 살아야제. 딸만 찾으면 좋것는디. 통일되면 만날 수 있을까예?

불빛과 고속도로

그녀는 웃고 있다. 아니, 좀더 정확하게 표현하자면 웃는 상이다. 그래서 늘 웃었을 것이고, 웃고 있고, 웃을 것이다. 하얗고 둥근 얼굴에 고운 파마머리를 하고 있었다. 연한 핑크 빛 립스틱과 화사한 톤의 파우더팩트를 쓴 듯한 화장이 더해져, 그녀의 미소가 더 빛났다. 일단 출발부터가 기분 좋다. 그런데 이상하게도 긴장된다. 불편한 긴장이 아니라 즐겁고 기분이 좋은 긴장 말이다. 몇 차례 인터뷰를 했어도 항상 그렇다. 아무래도 직업병이 발동한 것이라 생각되는데, 인터뷰를 연구 목적에 맞게 구성해야 한다는 강박 때문일 것이다. 인터뷰는 북한 이주민들이 지닌 심리사회적 자원, 예컨대 용기, 끈기, 인내 등등을 끄집어내고 그것의 강점을 찾는 데 목적이 있다. 이러한 자원을 끄집어내는 과정에서 들을 수밖에 없는 그녀의 고초는 종종 내게 불편함을 주기도 했다. 자신의 입남人南 과정, 그 과정에서 겪은 이야기를 길게 할 때가 그랬다. 그녀는 과거의 시간 속에서 허우적대며 현재로 빠져나오지 못하는 경향을 보였다. 하긴 그것이 평생 트라우마로 남아 있을 테니까. 충분히 이해된다. 그러나 시간은 한정되어 있고, 이 연구의 목적을 이루기 위해 핵심을 관통해야 하는데 생각보다 쉽지가 않았다. 그녀의 말을 중간에서 잘라내는 냉정과 비정이 내게는 없었다. 다행이라고 해야 할까. 그런 까닭에 내 부담감은 더 커져서 항상 긴장된다. 웃기는 것은 긴장을 푸는 방법도 알고 있다는 점이다. 마음을 내려놓으면 된다. 무언가를 이뤄내겠다는 욕심, 이 욕심을 강박적으로 쥐고 있으니 긴장될 수밖에.

백   북한에 있을 때는 몰랐는데, 중국에 와가지고 보니 한국에 가는 게 소원이 돼가지고. 그래 2000년도에 중국에 가가지고 2001년부터 한국에 오려고 시도를 했어요. 그 전에는 한국에 대해서 몰랐지. 중국에 와서 보니 사람들이 자꾸 한국을 가야 된다 그래. 한국 식당에서 일하면서 보고 하니까. 거기 TV 보고 깬 거지.

북한 TV는 한 증언자에 따르면 채널이 하나라고 했다. 하지만 한국 드라마를 몰래 숨어서 본다고 했다. 그 여성은 한국 드라마가 너무 재미있다고 증언했고, 보통 사기 방 이불 속에서 본다 했다. 모두가 그런지는 잘 모르겠지만, 중요한 사실은 숨어서 본다는 것이다. 북한 이주민들은 보통 중국이나 캄보디아 등 제3국을 거쳐 한국으로 들어오는 경우가 많다. 물론 중개인(브로커)에게 2000만~3000만 원 정도의 비용을 주면 한국으로 직행할 수도 있다. 어쨌든 북한 이주민들은 다른 세계로 이동하면서 '세상'에 눈을 뜬다. 그녀의 말대로 슬슬 깨지는 것이다.

백   우리 아버지 고향이 경상북도 청도인데, 전쟁 시기에 포로로 끌려간 거예요. 우리 아버지는 평생 돌아가실 때까지 '너네는 통일이 되면 꼭 내 고향에 가봐라' 했죠. 우리 아버지는 포로니깐 아오지탄광 갔잖아요. 그러니깐 탄광에서 고생을 많이 하시고 돌아가실 때까지 갱에서 너무 일해가지고 허리가 구부러진 상태로 있다가 돌아가셨어요. 허리를 이래 펴지 못하고 일해가지고. 그렇게 돌아가실 때까지 고향에 대한 향수를 우리한테 많이 줬어요. 그런데도 우리는 세뇌 교육을 받았기 때문에 한국에 대해서 '통일은 안 된다'고 생각했지. '아버지 고향에 가보자' 생각했는데, 중국에 가보니깐 너무너무 시골이 멋있는 거예요. 「6시 내 고향」에 나오는 거 보면 시골 마을이 멋있는 거예요. 호기심에 한번 가보긴 가봐야겠다 이렇게 생각하고 그 시도를 했죠. 했는데 운이 안 풀리는지 또 오다가 세 명이 그러니깐 우리 아들딸하고 내 이렇게 세 명이서 왔는데. 우리는 아는 사람이 없으니깐 그 북한에서 온 사람 어떻게 알아가지고 오려고 하다가, 딱 이제 얼마 안 있으면 한국이다 싶었는데 붙잡힌 거예요. 그래가지고 우리 딸이 지금 갈라져서 12년째 행방불명이잖아요. 나하고 지금 갈라졌잖아요. 소식을 모르고 있고. 세 명이 다 감옥에서 각기 보냈어요. 그러니깐 하나는 회령 쪽으로 보내고 하나는 또 온성 쪽으로 보내고 다 각기 헤어진 거예요. 나중에 우리 아들하고 나는 만나가지고 다시 이렇게 들어왔는데 우리 딸은 들어왔다고는 하는데 어디 갔는지, 지금 죽었는지 살았는지.

마음이 몹시 무거웠다. 딸의 소식을 알지 못하니 얼마나 아프겠는가. 딸 얘기에 그녀는 고개를 잠시 떨구었다. 눈물을 보이는 게 창피하다고 생각했을까. 고개를 들었으나 나와 잠시 눈을 마주치지 않으려 했다. 그래서 더 슬펐다. 속으로 '차라리 나와 눈이라도 마주치지' 생각했다. 내가 할 수 있는 일이란 그녀의 아픔을 차분하게 들어주는 것 뿐이었다. 그녀의 경험담은 공감의 차원을 이미 넘어서고 있었다. 상담사였기에 어금니를 깨물며 슬픈 감정을 내리눌렀다. 이럴 때는 상담사라는 직업이 싫다. 같이 펑펑 울고 싶은데 분위기에 너무 동요되면 유의미한 결과를 얻어내는 데 실패할 수도 있기 때문이다. 공감 능력이 뛰어난 것은 좋으나, 그 능력이 내 전문성을 뒤흔들면 안 된다. 중심을 잡아야 한다. 지금 15년 차 상담사가 됐는데도 자식 잃은 부모의 이야기를 듣는다는 것은 여전히 부담스럽다.

백　　말로는 거기서 들어갔다 하는데 중국 어디에 있는지 모르는 거예요. 그리고 우리가 전화번호를 어느 집에다 하나 고정시켜가지고 서로 연결하자 이렇게 했는데, 그 집에서 우리가 잡혀 들어가니깐 전화번호를 다 바꿔버린 거예요. 그래서 전화 못하고 헤어진 지 12년째 되고 있는데, 우리는 한국에 너무너무 갈망하고 왔던 거지. 내 생각에 한국 땅에서 신분증 하나만 있으면 이 세상의 뭐든 다 얻은 것 같은 생각이 들어요. 그래서인지 여기 와서는 하나하나가 다 감사하고 고마운 거예요.

전　　뭣 때문에 그렇게 오시고 싶었어요?

백　　그러니깐 중국에 있을 때 중국 땅하고 북한의 현실은 너무너무 차이가 많은 거예요. 21세기는 김정일의 세계다 그러는데, 거긴 깜깜해. 가는 데마다 그런 것을 붙여놓은 거예요. 들은 거랑 너무 다른 거야. 우리가 아직 한국에는 와보진 않았지만 대충 알게 된 거지. 하늘과 땅 차이인 거예요. 그래서 우리가 '이건 아니다, 이제는 더 좋은 데로 가야겠다' 이렇게 생각하고 중국에서 일단 살자 했죠. 근데 중국에서 살다보니깐 자꾸 붙잡혀 나가는 거예요. 식당에서 일하건 어디서 일하건 월급 안 주기 위해서 공안에 신고를 하고 그러니깐 '이건 도저히 아니다, 우리가 자유롭게 살 수 있는 곳으로 가야 되겠다' 하고 생각했죠. 그래서 한국을 가자 이렇게 된 거예요. 그런데 그때는 한국이 너무너무 먼 나라였죠. 막막하고 먼 나라라고 느껴졌죠. 근데 가만히 라디오를 들은 거예요. 중국에서 KBS, MBC 이런 라디오를 들으니까 한국 정황을 알게 됐고 그다음에 북송되고 이런 게 막 나오더라고요. '이제는 오직 한길이다, 죽으나 사나 우리는 한국 가야 된다' 이렇게 애들하고도 말하고. 그렇게 결심하고 그때부터 한국 오기를 시도했죠.

전　　그게 몇 년도예요?

백　　2002년도. 2000년도에는 중국으로 간 거고. 2001년부터 시도를 했죠. 시도하다가 2002년도에 중국 공안에게 잡힌 거예요. 잡히면서 북한으로 북송됐죠. 북한으로 가보니깐 완전히 하늘과 땅 차이인 거예요. '이

건 정말로 아니다' 생각했죠. 그래도 거기서 어떻게 살았는지 중국을 다시 들어가서 한국 와야겠다고 해가지고 우리 아들하고 이겨내서 다시 중국에 들어왔죠.

전   얼마나 힘드셨어요.

백   노동단련대에 있었어요. 중국에 갔다가 잡혀간 사람들을 집어넣는 곳. 한마디로 감옥이죠. 일만 시켜 사람 단련시키는 곳입니다. 저도 죽다 살아났죠. 그 고비를 다 겪고 보니깐 북한에서 떠들어대는 거하고는 중국에 와서 보니깐 현실이 완전히 다른 거예요. 중국에서는 「6시 내 고향」이 나오고 한국 드라마도 잘 보더라고요. 나도 재밌어서 그거 봤지. 드라마는 너무나 현실적이어서 재밌는 감으로 보고 했지. 어쨌든 자유를 찾아서 '한국가야 된다, 무조건 우린 자유를 찾아서 한국 가야 된다'고 했지. '잘살고 못 살고를 떠나서 자유를 찾아야 된다' 그서 히니었죠.

전   그게 어머니 연세 몇 세 때예요? 또 아드님은 몇 살이었어요?

백   40대 초반이지. 우리 아들은 열아홉, 스무 살 정도였지. 그럼 우리 딸이 스물두 살이나 스물한 살? 북송됐다가 중국 들어가서 한국에 오니깐 첫 번째는 그 신분증을 받은 게 너무 고맙더라고요. 그 신분증만 있으면 우릴 잡아갈 일이 없잖아. 신분증이 없을 때는 함부로도 못 다니고 그랬지.

여기 뾰롱뾰롱 울리는 차 있잖아요. 중국에서 그 119차(응급차) 같은 소리 나면 우리는 숨어야 했어. 나 잡으러 오나 싶어서. 그런데 지금도 중국에 있는 사람들은 그렇게 살 거란 말이에요. 우리가 그렇게 긴장하고 숨죽이며 살았으니깐. 근데 여기 오니깐 너무 자유스럽고 마음이 편한 거예요. 교육 다 해주고 너무 편하고 다 좋지. 저는 100프로 만족하고 살아요.

신분증이라. 그녀에게 신분증은 자신의 아이덴티티를 증명하는 차원을 넘어서서 자유와 안정, 그리고 새로운 꿈을 가능하게 만드는 증표였다. 이주 경험이 없는 나로서는 신분증의 소중함에 대해 생각해본 적이 없다. 매슬로Maslow가 언급했던바 '생리적 욕구와 안전'은 인간에게 기본이 되는 속성이다. 누군가에게 쫓기는 삶은 그 자체로 불안해서 무언가에 집중을 할 수 없게 만든다.

전　근데 사실 너무 막막하잖아요. 아무것도 없고요.

백　아니야. 저는 그런 걸 못 느꼈어요. 처음에는 혼자 왔으니깐 좀 외로웠어요. 우리 아들은 그때 북한 감옥에 가 있고 나는 혼자였지. 우리 딸은 중국에서 잃어버렸고. 나 혼자 먼저 왔잖아요. 한 3년 후에 우리 아들이 오게 된 거예요. 여기 이렇게 오니까 너무너무 외로운 거예요. 근데 외로운데도 재밌더라고. 나가서 돈을 이렇게 쥐고 올 수 있으니까. 식당에서 한 번도 일해본 적이 없는데 아르바이트로 나가서 일하면 돈이 내 손에 딱 쥐어지고 하니깐 그것이 너무너무 재밌는 거예요. 그러니깐 오직 생각이 딸아들한테 집중되더라고. '맞아. 빨리 데려와야 되겠다' 생각하니깐 열심히 나가서 돈을 벌어 북한에 계속 보내준 거예요. 그래서 한 반은 소멸되고. 그래가지고 우리 동생이 북한에 있으니깐 걔한테도 보내주고 걔가 계속 감옥 거기다가 와이럼(뇌물이나 뒷돈)을 멕여가지고 1년 반 만에 병보석으로 내보낸 거예요. 나오자마자 얘를 데리고 왔지. 우린 고생도 많이 했어요. 근데 내가 일하는 거는 다 좋았는데 너무 외롭더라고. 아는 사람 하나도 없고 그러니깐 너무 외로워가지고 내가 오자마자 회관을 다녔어. 8월 29일에 와서 10월 1일부터 일하러 갔지.

그녀에게 돈은 삶의 전부였다. 왜냐하면 그녀에게 자식이 삶의 전부였기 때문이다. 자식을 데려오려면 돈이 필요했다. 그래서 악착같이 돈을 모았지, 실상 돈이 좋아서 모았던 것은 아니다. 그녀는 오직 북에 있는 자식을 데려오겠다는 목표 하나로 실았다. 바퀴벌레약을 분사하고, 설거지를 쉴 새 없이 하고, 한약방에서 약을 달이는 동안에도 그 희망을 놓지 않았다. 자식을 데려오는 데 본인의 자존심 따위는 필요 없었다. 그래서 더 슬펐다.

백 그 회관이라는 게 웨딩홀 서빙하는 곳이야. 결혼식도 하고. 이렇게 행사하는 데 주말마다 나갔어요. 주말마다 나가도 하루 나가면 한 번에 돈을 6만 원씩 줬어요. 그 돈이 많았지. 10년 전이니깐. 그걸 받아 살고, 평일에는 한약방에서 약 달이는 일을 했어요. 재능은 없는데 배워서 그렇게 했어요. 한의사가 약을 그람으로 딱 해서 통에다가 넣어주면 내가 시간을 딱딱 측정해가지고 몇 시간 만에 이쪽을 돌리고 몇 시간 만에 이쪽을 돌리고 그걸 내가 했죠. 마지막에 완성품까지. 그러고는 청소하고 찌꺼기 다 내버리고 이런 거 했죠. 그 약 제조는 한의사가 하고 그런 일 하는 데 한 50만 원씩 받았지. 아홉 시에서 열 시 사이에 출근해서 다섯 시까지 일했으니까 괜찮았어요. 근데 그것도 몇 년 하다가 그 약방이 잘 안 돼서 또 나왔죠. 근데 내가 사회를 너무 모르겠는 거예요. 아침 일찍 출근했다 하면 저녁에 오고 하니깐. 그럼 집에 올 때는 지하철에서 가방 거꾸로 쓰고는 혼자서 훌쩍훌쩍 우는 거예요. 집에 오면 말할 사람이 없으니깐 외로워가지고. 아파트 다니면서 한국 사람들 어떻게 사는가 모습을 보려고 집집마다 바퀴벌레 약 뿌려주는 거 있잖아요. 그런 것도 해보고 정말 잘사는 집은 잘살고 잘사는 사람도 잘살고, 또 잘살고 못살고를 다 떠나서 어느 집이나 김치냉장고, 냉장고, TV 이런 거는 동일하게 다 있더라고. 집이 좀 크고 작고 좀 깨끗하고 아니고의 문제지, 그런 거는 여느 집이나 다 똑같이 있더라고요. 그래서 내가 생각한 게 '아 한국은 어느 집이나 이런 건 다 있구나. 북한은 TV가 없는 집이 많은데'라고. '통장에 돈이 얼마나 있는지는 몰라도 어쨌든 가정사는 다 비슷하구나' 이 생각을 했어요. 어떤 사람들은 그러더라고요. '북한에서 이렇게 와가지고 아무것도 없이 사는 게, 좀 잘사는 사람에 비하면 그런 게(부족하다고) 많이 느껴지지 않냐, 자존심도 상하고 이러지 않냐'고 하더라고요 그런데 나는 그런 거는 한 번도 못 느껴봤어요. 그 사람이 그만큼 노력해서 돈 벌어 사는 거고 나는 또 나대로 이때까지 못 벌 었으니깐 이만큼 사는 거고. 이렇게 편하게 생각하니깐 그 한 가지는 좋더 라고요. 쉽지는 않은데 그렇게 생각하려고 노력 많이 했죠. 그다음에 집에 서 하도 외롭게 있으니깐 시장에 가는 거야. 처음에 시장도 몰랐어요. 나 여기 살면서도 한 1년까진 시장이 어디에 붙었는지도 몰랐거든요. 딱 집 앞 슈퍼만 갔지. 거기만 왔다 갔다 하다보니깐 아무것도 모르지. 그래도 정신 하나는 똑발랐지. 직장에 가서 일하는데 한국 아줌마가 나랑 똑같이 알바 야. 한 열흘만 같이 일해보면 어느 정도 그 사람에 대해 파악이 돼요. 이 사 람도 나하고 똑같은 아르바이트라는 걸 알았죠. 근데 그 아줌마가 어느 날 나보고 '이거 해라 저거 해라' 하는 거야. 날 얕본 거지. 사람 깔보는 게 눈 치로 다 알잖아요. 내가 북한에서 왔으니까 그렇게 깔보겠다는 거지. 나는 '내 앞의 일만 잘하면 되지'라는 생각으로 시키는 거 많이 했지. 근데 어느 날 나보러 '이거 이렇게 하라'니 기분이 좀 언짢은 거야. 나 맡은 일 다 했 는데.

전   어머, 기분이 나빴겠네요. 그래서 어떻게 하셨어요?

백   그래서 내가 이랬지. '아니 지금 난 맡은 일 하고 있는데, 아줌마가 할 일 아니냐'고. 그러니깐 그 아줌마가 '몸이 아파서 그런다'는 거예요. 말 이 안 되잖아요. 그래서 내가 그랬지. '아줌마 내가 아줌마를 이렇게 가만 보니깐 아줌마가 아주 건방진데, 이전에 당신이 무슨 일을 했는지는 모르겠는데 사람이 그렇다고 생각한다, 대통령이 됐건 국무장관이 됐건 국무총리가 됐건 현재는 아무 상관이 없다, 오늘 현재에 만족하고 느끼면서 살아야지 당신이 뭔데 나한테 이래라저래라하는 거냐' 내가 이랬어. 그러니깐 아줌마가 아파서 그랬다잖아. 그래서 내가 '아줌마. 아줌마나 나나 저 아줌마나 다 똑같은 아르바이트다, 아프면 지금 여기 일하러 나온 목적이 무엇인가, 첫째고 둘째고 돈 벌러 나왔지 이 회사를 위해서 나온 건 아니지 않느냐'고 내가 그랬어요. '이 회사를 위해서 나온 건 아닌데, 돈 벌러 나왔는데 아줌마가 왜 이래라저래라하냐'고 해댔지.

전 하하하. 그러니까 그분이 뭐라세요?

백 무슨 말을 해. 아무 말도 못하고 있더만. 그래서 내가 또 쏘아붙였지. '사장도 아니고 팀장도 아니고 아줌마가 뭐가 돼서 이래라저래라하냐' 내가 이랬어요. '아프면 돈 벌러 나오지 말아야지, 왜 남한테 피해를 주면서 그렇게 나오냐'고. 근데 말해놓고 보니깐 좀 미안하더라고. 말을 안 하니깐 아주 째들째들(빈둥빈둥) 노는 사람들 있잖아요. 물귀신처럼 노는 사람들 있잖아요.

전 그분이 북한에서 오셨는지 알았어요?

백 아니깐 나를 얕보고 그랬지. 이때다 싶어 한바탕 해야겠다고 그러면서 내가 바른말을 했지. 그러니깐 그다음에 사람들이 나한테 함부로 못 하더라고. 회사를 위해서 일을 하면은 끝까지 진심으로 잘해줘야지 안 그래요? 난 그렇다고 생각해요. '가면(거짓)으로 할 바에는 거기 나와서 뭐해 요. 어디를 가도 난 내 양심껏 내 집 일처럼 일해줘'라고 쏘아붙였지. 그니 깐 사람들이 다 인정을 해주더라고.

북한 이주민이 한국의 일상에 적응하기란 쉽지 않다. 첫째 공산주 의 사회에서 살았던 터라 사유재산의 축적에 대한 개념이 없었을 것 이다. 물품을 배급받던 생활만 하다가 자본주의 사회로 왔으니 얼마나 신세계였을까. 눈앞에 펼쳐진 여러 물품을 자신이 마음만 먹으면 돈을 지불하고 가져올 수 있으니 말이다. 사유재산을 축적한다고 해서 누 가 뭐라 하는 사람도 없으니까. 둘째 백화점이나 대형 마트, 하물며 동 네 슈퍼를 이용하는 데 있어 불편함을 느낀다. 특히 포인트 카드를 만 드는 일, 지하철 표를 사는 일 등등 소소한 것이 북한과 다르기 때문 에 그들은 어려워한다. 이런 점을 고려하여 현재는 하나원에서 배정한 주택에 오면 지역에 따라 차이가 있겠지만 강서구에서는 사회복지사 들이 일대일로 이런 생활 서비스를 알려주는 편이다. 셋째 북한에서는 통행증이 없으면 이동하는 데 많은 제약이 따르는데, 이곳에서는 지하 철, 버스, 기차, 비행기를 이용하면 전국을 마음대로 누빌 수 있다. 이 것에 북한 이주민들은 감동한다. 마지막으로 그들은 자신에게 주어진 자유를 만끽하지 못한다. 자유를 찾아 한국에 왔는데도 그 자유를 함부로 써도 되는지 잘 구분하지 못한다. 그래서 행동 하나하나가 어색하고 표정 또한 어두울 수밖에 없다.

전   옳은 소리 하셨어요. 요즘은 무슨 일 없어요?

백   요즘에 우리 아들이 결혼을 해가지고 손주가 있어요.

전   아, 그렇군요. 며느리 보시니까 좋아요?

백   응. 애 아빠(아들)도 한국 오려고 고생도 많이 했지. 내가 '그래. 항상 사람이 중요하지, 이 세상에 돈이 전부가 아니다. 돈이야 없다가도 살고 있다가도 산다'고 생각하지. 얘네가 이제 30대 초반이잖아요. 그러니깐 '너네는 북한에 있었으면 몰라도 한국에 와서 100세 시대에 사니까, 너네는 앞으로 이제 70년을 살지 60년을 살지 모르지만 앞으로 살 일이 많으니까 열심히 살아라' 하고 말해줬지. '북한에서 고생하던 것보다 더 고역이 어디 있겠냐. 그래서 여기서 못해나갈 그럴 일은 없다' 내가 그랬지.

전   그렇군요. 이제 다른 주제로 넘어가 볼까요? 어머니 성격의 장점을 듣고 싶어요.

백   저는 장점인지 단점인지 모르겠는데 누가 뭐라고 하면 상처를 많이

입어요. 좀 예민한 게 있어요. 내성적이고. 지난 말이라도 그걸 오래 담아
둘 때가 있어요. 그래서 책을 많이 봤어요. 자꾸 내려놓으려고요. 마음을
내려놓으려고 마음을 비우려고. 책이 많이 도움 돼요.

전　어떤 종류의 책들이에요?

백　특별히 믿는 종교는 없는데 불교 쪽에 관심이 있어요. 절에 가 혼자
생각하면서 이렇게 하는 게(합장合掌) 저한테는 적성에 맞더라고요. 간혹
산에 갔다가 절이 있으면 인사도 하고 오고요. 또 이렇게 살다가 좀 속 타
는 일이 있으면 돈 5000원이라도 들고 가서 쌀이라도 부처님 앞에 갖다놓
고 오면 나아져요. 어떤 때는 우리 딸에 대해서 많이 생각하죠. 부처님 앞
에 가서 울기도 많이 울었어요. 펑펑 울고 나면 마음에 좀 여유가 생기더라
고요. 그래서 어쨌든 그게 세월이 흐르고 노하우가 쌓였는지 모르겠는데,
현재는 지금 10년 되고 보니깐 이제는 모든 걸 다 이렇게 내려놓으려고 하
고 자꾸 마음을 비우려고 하니깐 편안하긴 하더라고요.

　'펑펑'이라는 부사어, 이 단어에 그녀의 슬픔이 오롯이 담길 수 있
을까. 그녀는 딸을 생각할 때마다 눈물을 펑펑 쏟아낸다고 했다. 그렇
게라도 하지 않으면 마음에 병이 생기니까. 어쩌면 그녀에게 있어 '펑
펑'은 소식을 알 수 없는 딸에게 베푸는 사랑의 유일한 표현일 것이다.
그녀가 울 수 있어 다행이라는 생각이 들자, 마음이 무거워졌다.

전　　근데 내려놓는 거 잘 안 되잖아요.

백　　잘 안 되죠. 안 돼도 내려놓으려고 많이 노력을 하죠. 그럴 때에는 책을 자꾸 보고요. 몇 달 전부터 '내려놓음'과 관련된 책을 많이 봐요. '내려놓음'이라는 게 스님이 쓴 책인데 '사람은 모든 것을 도둑질, 강도 빼놓고는 잘해야 된다', 그다음에 '생각도 자꾸 내려놓아야 된다'고 써 있더라고요. 그런 걸 보면서 말이 맞구나 이런 생각도 하고요. 나이 오십이 되고 보니깐 대한민국에 와서 이제는 건강하게 오래오래 살고 싶어요. 사람의 명은 하늘이 정했지만 사는 날까지는 건강하게 살아야겠다 싶어요. 해가 지고 시간만 되면 공원을 걷고 가까운 산을 걸어요. 시간만 되면 산을 자꾸 가요. 그리고 집에 될 수 있으면 안 있으려고 하고요. 집안에 가만히 있으면 자꾸 잡생각이 나잖아요. 하다못해 마트라도 가서 구경을 하고 오는 거예요. 그러면 또 마음이 풀리기도 하고 그러더라고요.

전　　어머니 자랑 좀 해주세요. 사람마다 잘하는 게 있잖아요.

백　　자랑? 저는 건강에 관심이 많아요. 음식을 하나 먹어도 저는 이런 커피 안 먹어요. 제 몸에 안 맞아서 안 먹는 거예요. 블랙은 맞는데 프림만 들어가면 저는 심장이 울렁울렁거려요. 건강을 챙겨요. 건강에 대해서 많이 생각해요. 효소를 담근다든가. TV로 보고 듣고, 그다음에는 따라 만들어요. 호기심이 많아가지고 뭐가 좋다 하면 사다가 담가도 놓고 해먹기도 해요. 사람들한테 알려도 주고.

전　저는 요즘 살이 찌는데, 다이어트에는 어떤 음식이 좋아요?

백　살 빠지는 거는 호박을 드시면 돼요. 늙은 호박이 좋아요. 호박은 베타칼(베타카로틴)이라는 성분이 많아가지고. 노란 게 그게 암도 예방하고 피부 노화도 예방하고 그래요. 늙은 호박을 먹으면 좋아요.

　그녀는 과학적 근거에 입각해서 호박의 성분과 효능을 말하고 있을까. 베타칼이라는 성분은 어디서 들었을까. 나중에 확인해보니 호박은 베타카로틴이 풍부해 다이어트 효과, 부기 제거, 콜레스테롤 배출과 혈압 안정에 좋은 음식이라고 한다. 따라서 그녀의 설명 중 '베타칼'만 빼면 다 맞다.

전　어떻게 조리해요? 쪄요?

백　아니야. 즙으로. TV에 나왔어. 한 분이 65세인데 그 호박을 드시고 얼굴에 검버섯이랑 이런 게 다 없어졌대요. 난 검버섯은 없는데 그걸 먹으면 피부도 좋아지고 항산화 그게 있어가지고 암도 예방하고 그런다잖아요.

전　아 그렇군요. 먹어봐야겠어요. 그래서 피부가 좋으신가봐요.

백　　(웃음) 아니 피부는 워낙 좋았어요. 다른 건 다 몰라도 폐암 발병률을 한 40프로를 예방한다고 하더라고요. 그거 호박으로 하루에 한 잔씩만 먹어도 요즘 공기도 나쁘니까 좋지. 이제 좋은 곳에 왔으니깐 건강하게 우리가 사는 날까지 건강하게 살아야 되겠다는 생각에, 늙은 호박 챙겨 먹습네다. 겉을 깨끗이 씻어가지고. 호박 하나가 보통 (양손으로 크기를 가늠해보며) 이만하잖아요. 그걸 스무 등분해서 바나나 정도로 짜개가지고 그 안의 씨만 파내는 거예요. 그럼 그 안에 그 흐물흐물한 게 있어요. 그것도 그냥 놔두고 씨만 딱 파내서, 그다음에 한 스무 등분 해서 봉지에 담아 그걸 냉동에다 얼구는 거예요. 얼궈가지고 오늘 저녁쯤에 그걸 하나 먹죠. 근데 냉동에다 얼궈보니깐 한 사흘은 돼야 단단하게 얼더라고. 처음에는 이렇게 허여물건한데 얼었다가 녹은 거는 샛노랗게 돼요. 생것을 얼궈가지고 베보자기 있잖아요. 거기다가 이렇게 꼭 짜요. 아침에 보면 다 녹잖아요. 그럼 흐물흐물하면서 완전 이래요. 그러면 그걸 좀 먹고 그래. 그걸 짜면 딱 컵에 200그람이 나와요. 그 200그람이면 하루에 한 끼분이에요.

그녀의 호박 조리법은 체계적이고 섬세했다. 요리 전문가처럼 설명을 구체적이면서 쉽게 잘했다. 나도 저렇게 만들 수 있을까.

전　　선생님, 어떤 인생관 갖고 계세요?

백　　인생관이라. 내가 우리 친구들한테 항상 말하는 게 '이 세상에 공짜는 없다'예요. 저는 그것을 항상 좌우명으로 삼고 사는데, 내 친구들 보고 '사람이 직장에 나가서 일을 하건 결혼을 하건 이 세상에 공짜는 없다'고 말해요. 결혼의 가치도 내가 거기 들어가서 내가 기여를 해야만 나한테 보상이 차려진다고 생각해요. 내 주변 사람들이 결혼에 대해 말할 때가 있었어요. 예를 들어 '애가 있는데 그 사람이 재산은 좀 많아. 그러면 그 재산을 나한테 줄 것인가' 이렇게 말을 하더라고요. 그래서 내가 그랬죠. '네가 어떻게 생각하는지 몰라도 나는 내가 살아온 경험에 의하면 이 세상에 공짜는 없다. 만약에 그 사람이 재산이 있어서 그렇다 하면은 내가 거기에 들어가서 뭔가를 기여해야만 그 사람이 나한테 재산도 주는 것이고 그런 것이다. 그런 좌우명을 삼고 만약에 들어간다면 뭐 걸림돌은 없을 거다' 이렇게 말을 했죠. 그런데 나 자체도 그런 생각을 하고 있고요. 저는 그거예요.

전　　내가 한 만큼 돌아온다는 거네요.

백　　그렇지. 한 거만큼 나한테 돌아오는 거지. '뿌린 대로 거둔다.' 저는 그렇게 생각을 하고 있어요. 그런 신념 하나 가지고 이 좋은 데 왔으니깐 건강하게 살아야지. 그러니깐 건강도 운동도 별 수십 가지가 다 있잖아요. 좋은 것도 수십 가지가 다 있는데, 어쨌든 내가 노력을 해야지. 첫째고 둘째고 내 노력이 있어야지. 나는 그렇게 생각해요.

전　　왜 스트레스 받을 때 사람마다 푸는 방식이 다 다르잖아요.

백　저는 스트레스 좀 받으면 하다못해 가서 5000원짜리라도 뭐 하나 사면은 그 스트레스가 쫙 풀리더라고. 어떤 사람은 먹기도 하고 그러던데. 근데 나는 먹거나 이러진 않는데 집에 있으면 나도 하루 종일 냉장고 문을 열었다 났다 열었다 났다 해. 근데 저는 주로 과일이나 이런 거 잘 먹어요. 과자나 이런 건 일체 안 먹고. 마트에 가서 하다못해 구경이라도 쫙 하는 게 그게 스트레스 푸는 거예요. 구경하면 색다른 게 보이잖아요. 이것저것 색다른 게 있지. 예쁜 것도 있고 맛있는 것도 있고. 안 사도 좋지. 그게 좋더라고요.

　쇼핑을 싫어하는 사람이 있을까. 물건을 사건 사지 않건 간에 인간은 누구나 소유욕이 있다. 막상 돈이 없더라도 아이쇼핑을 하면서 훗날을 기약해볼 수도 있는 것이다. 요즘 트렌드도 확인할 수 있으니 얼마나 좋겠는가. 딸에 대한 그리움을 이야기할 때와 달리, 쇼핑 얘기할 때 그녀의 얼굴은 밝게 빛났다. 차라리 우울한 것보다 낫겠다 싶어 그녀의 쇼핑 얘기를 담담하게 들어줬다. 그녀의 눈빛에서 내 젊은 날이 떠올라 내 입가에도 미소가 번졌다. '그래, 쇼핑은 스트레스를 푸는 불변의 법칙이지.'

전　현미경으로 어머니 마음 안을 들여다본다면 뭐 어떤 것들이 있을까요?

백　난 긍정적인 마음이 있어요. 내가 겪어보지 않은 이상 그 사람을 부정적으로 안 보고 뭔 일이 있어도 좀 긍정적으로 생각하려고 하니깐. 그게 나 자신한테도 좋고. 그다음 두 번째는 내 체력이 따라준다는 게 나 자신한테 고마운 거예요. 어쨌든 나는 자신에 대해서 감사해요.

전　체력을 갖고 있고 또 내가 긍정적으로 세상을 바라볼 수 있는 눈이 있다는 거네요. 좋아요.

백　긍정적으로 바라볼 수 있는 눈이 있고 그런 마음을 가졌다는 거 자체가 너무너무 고마운 거예요. 그거 말고는 뭐, 나 호기심이 많지. 건강을 많이 생각하니깐. 자꾸 해보려고 노력을 하잖아요. 무엇이든 해보려고. 뭐가 됐든 간에 해보려고 하는 게 좀 있어요. 자꾸 이것저것 찾아보죠. 인터넷도 찾고 또 찾고 그래. 호기심이 많아가지고 자꾸 이렇게 해보는 게 좋더라고. 음식이든 뭐든.

전　그런 호기심은 어떻게 생긴 거 같아요?

백　어려서는 별로 안 느꼈는데 대한민국에 와서 그런 게 많이 생겼어요. 어렸을 때는 직장 생각만 하고 살았으니깐 그걸 몰랐지. 근데 여기 와서 이런 일도 해보고 저런 일도 해보고 사람들한테 상처도 받아보고 그다음에 돈도 좀 뜯겨보고 했지. 그러니깐 내 마음에 생각이 많아졌어. 한국에 오니깐 그렇게 이것저것 해볼 수 있는 것이 많고 내 마음대로 다닐 수 있고. 이러면서 눈에 들어오는 게 많은 거 같아요.

전   긍정적이신 것 같아요. 그렇게 긍정적으로 볼 수 있는 게 어떻게 가능하죠?

백   긍정적으로 볼 수 있는 그런 마음이 어디서 나타났냐면 내가 이러저러한 걸 많이 겪어봤잖아요. 낸들 무슨 일이 없었겠어요. 누가 소개를 해서 남자도 만났고 그다음에 돈도 떼여봤고. 남자가 초면에 좋은 소리를 해서 그다음에는 한 며칠을 지내보면서 지켜봤지. 내 마음 같지 않더라고. 그러니깐 이건 아니구나 하고 체험을 많이 겪었지. 근데 하나 아쉬운 게 직장에 나가서 일도 해보니깐 말을 고쳐야 할 것 같았어. 나를 엽시리(업신여기듯) 보는 것은 내 말 때문이야. 내가 일단은 말을 고쳐야 하는데 아직도 못 고치겠어요. 10년이 돼도 나는 말은 못 고치겠더라고요. 시련을 겪고 상처도 겪고. 그런데 세상에 공짜는 없으니 노력을 하면 다 돼야 하잖아. 근데 안 되는 건 안 되더라고. 그걸 내가 깨달았죠. 인간관계에 있어서는, 특히 혼인관계에서는 더 그래. 남편하고는 한국으로 오면서 갈라진 거야. 안 오겠다고 해가지고. 중국을 같이 가려고 하니깐 안 가겠다 그래가지고 갈라졌는데. 안 오면 갈라진다고 하니깐 갈라진다고 그러더라고. 그래가지고 어쨌든 여기 나 혼자 있지. 그것이 뜻대로 안 되더라고요. 내 노력으로 안 된다는 거, 큰 욕심은 없는데. 여기는 아직 뿌리가 없잖아요. 뿌리가 없으니까. 여기 사람들한테 조금 기대가지고 둘이서 알뜰살뜰 살면 좋지 않겠나 싶었는데.

그녀의 말처럼 노력하는 대로 모든 일이 이루어지면 인생사 무슨 걱정이 있으랴. 살다보면 뜻대로 되는 일보다 뜻대로 되지 않는 일이 더 많으니. 슬픈 현실이지만, 당장 내가 처한 상황을 봐도 그렇지 않은 가. 나도 위로를 받아야 할 사람인데, 되레 위로를 해주고 있으니. 나도 상팔자는 못 되는 것 같다.

전   남한 사람 만나고 싶으세요? 북한 사람 만나고 싶으세요?

백   남한 사람 주로 원했어. 북한 사람 별로 안 요구했어.

전   왜요? 더 통하는 게 있을 수 있잖아요?

백   아니, 아니에요. 통하는 게 있다 하는데, 난 싫다고 말해요. 나는 좀 자상한 사람 좋아해. 사람마다 다르긴 하지. 그래도 이왕에는 남한에 왔으면 남한 사람이 좋아. 남한에 뿌리내리고 사는 사람.

전   며느리는 어디 분이에요?

백　며느리도 북한 여자예요. 근데 애들은 그나마 아직 어리니깐 그런 게 있잖아요. 학교에서 많이 배우고 인간관계도 많이 하고 이러니깐 그 애들은 좀 낫죠. 우리같이 나이 많은 사람은 남자나 여자나 자기 습관 버리기 힘들잖아요.

전　어떤 거요?

백　그러니깐 북한 남자는 권위적인 게 좀 있죠. 그런 게 좀 많죠. 내 마음을 좀 의지하고 서로 존경하고 정말 사랑하고 그렇게 하고 같이 살고 싶은 남자가 있으면 좋겠다는 생각이 들죠. 근데 운이 아직 안 왔는지는 몰라도 그런 사람을 찾는다는 게 쉽지는 않더라고.

전　그러니깐 노력으로 되는 부분이 있는가 하면 노력으로 안 되는 부분이 있는데, 그 안 되는 부분이 특히 결혼 문제라는 거네요.

백　그렇죠.

　남편과 결혼할 당시를 떠올렸다. 남편과 나는 서로의 노력으로 결혼에 성공을 했던가. 만약 그때로 되돌아간다면, 그때와 똑같이 결혼하려고 노력할까. 결혼은 어찌 됐건 참으로 아찔한 사건임에 틀림없다.

전　내 마음대로 안 되는 영역은 운을 기다리시나요?

백　내려놓죠. 그래서 그저 '때가 되면 오겠지, 때가 되면 나한테 찾아 들어오겠지' 이런 생각을 해요. 지금은 괜찮은데 나이 들어서는 서로 그래도 의지하고 믿고 밥이나 맛있는 거 해놓으면 서로 맛있게 같이 먹을 수 있는 사람이 그리운 거지.

전　그럼 어머니한테 가족이라는 게 어떤 의미예요?

백　가족이라는 건 아주 중요하죠. 저는 결혼을 해야 된다고 생각하는 사람이에요. 내 주위 사람들도 결혼을 안 하겠다 하면 '결혼은 무조건 해야 된다' 그렇게 말해줘요. 그런데 견해가 사람마다 다르잖아요. 욕심은 어느 정도 내려놓더라도. 정말 둘이 모든 공간을 공유할 수 있는 사람, 그런 사람이면 되는데. 혼자 산다는 것은 너무 외로워요, 혼자 산다는 건.

전　그래도 요즘에는 할 게 많잖아요? 혼자 사는 젊은 사람들이 늘어나고 그들끼리 모일 수도 있지 않을까요?

백　그런데 그런 사람들하고 우리하고 차이가 뭐예 나는가 하면, 그런 사람들은 여기서 나와서 자라고 부모도 있고 형제도 있고 친구들도 많고 이렇잖아요. 근데 우리는 부모 형제 친구들 다 거기에 있잖아. 나도 내 동생은 여기 왔지만.

같이 살아도 외로운 사람들이 있다. 한집에 살지만 이런저런 이유로 얼굴조차 보지 못하거나 볼 수 없는 사람들이 얼마나 많은가. 반대로 같이 살지 않지만, 떨어졌기에 '그리움'의 힘으로 행복을 느끼는 사람도 많지 않은가.

전　여기, 편견이 많죠?

백　응. 편견이 있어가지고 그것이 좀 안타깝고 그렇지. 우리 북한 사람들이 여기를 왔으면 우리는 어쨌든 남북이라는 게 있잖아요. 그러니깐 뭐 우리 합치긴 합쳐야 될 땅이잖아요. 북한에서 여기 온 사람들이 정말 정착도 잘해가지고, 정말 1프로 2프로 이렇게 성공한 사람들만큼 그렇게는 못 살아도 일부라도 평안을 누리고 살면 본이 되겠죠. 전 그래서 한국에 있는 사람들이 좀 하나하나 그 편견을 내려놓았으면 좋겠다는 생각이 들어요. 북한에서 온 사람들을 대체로 보면 사람마다 다르잖아요. 한국 사람도 미국에 나가면 사람마다 다르듯이. 다 다른데 똑똑한 사람들도 많죠. 북한에서 온 사람들이 여기 사람들처럼 체계적으로 교육을 못 받았어도. 우리 사람들도 똑똑한 사람들 많고 이런데. 그게 좀 편견이 있어가지고 안타깝더라고. 내가 직장에 다닐 때 그러더라. '어디서 왔냐' 그래서 '북한에서 왔다'고 했지. 우리 나이는 얼마든지 말할 수 있는 조건이고 했으니까. 그런데 어떤 사람들은 내성적이어서 말 못하고 상처 받아. 글쎄 북한을 바라보는 저 사람들은 북한이라는 게 완전히 못살고 가난하고 딴 나라 사람이고 아주 무식하다고 생각하잖아요. 근데 사실은 아니거든요. 우리도 예의도덕을 많이 배웠고 유교 사상은 거기가 더 강해요. 한국 남자들이 북한 여자를 데리고 사는 사람들은 또다시 만약에 결혼을 한다 해도 북한 여자와 살겠다고 하는 사람 많아요. 근데 저희 때도 예의도덕 교육을 더 철저하게 받았어요. 그러니깐 그게 아직까지 유교 사상이 강해가지고 '가정이 아주 우선이다' 이런 걸 많이 말하지. 어릴 때부터 보고 듣고 해서 그런 건 있어요. 그리고 개인주의 그런 건 없죠. 덜하죠.

전　　개인주의, 맞아요. 그런 건 느꼈어요. 제가 원예활동하면서 예전에 왜 저기 식당에서 밥 먹을 때, 어머니 계셨던가요? 그 명절 때 떡 만들었다는 얘기하고 있었는데. 한 어머니가 그릇 사서 했다니까 옆의 분이 '그릇 언니 왜 샀냐?'고 하면서, '우리 집에서 내가 빌려줄게' 이러시더라고요. 내 불건 빌려주고 이런 공동체 의식이 여기랑 좀 다르다고 느꼈거든요. 우리가 옆집에서 그릇을 빌려 쓰지는 않거든요, 요즘에.

백　　공동체 의식 많아요. 그런 게 좀 있고, 그리고 어쨌든 저 북한 사람들이 또 단점도 있지만 장점도 있다는 거죠. 의사 표현이 확실해.

전　　그러니깐 굉장히 솔직하신 거 같더라고요.

백　맞아요, 솔직하고.

전　오히려 직설적이신 분들도 계시잖아요. 그래서 되게 솔직하시다, 그리고 되게 개방적이시고 다 그런가, 아니면 여기 어머니들이 좋으셔서 그런가 모르겠네요.(웃음)

백　대부분은 솔직하고 그래요. 그러니깐 사기도 당하는 거야. 나는 잘해줄려고 하고 잘해보려고 하는데 상대는 다른 동기를 갖고 있거든. 인간이기 때문에 금방 알아차려가지고 '이건 아니구나' 하고 그저 얼마 안 돼서 갈라지고 그런 거잖아요. 그런 거 보면 북한 사람들도 다 똑똑한 민족이죠.

전　그렇군요. 바라보는 시각이나 편견이 문제군요.

백　그치. 직장에서는 좀 똑같이 대해주면 좋겠어.

　　북한 이주민에 대한 편견은 오랫동안 풀리지 않은 과제다. 편견을 제거하기 위한 연구부터 남한 주민의 인식을 바꾸기 위한 다양한 연구와 절차에 이르기까지 우리는 노력해야 한다.

전　또 어떤 장점 있어요?

백 　사람들이 부지런하다고 그래요. 나는 뭐가 좋다 하면 시장에 가봐요. 브로콜리도 1000원이고 양배추도 기껏 비싸야 1500원이고 무슨 당근도 1000원밖에 안 하고 그걸 하나 1000원씩 주고 5000원어치 사도 그다음 사과나 이런 게 좀 들어가서 한 1만 원어치만 사도 그걸 보통 4~5일은 먹을 수 있잖아요. 그런 걸 저는 많이 따져요. 비싼 거 별로 안 먹고 있어요. 이런 걸 제가 많이 따지는 편이에요. 지식은 뭐 조금씩 알아야 되죠. 예를 들어 내가 콩을 산다 하면 인터넷으로 봐요. '콩이 인간한테 어떻게 좋겠나' '아 이게 좋구나' '그럼 콩밥도 해먹어야 되겠다' 그러죠.

전 　효능도 확인하시는군요.

백 　좀 그런 걸 많이 따지는 편이지. 저 혼자 사니까. 그러니깐 우리 옆에 한국 언니는 마트 가면 그래요. '너는 혼자 살아도 뭘 그렇게 음식을 지지고 볶고 믹서기에 돌리고 막 이러는가.' 날 보고 그래요. 시장에 가도 그 언니는 조금만 사는데 나는 이것저것 따져가면서 많이 사요. 많이 사가지고 항상 한 보따리씩 들고 나오면 '혼자 사는 사람이 뭘 이렇게 많이 사들고 다니는가?' 날 보고 그래요. 그런데 그런 걸 좀 많이 따진다기보다 많이 생각하면서 내가 좀 고달프지.(웃음)

　누구에게나 먹는 것은 중요한 문제다. 인간의 기본적인 욕구가 바로 식욕이기 때문이다. 인류 역사만 봐도 식량을 약탈하다 전쟁으로 나아간 일이 얼마나 많은가. 나도 사실 돌이켜보면 어린 시절에 먹는 것 때문에 많이 싸웠다. 그것은 치사한 일이 아니라 치열한 일이었다. 생존과 맞닿아 있기에 그렇다.

전　　그런데 명품 가방 사고 싶고, 이런 거 없어요?

백　　나는 그런 게 없어요. 간혹 길 가다 옷 이쁜 게 있으면 보기는 하는데, 그저 내 생활에 필요한 거만 사요. 어쨌든 사람들이 날 보고 아주 생각을 좋은 생각을 가지고 있다고 그러더라고요. 나는 그저 우리 쓰고 사는데 불편이 없으면 그 이상 원하는 게 없고. 나눠주고 하는 게 재밌는 거지.

전　　명품 가방을 손에 들어도 만족을 못해서 마음수련 가는 사람이 있어요. 제 주변 사람인데. 그것도 큰 돈 들여서요.

백　　근데 마음수련을 아무리 간들, 그게 되겠어요?

전　　만족에 어떤 비법이 있을까요?

백　　만족할 수 있는 거는 내가 이런저런 경험과 교훈을 통해서 느꼈는데 첫째고 둘째고 간에 마음을 내려놔야 돼. 내려놓음이 참 키워드예요. 진짜 마음을 내려놓는 것. 내려놓으면서 음식도 값비싼 거 아니고, 옷도 가방도 물건도 값비싼 걸 안 쓰면서 남들이 봤을 때 너무 싸구려도 아닌, 삐까뻔쩍하지도 않은 것, 그것이 좋은 거야.

전 근데 방금 전에 말씀해주셨지만 '내려놓음'이라면 사람들이 다 종교인들도 그렇고 내려놓기를 위해서 이런저런 수련도 하고 기도도 하잖아요. 근데 이 내려놓음이라는 거 아무나 되는 거 아니잖아요. 더 자세히 본다면, 내게 그 내려놓음을 할 수 있는 어떤 힘이 필요하지 않을까요?

백 사람들이, 내 주변 친구들도 보면 내려놓는다는 게 쉽진 않더라고요. 쉽진 않은데 자꾸 그러니깐 수련을 해야죠. 자꾸 그렇게 겪어야죠. 삶의 경험이라는 게 내가 좀 욕심을 부려봤자 안 될 건 안 되고 생기는 거는 없고 내가 욕심을 아무리 부린들 내가 무슨 40평, 50평짜리를 요구한들 현실적으로 나한테 가진 게 없는데 바뀌나요? 아니잖아요. 엄마들이 며느리 보면 힘들어하잖아요. 근데 그게 뭐 못 내려놓으면 나만 피곤한 거예요. 나만 계속 상처를 입는 거예요. 나는 올리사랑이 있고 내리사랑이 있는 거예요. 나도 집에서 맏이고 동생들 있어요. 동생도 데려오고 이랬지만 내가 동생이 거기 북한에 있을 때 나는 못 쓰고 못 먹고 하면서 동생한테 돈도 보내주고 이렇게 했는데. 동생이 여기 와서 하는 거 보면 가끔씩 서운할 때가 있어요. 톡 까 놓고 걔가 여기 먼저 왔다면 나한테도 그렇게 해주었겠는가, 이렇게 생각할 때도 있어요. 어쨌든 내리사랑이에요. 그것을 생각해보면 그것도 다 '네가 재밌게 잘 살면 그만이다, 나는 거기까지다, 그 이상 그

이하도 아니다' 그렇게 생각해요. 아들이랑 며느리한테도 그래요. '열심히 살아서 돈을 많이 벌면 그것이 너네 가족을 위해서 사는 거지, 이 엄마를 위해서 사는 게 아니다' '엄마는 또 엄마 인생이 따로 있다' '나는 이렇게 누구를 만나든 못 만나든 내가 이렇게 사는 것도 내 인생이고 그거다' 난 이렇게 말해요.

전　분리가 잘 되시네요.

백　딱 분리를 해요. 그리고 우리 아들이 한국에 막 왔을 땐 '여기 데리고 오는 데까지 엄마 임무는 끝이다, 엄마가 너를 낳아서 너를 이만큼 키웠다, 이북이라는 사회하고 한국이라는 사회는 체제가 다르기 때문에 내가 너를 여기 데려오는 데까지 끝이고 대학교를 다니든 직장생활을 하든 무슨 일을 하든 다 네 인생이다, 결혼을 하든 말이다, 그러나 엄마가 와서 봤을 때 학교는 다녀야 되겠다, 공부는 해야 되겠다, 사람이 공부를 한 사람하고 안 한 사람하고는 젊으나 나이가 들었으나 사고력이 다르다, 공부를 꼭 해야 된다'고 얘기했어요. 처음에 와서 공부를 안 하겠다고 할 때 그 말을 했어요. '네 인생이니까 네가 알아서 살아라, 엄마는 여기까지다' 그랬죠. 학교를 들어가서 공부를 한 1년 하니깐 대학을 들어가더라고. 참 잘했지. 대학교를 들어가면 이런저런 정보를 많이 듣잖아요. 결혼도 '엄마 맘에 좋다 안 좋다 할 게 없다, 네가 알아서 네가 선택을 해라' 그랬어요.

전　자식한테 다 해주려고 끝까지 집착하는 엄마들 많은데요.

백　걔가 무슨 장애가 있나, 걔는 그렇지 않고 자기 혼자서 인생을 살아갈 그런 능력이 되니깐. 말하자면 저도 뭐 특이한 장애인이 아니니깐 자기 힘으로 살아갈 수 있으니깐 이건 내 영역이 아니다 하고 생각하는 거지. 그런 말도 많이 하니깐 우리 아들도 그래요. '우리 엄마는 아예 우리한테 관심이 없다'고. 그러나 내가 해줄 수 있는 거, 예를 들어 '애를 봐주는 것도 몇 달은 봐줄 수 있지만, 어린이집 보내면 나는 또 내 일을 찾아서 해야 된다'고 말했어요. 시간이 되면 내가 봐줄 수 있고 안 되면 못 보고. 지금도 그래요.

전　굉장히 명확하신 편이네요.

백　명확하게 해요. 어릴 때부터 독립적으로 나가 생활해서 그런지 모르겠지만. 나 자신을 내가 잘 챙겨요.

전　불평불만하는 사람들한테 짤막하게 어떤 말씀을 해주고 싶어요?

백　예를 들어 재산이라면 남은 큰 것을 가지는데 나는 왜 그러지 못하나 해서 불만이 있고, 그다음에 그 사람은 좋은 직업을 가졌는데 나는 왜 직업이 없어서 사회에서 비난하고 있나, 이런 사람들도 있잖아요. 일단은 남 생각하기 전에 나 자신을 돌아봐야 내 영역이 어디까지인지 알아요. 말하자면 내 능력이 어디까지인가, 나 자신을 알고 욕심을 버려야 해요. 욕심을 부려봤자 나한테 오는 건 아니잖아요. 그러니깐 나만 스트레스 받고 나만 병이 나고. 내가 병이 난 다음에는 옆에 있는 사람이 돌봐주는 것도 아니고. 나 자신이 아프니깐 가서 주사를 맞아야지, 주사 맞는 것도 얼마나 아파요. 그리고 돈도 들어가고 하니깐 나한테 손해다 이거죠. 그 손해를 없애자면 그런 걸 자꾸 내려놓으려고 마음을 먹어야 해요. 그거는 돈 안 들잖아요. 내 마음을 내려놓는 것, 욕심을 버리는 마음을 내려놓는 것, 그 욕심을 버려가지고 내가 스트레스를 받고 내 병이 나고 하면 돈 들고 내 몸이 아프면 그만큼 주사로 찌르잖아요. 그게 얼마나 아파요. 예를 들어 수술을 한다든지 하면 또 아프고 그러니깐 그게 다 나를 생각하면 손해거든요.

전　나를 정확히 아는 것이 중요하군요. 내가 어떤 영역까지 할 수 있고 어떤 걸 할 수 있고 어떤 것은 할 수 없는지 아는 것, 제게 필요한 말이기도 해요.

궁금했다. 왜냐하면 그녀의 답변이 어쩌면 나를 향한 것일지도 모르는 일이기 때문이다. 나도 평소에 불평불만이 많은 편이다. 그러나 그것을 내색하지 않으려고 무진장 애를 쓴다. 마음을 다스리고 또 다스리지만 내가 성인군자는 아니지 않은가. 그러다보니, 현실에서 받는 스트레스가 늘어 요새는 흰 머리카락이 나고 있다. 근데 정작 가장 가까운 가족들이 내 심정을 몰라줄 때가 많다. 내심 서운하다. 그럴 때는 상담사인 내가 다른 선배 상담사를 찾아가 원통함을 호소하곤 한다.

백　또 하나 믿는 거, '진실은 꼭 통한다', 그렇게 말해주고 싶어요.

전　자원들이 많은 거 같아요, 마음 안에. 저는 내려놓으려면 한 30~40년은 지나야 될 거 같아요. 욕심도 많고 해서. 저는 이렇게 제 손에 안 들어오면 꼭 갖고 싶거든요. 이게 손에 안 닿으면 내가 사다리라도 놓고 갖고 오고 싶거든요. 이런 게 보통 인간들의 마음일 것 같기도 합니다.

백　제가 말했잖아요. 사람마다 고숩어하는● 정도가 다르잖아요. 이제 저는 뭐 갖고 싶어하고 그런 게 내 마음이 불편하지 않으면 딱 거기까지예요. 근데 사람마다 다르잖아요. 먹고 쓰고 하는 건 다 똑같은데 어떤 사람은 기준이 다르잖아요. 서기에서 차이가 좀 있는 거 같아. 더 높은 것을 바라보고 마찬가지로 큰 집을 갖고 싶고 무슨 명품을 갖고 싶고 그런데, 저는 내가 먹고 쓰고 살 수 있는 정도면 '그 이상 그 이하도 아니다' 그렇게 생각하고 있어요.

전　어머니 마음에 또 어떤 자원이 있는 것 같아요?

● '고소하다'의 중국 지린 성 방언이다.

백 사람들하고 잘 어울리는 거. 내가 항상 우리 동네 사람들보고 그 말을 했어요. 개화산이라고 우리 동네 옆에 산이 있잖아요. 조그마한 산, 내가 이 동네에서 사는 거 자체가 너무너무 복을 받았다고 생각해요. 다른 동네보다 산이 가까우니깐 복이 있다고. 우리가 특이한 별장이 없어도 공원 나오고 싶으면 공원 나오고 산에 올라가고 싶으면 올라가서 자유롭게 다니는 게 다 복이다 그거죠. 사람들이 처음에는 무슨 소린가 하더니 '오 그렇네, 네 말이 맞다' 이러는 거예요.

전 진짜 그런 것이 감사하고 내 집 주변에 산이 있는 것도 좋고 나가면 공원에 돈 내고 들어가는 것도 아니고 내가 내 마음대로 운동하고 그러네요.

백 내 마음대로죠. 새벽에 가고 싶으면 새벽에 가고 밤에 가겠다면 가고 낮에 가겠으면 가고. 그것이 다 우리 별장이라고, 돈 주고 안 산 별장이라고 내가 그랬지. 북한은 꽃도 여러 가지 없고 여기처럼 이렇게 별 선인장이면 한 가지 품종으로 끝인데, 여기는 여러 가지잖아요. 근데 거기에는 이런 게 없고 화단이나 도시 주변에 꽃들도 조금 심어요. 대부분 다 농사지. 옥수수를 심는다든지 콩을 심는다든지 먹을 거를 심죠. 근데 여기는 공원이라든가 이런 거 잘해놨잖아요. 중국에 있을 때 그 말을 들었거든요. 저는 뭐 한국 가면 잘 살고 아니고를 떠나서 주민등록증 받는 게 첫째고 둘째고 목적이었어요. 자유를 찾는 게 목적이었어요.

자유처럼 소중한 게 있을까. 더 말해 무엇 하겠는가. 또한 '돈 안 주고 산 별장.' 그녀의 인생관 내지는 세계관이 내재된 함축된 표현이다. 보통 별장이라 하면 돈 많은 사람이 소유한 집으로, 그 앞에 멋진 풍경이 펼쳐진 장소를 떠올리기가 쉽다. 또한 그곳이 은밀함, 신비스러움, 일탈, 욕망을 여과 없이 분출하는 공간으로 느껴지지는 않는가. 어쨌든 우리 일상과는 거리가 멀어 보이지 않는가. 그런데 그녀에게 별장은 소박함 그 자체로서의 의미를 지닌다. 예쁘게 피어 있는 꽃을 관찰하고, 허름할지라도 삶의 소박한 여유와 아름다움, 세상사와 관련된 만담이 오가는 곳, 개화산 주변의 풍경이 모두 그녀의 아름다운 별장이다.

전　　그렇네요. 저는 그런 생각 못해봤어요. 내가 그 신분을 갖고 마음껏 생활할 수 있다는 것, 그게 좋은 거군요. 내가 원하는 곳 가고요.

백　　그것이 저는 목적이 됐으니깐 여기 와서 정착한 게 너무 즐겁고 모든 게 다 신비롭게 보이고 새로워 보이고 그렇습니다.

전　　뭐가 가장 기억에 남아요? 남한에 오셔서 뭐가 가장 좋았어요?

백　　여기 딱 와서 보니깐 도로가 완전 쫙 붙었는데 좀 웃기는 일이지. 국정원에서 선생님이 나를 데리고 서울 시내 구경을 시켜주는데, 내가 뒷

좌석에 앉아서 가다가 '아니 선생님. 어떻게 한국에는 사람이 하나도 없는 거냐'고 그랬어요. 그러니깐 도로 이런 데 가면 사람은 없고 차만 달리잖아요. 나는 북한 생각했지. 북한에는 길에 맨 사람이잖아요. 차가 없으니까요.(웃음) 도로가 그렇게 멋있을 수가 없어요. 야경이 가로등 컨 거같이 그게 너무너무 멋있는 거예요.

전   불빛이요?

백   불빛이 멋있더라고.

전   여기서 자란 저 같은 사람들은 그냥 불이 켜졌나 생각해요. 불빛에 아무 감각이 없는 거죠.

백   그게 시각의 차이지. 나는 지금도, 10년이 된 지금도 밤에 이렇게 차를 타고 갈 일이 있을 때면 '우와 이게 너무 멋있다' 그러는 거예요. 거기서는 정치적 발언을 함부로 일체 못하고 그러니깐. 그리고 여기서는 TV도 여러 채널이 있어서 많이 돌리고 하는 그런 것이 너무 좋은 거예요. 그러니깐 정치 이런 것도 여기는 마음대로 할 수 있고 친구들하고 어울려서도 말을 막 하고 이런 게 너무 좋은 거예요.

전   자유죠.

백　그런 거 다 떠나서 인간으로서 누릴 수 있는 게 여기는 너무 많은 거예요. 대한민국이 살기 좋고 대한민국에 온 게 감사하고 이 나라를 잘 지켜야 된다는 생각이 항상 있어요. 저는 여기 사람들한테 부모님께 참 잘해야 된다고 그렇게 말해요. 대한민국에서 태어나게 해준 것만 해도 부모님한테 감사하게 생각하고 잘해야 된다고 항상 그 말은 해요. 그리고 사람들이 가만히 듣고 보면 그 말이 맞다고 해요.

'불빛'과 '고속도로'. 저 물질과 장소(공간)는 북한에서 경험하지 못한 것이리라. 내가 판단하고 예단하는바, 어쩌면 북한은 어둠의 세계이자 느림의 세계여서 불빛이나 고속도로가 필요 없었을 것이다. 되레 불빛을 비추려 하거나 속력을 내려고 하면 군軍에서 나와 그 흔적을 지우거나 제거하는 데 주력했을 것이다. 대한민국은 어떠한가. 스위치를 켜면 언제든 얻을 수 있는 게 빛이고, 차에 올라타서 느끼고 볼 수 있는 것이 고속도로다. 따라서 아이러니하게 그것들의 고마움을 일상에서 잘 느끼지 못한다. 되레 너무 밝아서 불편해하고, 너무 빨라서 불안해한다. 일상 풍경의 소중함을 그녀에게서 다시 느끼게 된다. 그녀에게 '불빛과 고속도로'는 이도 저도 아닌 자유의 상징이었다.

첫째고 둘째고 나 자신이에요

인터뷰라는 게 그렇다. 고장난명孤掌難鳴이라 하지 않던가. 어쨌든 손뼉도 마주 쳐야 소리가 난다. 지난번에 이어서 대화를 진행하려니, 왠지 기대가 된다. 오늘은 어떤 활기찬 이야기가 전개될까. 그녀의 파란만장한 이야기를 듣고 있자면 연구 목적을 망각할 때가 있다. 그래서 물음이 종종 삼천포로 빠지려 하면 마음을 다잡고 중심을 지켜내야 한다. 그러나 그녀는 내 의지대로 따라주지 않고, 하고 싶은 이야기를 두서없이 펼쳐 보일 때가 있다. 당연한 얘기인데, 그녀는 자신의 이야기를 마구 털어내려고 하는 반면, 나는 그녀의 이야기를 마구 덜어내려고 한다. 서로의 욕심과 목적이 다르고 시간은 한정되어 있기 때문이다. 수집하는 자와 수집을 당하는 자, 목소리를 흘리는 자와 목소리를 주워 담아야 하는 자 사이의 팽팽한 긴장이 있어야만 인터뷰는 성공적으로 끝난다. 결국은 내가 좀더 여유로워져야 한다는 얘기인데……

전　지난번에 자식이 힘이 된다고 말씀해주셨는데 그 자식이라는 게 구체적으로 어떤 의미인지 궁금합니다.

백   자식을 키울 때는 부모가 얼마나 힘들어요. 그 옛날에 우리 북한에서도 자식 하나 키우는 데 오만공수가 든다고 했거든요. 오만공수라는 게 오만 가지 노력이 다 든다 이거죠. 부모가 결혼해서 아이를 낳고 재밌게 즐겁게 살다가 나이가 들어 중년이 되고 노년이 되잖아요. 그 재밌는 시기도 한계가 있잖아요. 사실은 자식이 부모 속 썩이는 게 더 많죠. 키우는 과정이 힘들어도 '내 자식이 한 명 있다' 이렇게 생각하니깐 힘이 되는 거예요. 형제들이나 남들은 자기 가정이 있기 때문에. 내 자식은 어쨌든 우리 집안 울타리 안에 있는 사람이잖아요. 근데 자식이 하나 내 주변에 있다고 생각하니깐 내 마음에 의지가 되는 거예요.

전   내 오만공수가 다 들어도 힘이 들 때 의지가 되는 존재네요.

백   형제보다 자식이라는 건 내 몸에서 나온 자식이니깐. 어쨌든 그 자식이 내 옆에 있다고 생각하면 그 자식힌데는 내가 사랑이지. 어려운 일이 있으면 자식한테 말하고 싶고 형제보다 더 그런 게 있더라고요. 특별하게 우리 아들한테 의지하고 애착하고 이런 건 없는데. 어쨌든 내 옆에 하나 있다고 생각하니깐 마음이 좀 든든하죠. 어딘가 모르게 허전하지 않고 마음 속 한구석을 채워주는 느낌. 아무도 없다고 생각하면 좀 마음이 허망하겠는데, 자식이라는 게 나를 도와주든 안 도와주든 내 옆에 있다 생각하면 그게 한 삼분의 일은 내 마음을 채워준다 이 정도예요.

전   삼분의 일이나요?

백   저는 그래요. 자식한테 내가 뭐 도움을 받는 거는 아니고요. 그 자체만으로.

전   그건 왜 그럴까요? 내가 내 몸으로 열 달을 품고 나와서 그런 걸까요?

백   아들은 어쨌든 귀한 존재예요. 귀하다는 게, 내 수중에 귀한 물건들이 있잖아요. 다섯 개 있다 하면 그중 하나라는 소리예요.

전   우선순위를 매기자면 어때요? 나랑 아들이랑.

백   그래도 첫째로는 나 자신, 나 자신이 있음으로 해서 남편도 있고 자식도 있다고 생각해요. 나라는 존재가 귀한 존재다 이거죠. 그다음에 자식. 내가 있음으로써 나한테 소중하고 귀한 존재다 이 말이죠. 보석 같은 존재라는 거죠. 나는 첫째고 둘째고 나 자신이라 생각해요.

전   예전부터 나 자신에 대해서 소중하게 느끼셨어요?

백   아니요. 한국에 와서부터. 북한에 있을 때는 그런 걸 못 느끼고 살

앉거든요. 못 느끼고 그저 북한이라는 거는 아직도 유교 사상이 강해가지고 나 자신보다 내 가족을 우선시했거든요. 첫째로 남편, 그다음에 자식. 이렇게 생각하고 산 거예요. 나 자신은 혹사하고 산 거예요. 말하자면.

전   계속 그러셨던 게 아니군요.

백   그렇지. 북한에서 대한민국에 오는 과정에서 내가 있음으로 해서 자식도 있고 내 남편도 있고 내 주변에 내 형제도 있다는 걸 느낀 거죠. 그걸 어떻게 느꼈는가 하면 내가 이렇게 여기를 오는 과정에 한 번 북송이 되었다 했잖아요. 북한에서 한국을 올려다가 북송되면서 감옥에 딱 들어가 있으니깐 내 자식이고 내 남편이고 다 내 주변에 없는 거예요. 그 안에 딱 들어가 있으니깐 그 생각이 들어. 또 넘어오는 과정에서 몸이 많이 상해가지고 아프니깐 주변 사람들한테 해줄 수 있는 게 아무것도 없더라고요. 그러니깐 나 자신이 건강하고 하다못해 자식한데 돈 만 원이라도 나한테 있어야 내가 베풀 수 있고, 형제를 도울 수 있고 자식을 도울 수 있다 이런 체험을 한 거죠. 그래서 내가 한국에 와서는 첫째고 둘째고 '나 자신이다' 이렇게 바뀐 거야.

　　나라는 존재? 그녀의 말을 듣고서 '나는 내가 귀한 존재인가'라고 자문했다. 물론 내가 귀하다고 생각한다. 어떤 일을 하더라도 내가 우선시되어야 한다는 것도 안다. 그런데 귀한 걸 알면서도 나 스스로를 혹사시킬 때가 많다. 그 일이 행복하지 않은데, 해야 되는 경우가 많다는 얘기다. '좀더 즐겁고 행복하게 자기가 꿈꾸는 것을 실천하며 살아야 한다'고 다른 사람들에게 강의하지만, 정작 그 말은 내가 뱉은 말인데도 내 가슴에 와닿지 않는다. 현실에서는 내가 말한 내용에 대해 책임을 지지 못하고 끙끙댈 때가 많다. 그렇다면 나는 내가 귀하지 않은가.

전　아, 그렇군요. 거기 얼마나 계시다 나오셨어요?

백　저는 두 번이나 북송됐어요. 한 번은 여기 오려다가 또 북송되어가지고 거기서 8개월 있었고, 그다음에 다시 거기서 나와가지고 한 3개월 만에 또 북송됐어요. 오려다가 우리 가족만 떠나는 게 아니고 다른 가족도 있고, 어쨌든 사람이 여럿이 모이면 잡음이라는 게 있잖아요. 어쨌든 발각되어가지고 붙잡혀서 구류장에 갔다 오고 여기까지 왔죠. 그 오는 과정에서 생각이 다 바뀐 거예요. 사람이 시련을 겪다보니깐 앞으로 어떻게 살아야 되겠다 하는 생각에 모든 게 다 바뀌었어요.

전　북에서 공무원이었다고 들었어요.

백　거기서 공무원 생활을 했죠. 한국에 오는 그 순간까지 공무원 생활을 한 거예요. 그 생활을 하면서 오직 나는 내 몸만 혹사했고, 내 남편과 자식 이거밖에 몰랐던 거예요. 그때는 조금 더 젊었으니깐 그런 생각을 했을지 몰라도 나 자신을 어떻게 소중하게 여겨야 된다 이런 것은 하나도 없었던 거예요.

전　나의 소중함을 깨닫게 됐을 때와 그 전과의 삶은 어떻게 다른가요?

백　삶이 달라졌죠. 일단은 내 건강을 챙기면서 '나 자신을 많이 보호해야 되겠다' 이런 생각을 하죠. 일단 생각이 바뀌니깐 즐거움이 따라오더라고요. 그러니깐 내가 건강해지면서 활기차니깐 내 주변 사람들도 내가 활기찬 모습을 보고 좋아하고요. 저는 지금도 한국에 온 거에 대해서 항상 감사하게 생각하는 게, 일단은 자유가 있는 것도 좋지만 인생의 모든 것이 바뀌고, 생각하는 것도 다 바뀌고 그러니깐 그것이 너무 감사하다고 생각하죠. 그리고 여기는 정보가 많잖아요. 좋은 정보들 그런 거 일체. 거긴 폐쇄적이니깐 여기 와서 이렇게 느껴보니까 사람이 이 세상에 나와서 살아가는 과정은 북한이나 남한이나 어디나 다 똑같잖아요. 살아가는 과정은. 그러니깐 어디는 잘살고 못살고의 관계는 있지만, 또 나라 제도 차이는 있지만. 근데 그 인간 하나를 놓고 볼 때 모든 정치적 이런 걸 다 떠나서 볼 때 너무 폐쇄적이니까 사람들이 아는 게 아무것도 없는 거예요. 여기는 많은 정보가 공유되고 좋든 나쁘든 이렇게 공유되고 있잖아요.

　그렇다. 소통의 문제는 매우 중요하다. 허준의 『동의보감』에도 '통즉불통 불통즉통通即不痛 不通即痛'이라는 말이 나온다. 통하면 아프지 않고, 통하지 않으면 아프다는 얘기다. 여기서의 통通은 실상 혈액이 잘 통하는 순환을 의미하지만, 오늘날 저 문구를 되새겨보면 소통과 맥락이 닿아 있다. 소통하면 아프지 않고, 소통하지 않으면 아픈 것이다. 따라서 소통되지 않은 북한에서 살다가 소통이 가능한 남한으로 왔으니 그녀의 심신 상태는 '통痛에서 통通'으로 변한 것이라 하겠다.

전　교류가 많고 그렇죠.

백　그러니깐 좋은 것도 접하고 나쁜 것도 접하고 여러 가지를 접하다 보면 거기에서 '내가 이런 것은 받아들여야 되겠다, 이런 것은 버려야 되겠다' 느끼면서 살아가잖아요. 그것이 너무 좋은 거예요. 거기서 처음부터 공무원 생활을 했다 했잖아요. 근데 거기는 아침에 출근을 딱 하면 그다음 간단하게 회의를 하고 흩어져서 제각기 일하는 거예요. 일을 하면 저녁에 일주일에 한 번씩 생활총화 하는 게 있고. 생활총화라는 게 뭐냐면 모여서 회의처럼 서로 일주일 동안 내가 한 일을 토론 방식으로 말하는 거예요. 일종의 비판 방식으로 말하는 거예요. 네 업무 역할도 있고 내가 잘못한 점 뭐 이런 것들을 서로 말하는 거.

전　잘못한 거요?

백　네, 잘못한 거를. 그럼 '앞으로 이런 거를 잘못했는데 원인은 뭐이고 앞으로 내가 어떻게 고치겠다' 이렇게 말을 하는 거예요. 그런 거는 지금에 와서 생각해보면 일하는 과정에 잘못을 느껴 고치는 것까지는 좋은데 너무 일방적으로 사람을 몰이식으로 하고 살았잖아요. 또 그다음에 그저 아침에 출근해서 직장 나가서 제 업무를 하고는 저녁에 퇴근해 오면 아무런 문화생활이 없어요. 그런 거예요.

전　퇴근하고 집에 와서는 보통 뭐하셨어요?

백　집에 와서는 밥솥에 밥을 하고 그다음에 가스레인지로 반찬 하지. 근데 거기는 나무를 때야 되고 불도 석탄을 때야 되고 했어요. 밥을 하니깐 여자들이 엄청나게 힘들죠. 나무를 갖다 솥을 세 개 네 개 되는 걸 씻어 가지고 여기처럼 순 쌀로만 밥을 하면 좋은데 옥수수밥이니. 조금 사는 집은 쌀을 넣고 못사는 집은 옥수수만 하고 그래요. 또 그 밥이 적으면 어쨌든 '내 몸을 챙겨야 되겠다, 뭐를 해야 하고 챙겨야 되겠다'고 생각할 겨를이 없는 거예요.

전　복지나 행복, 이런 말 생각할 틈이 없네요.

백　행복 같은 것은 생각도 못하고 그저 내 가족에게 하루 세 끼를 어떻게 하면 굶지 않게 잘 챙겨줄까 이런 생각. 근데 나는 좀 좋은 직장에 있어가지고 먹고 쓰고 사는 것은 걱정 없었어요, 솔직히. 그런 어려움은 없었는데 그래도 지금 여기 왔을 때 뒤를 돌아보면 한 여자로 태어나가지고 너무너무 몸을 혹사하면서 집안일을 하자니깐 힘들어. 남자들은 또 별로 안 해요. 다 여자들이 하지. 그러니깐 그것이 너무 힘들더라고. 힘들었던 생활을 되돌아보면 내가 대한민국에 온 게 너무너무 잘했다 생각해. 그러니깐 여기 와서는 얼마나 편안해요. 물론 밥도 반찬이고 집 안 청소도 다 여자가 하지만 그래도 거기서 하는 거의 십분의 일도 안 되잖아요.

삶을 어떻게 규정할 수 있을까. 이를 위해 수많은 철학자가 했던 말을 인용하는 게 무슨 소용이 있을까. 많이 배우고 못 배우고를 떠나서 삶은, 행복은 그녀의 말처럼 '느껴지는' 것이다. 그녀는 행복이나 복지에 관한 이론을 배운 적이 없다. 그럼에도 그녀는 일상에서 행복을 크게 느낀다. 그리고 무엇이 행복인지를 아주 명확하게 규정한다. 반면 복지와 상담 영역에서 인간의 삶과 행복에 관해 많은 공부를 해왔던 나는 정작 그녀보다 행복한 삶을 규정하지 못하고 있다. 경험으로 얻은 깨달음과 배움을 통해 얻은 깨달음 사이의 간극이 느껴지는 순간이다. 내가 판단하는바 경험은 배움을 압도하는 것이리라.

백　거기서는 내가 내 얼굴에다 화장을 예쁘게 해본 적도 없었고 그저 크림 하나 바르고.

전　화장품이 있긴 해요?

백　화장품이 있는데 그걸 여기처럼 별로 예쁘게 발라보지 못하고 살았어요. 다이어트 그런 거는 생각 자체를 할 수가 없고, 단어 자체도 없지. 그거 안 해도 하도 몸을 움직이고 너무 바쁘게 살다보니깐 다 날씬하고. 사실 영양이 부족해서 마른 거지.

전　완전히 다른 삶이네요. 180도로. 여러 가지 노력도 많이 하는 편인 것 같아요.

백　노력은 원래부터 갖고 있었던 것으로 봐야죠. 내가 거기 있을 때도 직장을 다니기만 했지 집에서 놀아본 적이 없어요.

전　북에서두 어렸을 때도 성실하나는 소리 많이 들으셨어요?

백　그러니깐 직장생활을 하면서 그 직장에 모든 것, 내 몸을 맡기다시피 했죠. 그다음 집은 집대로 꾸미고. 나 자신을 너무 안 돌아보고 살았던 거예요. 그리고 어려서 학교 다닐 때는 아버지 어머니를 많이 도와주려고 노력했고. 우린 아버지 어머니가 탄광에서 일하시니깐 아버지에 대한 애착 이런 게 있어가지고요. 청도 분인데 우리 아버지가 일하는 거 보면 안타까워. 내가 어렸을 때 아버지가 탄광에서 3교대로 일하는 거예요. 이번 주에는 아침 7시에 나갔다가 저녁 8시에 들어오고 다음 주에는 7시에 나갔다 새벽 2시에 들어오고 그다음 주에는 밤 12시에 나갔다가 아침 9신지에 들어오고. 3교대로 일하셨는데 지금 생각해보니까 우리 아버지는 한 번도 논 적이 없었던 거예요. 평생을 3교대. 그리고 아버지 일하는 모습 보고 내가 공부를 열심히 한 게, '나는 죽어도 탄광에 들어가 일하지 말아야 되겠다' 이 생각 때문이었어요. 근데 생각대로 뜻대로 잘돼가지고, 내가 이름 때문에 운이 좋았어. 마지막 자가 '숙자' '옥자' 이러잖아요. 운이 좋아가지고. 걔네(친구) 아버지는 탄광에서 간부예요. 거기는 학교 졸업하면 탄광 직책 자식들은 무조건 부모에 이어서 탄광에 50명이면 50명, 100명이면 100명 배정하는 거예요, 부모 이어가지고 그 탄광에서 자식이 생활을 하는 거지. 농촌 자녀, 그러니깐 아버지가 농사꾼이면 또 자식은 무조건 농사를 해야 돼. 족보대로. 근데 내 말 들어봐. 내가 말하자면 운이 있었나봐요. 탄광에 들어갈 사람 중에 5명을 선출해가지고 다른 도시로 보내야 돼. 5명이 거기서 선출된 거예요. 선출됐는데 거기에 내 이름이 들어간 거예요. 잘못돼가지고. 그러니깐 '옥자'하고 '숙자'하고 이름이 바뀌어가지고. 그래서 걔는 탄광에 들어갔지. 나는 국가에서 운영하는 상록관리소라는 데를 배치받은 거예요.

전   그 사람이 안 찾아왔어요?

백   걔는 찾아올 수도 없지. 거기는 이름을 딱 불러가지고 배정을 해.

말하자면 서류가 컴퓨터식으로 쭉쭉 나와서 개인 손에 쥐어지는 게 아니고, 예를 들어서 구청에 가서 배치받은 배치증을 가지고 서류를 떼는 거예요. 그거 떼다가 바치면 그때부터 나는 그 직장 종업원이 되는 거예요.

전　　못 바꾸고요?

백　　못 바꾸고. 지금 생각해도 하늘과 땅 차이지. 한 1년이 지난 다음에 걔가 연락이 왔어. '내가 갈 데를 니가 갔다'고 그러는 거예요. 그래서 '나는 모른다, 나는 내 이름 불러서 내가 소속돼서 간 거지' 그렇게 말했죠. 그래서 인생이 완전 바뀐 거죠. 그때부터 그 관리소에 들어가서도 열심히 일했죠. 아버지가 이러니깐 열심히 일하고. 그것도 거기서 인정을 받아가지고 조금씩 한 급 한 급 올라가면서 일했지. 그다음에 출가를 했어도, 결혼을 했어도 이전에 일했던 경력이 있잖아요. 그 경력 보고 나를 또 써주고. 그래서 어쨌든 올 때까지 아무 지장 없이 좋은 직장에 있었지.

전　　진짜 이름 때문에.(웃음)

　　이름은 누구에게나 중요하다. 특히 동양에서는 그 강도가 서양보다도 세다. 이름 석 자와 생년월시만 있으면 그 사람의 미래를 점칠 수가 있다. 한 인생의 길흉화복과 인생사가 이름에 포함됐다고 생각하기 때문에 한때는 이름만 짓는 작명소가 성행한 적도 있다. 이름과 운명의 관계를 너무 맹신하는 것도 문제지만, 그렇다고 너무 등한시하는 것도 문제라 하겠다. 그녀의 경우는 전자에도 속하고, 후자에도 속한다. 그녀는 실제로 이름 덕분에 탄광 인부에서 공무원으로 바뀌었으나, 또 이름 때문에 감옥에 가지 않았는가. 이름대로 살아진다면 무슨 재미가 있을까. 비록 운명이 정해졌다 할지라도 그것을 스스로 개척해나가는 의지가 우리에게 필요한 것이다. 요즘 한글로 이름을 짓는 이들이 많다. 예전에는 모두 한자로 이름을 지었다. 내 이름도 따져보면 '기둥 주柱' '넘칠 람濫'을 쓴다. 아버지는 내가 태어났을 때 밤을 새우면서 '온전하게 어디서든 기둥이 되어 지혜도 지식도 재물도 넘쳐 주변인들에게 나눠주며 사는 인생이 되거라'라는 뜻으로 이름을 '주람'으로 지어주셨다. 아버지 세대에서는 발음상의 문제를 따지기보다 한자의 뜻을 생각해서 이름을 짓는 경우가 대부분이었다. 그런데 이걸 어쩐다. 아버지의 뜻과는 전혀 다르게 몸에 걸친 살만이 계속 넘쳐나고 있으니. 그렇다고 이 살을 누구에게 나눠준단 말인가. 넘치고 넘쳐나서 나는 아, 괴롭다. 나 때문에 밤을 샌 아버지께 갑자기 죄송하다.

백   어쨌든 그 직장에서 충실하게 일했어요. 근데 내 이름이, 생각해보면 어쨌든 두 번 감옥에 갔다 왔잖아요. 그 이름 때문에 인생도 바뀌었지만 그 이름 때문에 결국 감옥을 갔다 왔잖아요. 그래서 이름을 바꿔버렸어. 철학관에서. 근데 저는 천성적으로 그게 있는 거 같아요. 큰 욕심이 없고 나한테 주어진 거에 만족하는 거. 어쨌든 지금 생각해보니깐 직장 다닐 때 거기는 어떤 유행을 따라서 나팔바지를 입었다가 쪽배바지를 해 입었다가 그러거든요. 천 재질도 바뀌잖아요. 우리는 직장생활을 할 때 대중 앞에 나서는 직업이니까 항상 남들이 유행했던 것을 따라간다기보다 남들보다 더 앞서서 빛나게 입어야 되고 그래요. 다른 사람은 그런 유행을 다 따라가는데 나는 그런 유행을 안 따라가고 살았어요.

전　　그냥 나한테 맞는 걸 하셨네요.

백　　그렇지. 나한테 맞는 거. 내 형편에 맞게 살려고 노력하고 그랬지. 그런 거(마인드)는 거기 있을 때부터 갖고 살아온 거 같아요. 남한에 와서는 자신감을 많이 얻었어요. 그러니깐 뭔 자신감을 얻었냐면 나이 든 여자라도 몸을 잘 관리하면 예뻐지고 얼굴을 관리하면 얼굴이 예뻐지고 책이나 보고 하면 내 수양이 쌓이고 이런 자신감을 내가 갖게 된 거 같아요. 이렇게 함으로써 사람들이 '몸매가 이쁘디, 얼굴이 이쁘나, 피부가 좋다' 이런 말 하면 기분이 좋아지고 그러더라고.

전　　그러면서 자신감도 얻으신 거네요.

백　　'몸매 예쁘다' 하면 내가 시간 날 때마다 스트레칭을 좀더 해야겠다는 자신감을 가졌지. 그것이 나한텐 자산인 것 같아요. 내 마음이. 어찌 보면 그 노하우가 세월이 가면서 많이 쌓인 거 같아요.

전　선생님을 움직일 수 있는 아주 근원적인 힘은 뭘까요?

백　제가 말했잖아요. 나 자신이 첫째로 중요하다고. 내가 중요하니깐 나를 혹사할 필요는 없다 이거죠. 내가 스트레스를 받으면 내 몸을 혹사하는 거니까 그럴 필요는 없다고 생각하죠. 그러니깐 내가 나를 사랑해야 된다는 것을 터득하면서 너무 좋은 게 나를 사랑하게 되니까 주위 사람도 다 좋아 보이는 느낌이 든다는 거죠. 근본적인 힘이라는 게, 그러니깐 내가 일을 하면서 어쨌든 나 자신을 사랑하자면 음식도 좋은 것 먹는다기보다 깨끗한 걸로 먹으려고 하고, 그다음에 나쁜 음식을 먹지 않으려고 하고, 그러면서 체력을 일단 단련시켜야 되고 그런 거 있죠.

전　혹시 동물이나 나무 같은 자연물에 선생님을 비유한다면 뭐라고 하실 거예요?

백　새. 새가 돼가지고 어디 가서 즐거움을 주고 싶어요.

전　새요? 새도 종류가 많잖아요. 참새도 있고 독수리도 있고.

백　예쁜 새. 예쁜 새가 되고 싶어요. 우아하다기보다 고상한 색깔인 새. 은은하게 아름다울 수 있는 그런 사람이고 싶어요. 튀거나 이러지 않고. 사회체제가 중요해요. 그것이 난 항상 고마워요. 사회에 불만보다 감사한 마음이 있고. 내가 내 인생을 즐겁게 살자 하면 일단 첫째로 내 몸가짐을 잘해야 되고 내 건강이 좋아야 해요. 그리고 법과 체제가 중요한데 그러니깐 다른 나라는 언론의 자유라든가 행동의 자유라든가 이런 게 다 돼 있잖아요. 기본적으로. 북한이라는 나라는 인간이 인간으로서 누릴 수 있는 것이 많이 말살됐다고 봐야지. 근데 TV 보면 아프리카 나오는 무슨 다른 나라도 자유는 있잖아요. 그 자유라는 게 정말 중요한 것 같아요. 그 자유라는 테두리 안에서 내 모든 것이 이루어질 수 있잖아요. 자유가 없으면 아무리 내가 생각한들 안 되잖아요. 그것이 아주 중요한 거 같아요. 그래서 내가 대한민국에 온 것을 항상 감사하게 생각하고 우리 애들 보고도 그렇고. 대한민국에 와서 우리가 크게 해놓은 일은 없어도, 그래도 사람들한테 피해 안 주고 정직하게 살려고 노력하면 되는 거니까. 북에 있을 때는 이런 거를 아예 생각 못했죠. 남한 사회 가면 자유 있다, 이런 것 생각도 못했어요. 돈을 벌면 내가 가져야 된다는 것도 몰랐고.

그저 예쁜 새가 되고 싶단다. 우아하다기보다도 고상한 색깔을 지닌 새 말이다. 또한 은은하게 아름다운 새. 이 삼박자를 고루 갖춘 새가 있나. 언뜻 떠오르지는 않는다. 새 전문가가 아니라서 딱히 어떤 새라 규정하기는 힘들다.

전　　상상도 못하셨어요?

백　　상상도 못했죠. 오직 북한이라는 체제는 말하자면 자유가 너무너무 없잖아요. 내가 장사를 잘해서 돈을 벌었다 해도 이 돈이 어디서 나왔냐, 어쨌냐 하면서 따지니까. 내가 노력해서 벌었는데도 항상 불안한 마음을 가지고 살아야 되잖아요. 거기 주민들은 언제 어떻게 될지 모르고, 끌려갈지도 모르고 그러니깐. 직장생활을 꾸준히 할 때는 몰랐는데 중국을 들락날락하면서 보니까 그것을 내가 느낀 거예요. 흰 간판에다가 빨간 거를 쓴 것도 있고 또 빨간 간판에다가 흰 거를 쓴 것도 있고. 그런데 뭐라 썼냐 하면, '21세기는 김정일 시대다' '21세기는 전 세계가 김정일 시대다' 이렇게 써놓고. 어떤 데 가서는 '무슨 태양 우리 김정일은 어쩌고', 이런 것만 잔뜩 써 붙여놨잖아요. 중국에 갔다가 북한 구류장에 갔다가 나와서 길을 둘러보니까 너무 기가 찬 거예요. 한심한 거예요. '아, 이거는 도저히 인간이 사는 데가 아니다.' 그래서 중국으로 다시 들어와가지고 한국으로 오는 거를 많이 봤지. 거기서 한국 TV를 많이 봤잖아요. 중국에서 TV 보면서도 '재밌다' 하는 것만 봤지, 한국사회 속속은 모르잖아요. 어쨌든 중국에서도 불안하고 북한은 더더욱 불안하니까 한국에만 가야 되겠다 생각했죠. 그리고 우리 아버지 고향이 또 한국이고 하니깐. 청도니깐. 그러니까 우리 아버지 고향에 꼭 가봐야겠다, 「6시 내 고향」을 주로 본 거예요. 「6시 내 고향」을 보면 시골길인데 청도 이런 게 나오더라고. 그래서 '고향에는 꼭 한번 가보고 싶다' 이런 생각이 들었죠. 한국에 와보니깐 정말 너무 잘났고 이 길을 택한 게 너무 잘했다 생각이 들죠.

전   근데 왜 서울에 사시게 됐어요? 청도에 살 수도 있었을 텐데요.

백   난 서울에서 살 생각은 안 했어요. 처음에 하나원에서 나와서도 '어디 가서 살고 싶은가' 하길래, 나는 육류보다 생선을 좋아해서 '부산보다 바다가 더 옆에 있는 데서 살고 싶다' 이랬어요. '생선을 많이 먹는 데 가서 살고 싶다' 그러니깐 거기 선생님이 그러더라고. '서울 시내도 어디든 가는 곳마다 생선은 많다'는 거예요. 나는 북한만 생각하고 바다에 가야만 그게 많은 줄 알았는데. 서울에 큰 시장, 수산시장 가서 고기가 이렇게 크고 많이 있는 줄 보고 막 놀랬죠. 우리도 처음 봤으니깐 고기가 그렇게 큰 줄 모르고 그랬지. 그랬는데 서울로 살 집을 배정해주니깐 온 거고, 서울은 오고 싶어서 온 게 아닌데 어쨌든 잘 왔다는 생각이 들고요.

전   지금 만족하신다니까 다행이네요.

백   난 주민등록증 받았을 때 '에휴 이제는 살아났구나' 생각했어요. '어디서 나를 붙잡아가지는 않겠구나' 생각했지. 그게 생각나 번뜩. 하나원에서 주민등록증을 받았는데, 그것이 너무너무 소중하더라고요. 북한에서는 감옥에 언제 끌려갈지 모르는 상황이니 항상 불안에 떨면서 살았잖아요. 근데 한국에 오니깐 그 불안이 일체 해소됐어요. 그리고 그다음에 고지서 뭐 이런 거는 당연히 내야 되는 거고, 내가 쓴 거니까. 중국에서 나는 내 모든 걸 숨겨가면서 파출부를 했어요. 어느 개인 집에 숨어서 파출부하다가 아들 데려와야 되겠다 이렇게 생각했어요. 근데 한국에 먼저 온 우리 친구가 나한테 전화를 딱 하더라고. 날 보고 '엄마가 먼저 한국에 와가지고 그다음에 아들을 데리고 와야지 둘 다 넘어오면 또 잡힌다' 그러더라고. 그 말 들어보니깐 맞는 것 같더라고. 그래서 내가 한국을 먼저 오게 됐죠. 그다음에 와서 내가 돈을 벌어 북한에 있는 우리 아들을 꺼내오느라 돈도 보내주고 이렇게 한 거죠. 그때 내가 느낀 거예요. '아, 내 자신이 중요하구나' '나 자신이 있음으로 해서 자식도 있고 남편도 있고 있겠다.'

그녀는 자식을 위해 모든 것을 바쳤다. 그렇기 때문에 그녀는 예쁘고 우아하고 고상하고 은은하고 아름다운 새가 될 수 있는 것이다. 내가 보기에 그럴 만한 자격이 충분하다.

전　나중에 통일이 된다면 여기 한국 사람들에게 뭐가 필요할까요?

백　일단 북한 사람들은 한국이 잘산다고 생각해요. 그런데 어떻게 잘사는지는 속속 알 수가 없죠. 직장 가서 열심히 돈을 벌면 먹고사는 데 지장 없는 건데, 그거는 사람 누구나 아는 사실이잖아요. 첫째고 둘째고 북한 사람들이 한국 사회를 많이 알아야 돼요. 알 길이 없으니깐. 나도 우리 동생을 데려올 때 정말로 '여기서 즐겁게 잘 산다' '냉장고를 열면 안에 먹고 싶은 게 많다' '내가 닭고기 먹고 싶다 하면 나가서 닭을 사다가 먹을 수 있다' 그렇게 얘기를 했지. 거기서 '그렇게 많은가?' 묻더라고. 그래서 내가

'그렇다' 하니깐 얘가 한국 왔어요. 그 집 가족들 데리고 왔는데 걔네는 중국도 안 거치고 영사관에 있다가 한국 온 거예요. 그러니까 사회가 어떻다는 걸 잘 모르잖아요. 그리고 그 중국 영사관에 있을 때 밤에 나갔나봐요. 나갔다 와서 나한테 전화한 게, '중국 땅이 밤에 나가니깐 얼마나 멋있는지' 그래요. 그래서 내가 그랬지. '중국보다 한국이 더 멋있다.' '세상에 그렇게 멋있는가?' 또 이래요 그래가지고 여기를 딱 데려왔는데, 우리 집이 11평이잖아요. 11평인데 우리 조카애가 중학생 때 여길 왔어요. 근데 하는 소리가 '이모, 이모. 그렇게 잘 산다는 게 무슨 집도 조그마하고 그래요?' 그래서 내가 그랬지. '야, 집이 크면 다 잘 사는 게 아니다, 여기는 돈만 있으면 그 순간에 나가서 먹고 싶은 거 밤중에라도 사 먹을 수 있고, 입고 싶은 옷도 마음대로 나가서 사 입을 수 있고, 내가 화장도 예쁘게 하고 싶으면 예쁘게 하고 다이어트를 하겠다면 적게 먹고 다이어트하고, 그리고 내가 어디 가고 싶으면 부산도 가고, 전라도도 가고 세계 어느 나라도 돈만 내 수중에 있으면 다 놀러 갈 수 있고.' 그러니깐 얘가 그래 가만히 있더라고.

전　　자유롭게, 개인의 노력에 의해서 살 수도 있는 사회군요.

백　　그리고 모든 문자가 흔하고 세계 어디도 내가 노력하면 다 갈 수 있고. 북한은 그런 게 없잖아요. 여기서 다른 군을 가려면 증명서라는 게 있어야 되고 뭐 이렇게 돼야 되니깐. 그러니깐 굉장히 얽매인 사회에 살지. 말하자면 딱 감옥 아닌 감옥에서 사는 격이지. 철조망 같은 데 안에서 밥 먹고 일하고. 그러니깐 여기처럼 무슨 노래방이 있기를 하나. 거의 없죠. 지방에 조금 있긴 있다는데, 없는 사람은 감히 상상도 못하는 거고. 그리고 명절이라 직장 우마(명확한 뜻은 모르겠으나, 일종의 단합대회 정도로 이해가 된다)도 하고 이런 건 있어요. 그런데 그게 좋아서 그런 것도 아니고. 어쨌든 그런 게 좀 얽매인 사회니깐 한국 사회를 좀 알아야 하는데.

전　　그런데 남한 사람들도 북한 사람들이 어떻게 사는지, 그 사회가 어떤지를 정확히 알 필요가 있겠네요.

백　　알 필요가 있지. 달라도 180도 다른 거예요. 그러니까 남한 사람들도 좀 관심 있게 북한 사회를, 뭐 정치 경제 이런 걸 다 떠나서 사는 게 어떻게 다른지 그런 걸 좀 구체적으로 알아야 돼. 지금 TV에서는 좋은 모습만 다 보여주잖아요. 예를 들면 북한의 일반 사람들은 평양을 못 가요. 거기서 평양에 들어가는 것이 여기서 미국 가는 거보다 더 힘들어요.

전　　아주 특별한 경우 아니면 거의 못 간다고 들었어요.

백　　그러니까 남한 사람들도 북한에 대해서 정말 구체적으로 관심을 갖고 알아야 되고, 못사는 데서 왔다는 그런 편견을 좀 버리고 많이 감싸주는 게 있으면 좋겠고요. 그것이 우리가 같은 인간으로서 인정받는 거죠. 이 세상에 태어나가지고 너무 차별적인 삶만 사니까 '이건 도저히 아니구나' 생각이 들었지. 그래가지고 '우리는 죽으나 사나 한국 가야 된다' 그랬지.

그녀의 이야기는 북한 사람, 북한 이야기에서 출발했는데, 종국에는 '인권'으로까지 확장되었다. 북한 사람들은 '인권'이라는 단어 자체를 모른다고 했다. 그 긴 터널 혹은 동굴 속에서만 살았으니 오죽하겠는가. 꽃보다 아름다웠을 시기에, 안타깝게도 그녀는 참혹한 청춘을 맞이했던 것이다. 그래서 그녀는 남한으로 내려온 북한 이주민들이 정착을 잘해 나중에 '인권'에 대해 소리를 높이는 사회적 활동을 함께 하기를 희망했다. 그런 역할을 가능하게 하는 나라가 대한민국이라고 말했다. 그런 것을 공유하고 서로 상담하고 TV나 강연, 책에서라도 많이 다루었으면 좋겠다는 바람을 내비쳤다.

저희는 '아무나'가 아니에요

그녀와의 마지막 인터뷰. 지난주 유엔안전보장이사회 회의장에서 오준 UN대사가 한 연설이 세간에 회자되고 있었다. 인상 깊게 본 영상이었는데, 그녀와 함께 다시 보았다. 오준 대사는 "대한민국 국민에게 북한 주민들은 아무나anybodies가 아닙니다. 대한민국 수백만 명의 이산가족에게는 아직 북쪽에 그들의 가족이 남아 있습니다. 비록 그들의 목소리를 직접 들을 수 없고 분단의 고통은 엄연한 현실이지만 우리는 알고 있습니다. 겨우 수백 킬로미터 떨어진 그곳에 그들이 살고 있다는 걸 말입니다. 유엔 북한인권조사회COI 보고서에 적힌 인권 침해의 참상을 읽으며 우리 가슴도 찢어지고 탈북자의 증언을 들으면서 우리가 그런 비극을 당한 것처럼 같이 울지 않을 수 없고 슬픔을 나누게 됩니다. 먼 훗날 오늘 우리가 한 일을 돌아볼 때, 우리와 똑같이 인간다운 삶을 살 자격이 있는 북한 주민들을 위해 '옳은 일을 했다'고 말할 수 있게 되길 진심으로 기원합니다"라고 했다. 의도한 것은 아니었으나 나와 그녀는 부지불식간에 눈물을 흘리고 있었다. 잠시 동안이었다 할지라도 그들의 고통스런 삶은 오준 대사를 통해서 내 고통스런 삶으로 옮겨올 수 있었다. 그 공감의 극점에서 그녀와 나는 먹먹했으며 지극히 자연스럽게 눈물을 흘렸다. 그랬다. 북한 주민은 '아무나'

이거나 '그들'이 아닌, 바로 '우리'였던 것이다.

(눈물을 닦은 후)

백   딸은 다른 감방에 넣어졌어. 딸은 함경 온성이란 데로 보내지면서 갈라져버렸거든요. 헤어진 게 지금 12년이 되고 있나? 2002년도에 갈라졌으니까. 아직도 못 찾고 있어요. 눈물을 너무 많이 흘려서 눈물이 말랐어. 걔 때문에. 한 일 년은 머리 들고 일어나지도 못했어요. 그래서 내가 이 세상의 모든 걸 다 내려놓고 내 건강을 지키려고 하지. 이렇게 살다보면 좋은 일도 있겠다 싶어서 사는 거지. 딸도 만날 수 있겠다 이렇게 생각하지. 근데 저런 걸 보면은 한국 분들도 북한을 모르는 사람이 많은데, 이런 분(오준 대사)들이 이런 데(인권) 관심을 갖고 있다는 것이 고맙고 그래요. 그 인권 상황이라는 것을 우리가 말로 다 표현을 못해요. 노동단련대를 두 번이나 갔다 와서. 내 그래서 이 신분증(주민등록증)이 제일 소중하다고 하지 않아요. 대한민국 국민이라는 그 자체. 나 두 번이나 북송되면서 노동단련대(여기서 말하는 감옥)에 들락날락하면서 다녔잖아요. 내가 그 인권이라는 단어 자체도 모르고, 그리고 사람을 취급하는 게 이게 과연, 하. 나도 공무원생활 하다 나왔잖아요, 직장에 다닐 때는 인권이라는 단어 자체를 모르고 살다보니까.

전   그 단어 자체를 생각할 겨를이 없었죠?

백　　당연히 '인간은 이렇게 살아야 되는가보다' '위에서 누르면 아랫사람은 순종하면서 살아야 하는구나' 그런 줄 알았지. 감옥까지 들어가서 보고 나니까 '정말 이거는 사람이 사는 데가 아니구나' 생각해서 결국 대한민국을 왔는데 그 고통을 말하자면 끝이 없어요. 내가 맞아서 너무 힘들어가지고, 다른 사람은 이해를 못하죠. 오죽하면 '제발 내 이 다리가 하나 끊어졌으면 좋겠다'고 빌었겠어요. 노동단련대에서 일하는 게 너무 힘들어가지고 그랬지. 다리 하나 끊어지면 좀 헐한(쉬운) 일 시키니까.(헛웃음) 내가 신이 없다고도 말하고 있다고도 말하는 게, '신이여, 다리는 안 부러지게 만들고 한국까지 이렇게 오게 만들어줘가지고 감사합니다' 그래. 이렇게 왔는데 나 여기 이렇게 와서 사는 자체가 너무 고맙고 감사하고 그래. 대한민국이라는 나라가 있기 때문에 우리가 이렇게 넘어올 수도 있잖아요. 만약에 대한민국도 북한처럼 저렇다 하면 우리는 오갈 데도 없고. 그냥 거기서 죽고 말아야 되잖아요.

전　　아무 희망이 없네요.

백　　희망도 없지. 근데 우리는 같은 민족으로서 대한민국이라는, 정말 인권을 존중하고 정말 자유를 누릴 수 있는 나라 자체가 있다는 것만으로도 고맙고 그래요. 이 나라가 나는 너무너무 고마워요. 그리고 거기 사람들도 내가 일한 것만큼 보수도 받고 일한 것만큼 누릴 수 있는 그런 사회가 됐으면 좋겠어요. 여기 와서 생각해보면 거기서 나서 자란 사람이나 다 똑같은 민족이잖아요. 정말 북한 땅에서 산다는 이유 하나만으로 인간 대접을 못 받으니까. 정말 생각하면 할수록 그 사람들이 너무 불쌍해요.

전　그러니까 이제 세계에서 나서서 인권에 관심을 많이 갖는 것 같아요. 그게 빨리 진전돼야 해요. 통일이 되고 난 후에도 할 일이 굉장히 많겠어요.

백　근데 어쨌든 6시간 동안 내가 이거(상담) 하면서 선생님 앞에서 내 백음(일종의 '마음'이나 '속내' 정도로 해석 가능) 속의 말을 내뱉었다고 하니까, 백음이 후련해지고 그래요. 나를 돌아볼 새도 없고 그랬는데. 근데 그것을 내가 여기서 이렇게 '쭈욱' 선생님하고 이야기하고 보니 '아, 나도 긍정적인 사람이구나, 내가 좋은 면도 있고 그러니까 다른 사람이 나를 나쁘다 할 수 없구나, 내 양심이 나쁘지 않으니까 참 좋구나' 이런 긍정적인 백음이 가져져요.

전　저도 나를 사랑한다든지 내 자신을 돌본다든지 이런 거 잘 모르고 살았는데, 여기 와서 나를 돌아보며 긍정적인 생각을 갖게 됐어요. 많이 배웠습니다.

　내가 배웠다고 한 것은 결국 그녀의 말과 인생사에 공감했다는 것이다. 공감했다는 것은 상담 시간 동안 그녀와 내가 동일시되었다는 것을 의미한다. 나 자신의 것을 비우고, 내담자의 삶을 내가 비운 공간으로 가져올 수 있을 때 공감은 형성된다. 실제로 상담을 할 때 상대방의 상처를 끌어내는 것도 힘들지만, 그 뱉어진 상처를 내 스타일로 어루만지고 다듬는 것도 만만치 않게 힘들다. 그래서 라포가 형성될 때까지 사전에 긴 시간의 만남을 갖기도 한다.

백　배울 건 없고요. 난 누구한테 알려주는 것이 좋아요. 내가 펜으로 써서가 아니라, '해보니까 경험이 이렇더라'고 하는 것처럼. 예를 들어 인간관계에서도 '이렇게 지내보니까 장점은 뭐고 단점은 뭐이더라', 친구가 시골 사람 만나 결혼이랑 이런저런 거 물어보면 '내가 겪어보니까 이렇더라' 하고 말을 하는 게 좋아요. 내 경험에 의해서 말을 해요. 난 대한민국에 온 거 자체 하나만으로도 너무 행복하고 너무 좋은 거야.(웃음) 다른 거 다 떠나서. 체제? 일단은 자유민주주의라는 것. 민주주의 그 단어 자체를 떠나서 자유니까. 예를 들어 오늘 생활할 수 있는 여건이 안 되면 나가서 일해가지고 내가 누릴 수 있는 것을 만들 수 있잖아요. 힘든 거든 아르바이트든 간에 그게 좋고. 두 번째로는 곳곳에 누릴 수 있는 게 많잖아요. 돈 안 들이고 산이라든가 건물이라든가, 다 잘해놨잖아요. 큰 돈 안 들이고도 집에서 싸온 거 가지고 어디 가서 재밌게 놀 수 있고. 또 내 마음대로 늦게 자겠다고 하면 늦게 자고 할 수 있으니까. 누가 오라 가라 하는 것도 없고. 그런 자유가 너무 좋아요.

전   북한에서는 보통 몇 시간 주무셨어요? 밤 문화는 있나요? 커피숍이 나 호프집 같은 거요.

백   아이쿠. 없지요. 여기 와서 좋은 게 우리 여자들 밥솥이 있지, 가스 가 있지, 세탁기가 있지. 청소기가 있지, 어마 이렇게 좋을 수가 없는 거야. 거기는 특히 여자들은 아침 5시에 일어나서 아궁이에 불 때가지고 밥하고. 8시까지 출근이니까 7시에 나가요. 가마솥이 서너 개 되는데 저녁에 깨끗 이 해놓고, 설거지도 못하고, 출근은 뛰어서 해요.

심리학자 아들러가 말한 대로 인간은 좀더 나은 세상을 향해 나아 간다. 어두운 곳에서 밝은 곳으로, 현재보다 괜찮은 삶의 환경을 바라 며 나아간다. 나는 서울에서 태어났다. 그 덕에 나무를 구해오거나 불 을 땐 경험이 없다. 늘 편리한 가전제품을 사용하면서도 때론 불평불 만을 늘어놓기 바빴다. 가마솥과 아궁이에 불을 땠던 그녀는 내가 만 족하지 않던 제품들을 보며 충분히 만족하고 있다. 내가 누리고 있 는 '최소한'의 것이 그녀에게는 '최대한'의 것이 되고 있었다.

전   왜요?

백   회사까지 거리가 멀잖아. 버스는 없고. 있긴 있는데 기름이 없으 니까 다니는 게 없고. 자전거도 타는 사람이 있긴 해도 별로 많지는 않으니까.

전   아침에 얼마나 걸어서 출근해요?

백   한 30분 걸어서 출근하지. 출근하고 또 저녁에는 일을 하고도 학습이란 걸 해요. 학습이란 게 김일성 주체사상, 생활총화 이런 거예요. 강사가 있어요. 김일성이 어쨌고. 또 일주일에 한 번씩 이렇게 모여앉아서 생활총화라는 게 있어요. 그것까지만 해도 좋지. 또 예를 들어 도로공사를 한다 하면 기계가 있어도 다 못해서 인력으로 해요. 자갈, 모래, 시멘트 인력, 그릇에 모아서 다 일구어 가져다가 부어야 돼요. '다섯 톤씩 해라' 하고 과제가 떨어져요. 우리 집의 신랑 애들 할 것 없이. 그럼 새벽에 애들이 밥하고, 엄마랑 아빠는 강변에 가서 자갈을 채취해요. 그릇에 모았다가 그걸 등짐에 지고 가서 쏟아놓고. 몇 개 쏟았다는 것도 쪽지를 받아가지고. 그런 과제가 너무너무 많은 거예요. 그리고 또 학교는 무료 교육이라고 해도 말이 무료 교육이지 과제가 얼마나 많은지 '돈 얼마씩 내라' '토끼 가죽을 내라' 해요. 그러면 토끼 기른 집 가서 사야 되잖아요. 그런 것들이 있고 고철을 초등학생부터 '얼마씩 해라', 공부하는 게 아니라 어디 고철 없나 주우러 다니고. 사람이 사는 게 아니지. 그러니까 나 자신을 돌아볼 새도 없고, 가정을 생각할 새도 없고 그래요. 그런데 여기 오니까 나가면 꽃동산이고, 자유롭고, 나만 먹고 쓰고, 살만 하면 밤에 10시에 자도 누가 뭐라고 말하는 사람 없고, 새벽 5시에 일어나 나가려 해도 말하는 사람 없고. 늦잠이라는 게 없지요. 거기 살 때는 나한테 주어진 과제가 많은데, 여기 오니까 너무너무 자유롭고 좋아요. 거긴 내가 몸이 아파 못하면 신랑이 하고, 신랑이 못하면 자식이 해야 되고. 정말 말로 표현할 수 없는, 말로 다 표현 못해요. 아마도 대한민국을 욕하는 사람 중에 '북한에 가서 현실적으로 한 달만 살아봐' 그러면 순간적으로 사상이 다 변할걸요.

전　못 견딜 것 같아요.

백　한 달 아니라 열흘만 있어봐도 '그 생활 그대로 살아봐라' 그러면 생각이 싹 변해요.

전　북한 주민이 미국 가는 것보다 평양 가는 게 더 힘들다면서요.

백　못 가지! 여기는 돈만 있으면 미국 가잖아요. 거기는 돈 있어도 평양 못 들어가요. 증명서라는 것이 있어요. 친척이 있거나 목적이 분명해야 하고. 한 달에 몇 장(평양에 갈 수 있는 증명서를 말하는 듯하다) 나오면 군에 이런 게 있어요. 그 인구가 10만이면 그중 누가 가겠어요. 간부나 가지. 그러니까 못 가는 거지. 나 그제 차 타고 친구랑 가면서 '대한민국 정말 살기 좋은 나라다, 북한 같으면 얼씬도 못하는데, 야 세상에 이런 대한민국이 정말 살기 좋다' 그랬어요. 거기는 너무 불쌍해요. 사람이 이 세상에 나와도 죽는 시간은 모르는데. 그래도 살아 있는 동안이라도 인간으로서 누릴 수 있는 자유를 누려야 하는데, 그 사람들은 모르고 사니까 불쌍하다 이거지. 그래서 늘 감사하며 살아요. 우리 아들한테도 그래요. '네가 앞으로 살 날이 70~80년은 되니까 일단 공부를 해라, 머리에 지식이 있어야 어디에 나가서 뭐를 하든 사물을 판단할 줄 아는 거니까 대학 공부를 해라, 많은 정보를 알고 지식을 쌓아라, 엄마는 이제 공부할 생각은 없고 그러니 여기 와서 항상 감사하게 생각하고 돈 버는 것도 열심히 해서 성공해라'라고 말해. 그곳에서 어려울 때를 생각하면 여기서 헤쳐나가지 못할 일이 없어요. 아무리 어려워도 라면을 먹든 떡을 먹든 하잖아요. 그러니까 그걸 생각하면 이 세상 못할 일이 없다니까.

전　　강한 정신력 같아요.

백　　북에서는 교육할 때 박정희 대통령 욕을 얼마나 했는지 몰라요. 엄청나게 욕했지요. 그런데 여기 와서 보니까 자유민주주의가 되게끔 기초를 만들어놓았으니. 그 이후는 그 밑바탕 위에서 한 거지. 북한도 봐요. 김일성 체제가 저렇게 만들어놨기 때문에 저렇게 무너져가고 있잖아요. 그리고 지금 계속 썩고 있고. 사람은 기초가 정말 중요하잖아요. 밑뿌리가 든든하면 위의 것이 썩어도 잘라내면 다시 새 잎이 나오고 그럴 수 있잖아요. 밑뿌리가 든든해야 되잖아요. 그거 볼 때 대한민국은 감사하고, 존경스럽고 그래요. A회관 다닐 때, 내가 이런 말을 하면 '어마, 니는 국회에 가서 앉아 있어야 될 사람이다' 그래요.(웃음)

강인함은 고난을 통과한 인간에게 부여하는 선물일까. 생활이 아니라 생존을 위해서 그녀는 강해질 수밖에 없었다. 그 질곡의 현장을 겪어냈기에, 그녀의 삶은 빛날 수 있는 것이다. 곧 자기 몸 안에 얼마나 많은 상처를 간직하고 있느냐에 따라 단단해질 수 있다. 대장간의 장인들은 쇠를 단련할 때 담금질을 한다. 높은 온도와 낮은 온도를 오가면서 단련된 쇠는 최고치의 강성을 갖게 된다. 지금 내 눈앞의 그녀가 그렇다.

전　이제 좀 다른 주제에 대해 이야기해볼까요? 복지관 다니는 거 재밌어요?

백　그럼요. 우울했던 마음이 미술로 표현하면서 풀리고 그랬죠. 예를 들어 '비오는 날에 우산을 들고 간다' 이걸 표현하면 마음의 것이 표출될 수도 있잖아요. 화분도 표현하자면 이북은 옛날에 개량종이 없고 조선에 피었던 봉숭아 꽃 정도였는데, 여기에는 개량종이 많잖아요. 새로운 것을 보니까 즐겁고 그래요.

전　집 안에 화분 놓고 키우는 거 없어요?

백　거의 없지.

전　마당 같은 데다 조금씩 심고 그러지 않아요?

백　에휴. 그런 게 있으면 야채를 심고, 옥수수를 심고, 먹을 것을 심으니까. 그러니까 그런 걸 못 누리다가 여기 와서는 내가 먹고살아야 되니까 언제 화초 이런 걸 키워. 마음속으로 '예쁘다' 하면 되지. 어떻게 키우는지를 모르지, 화분을 어떻게 하고, 이런 것을 몰라. 그러니 부케를 보고 꽃을 뚝 끊어서 만든 것인 줄만 알았지.

전　북한에는 부케 없어요?

백　부케라는 거 몰라. 난 여기 와서 처음 들었어요.

전　그럼 결혼식 때는요? 꽃을 던지고 하는 거 없어요?

백　꽃을 들기는 드는데, 그 꽃이 어떤 꽃인가 하면 종이로 예쁘게 만든 꽃들 있잖아요. 그거 들어요. 그런데 여긴 주로 생화잖아요. 그러니까 어쨌든 여기 사람들과 거기 사람들의 생활 수준이 하늘과 땅 차이예요.

　어릴 적 살던 주택 마당에 꽃이 많았다. 엄마는 꽃, 나무, 화분 등을 좋아했다. 지금도 친정집 베란다에는 화분이 가득하다. 꽃을 다듬는 건 우리 일상의 한 부분이었다. 하지만 그녀에게 꽃을 키우는 일은 없던 경험이란다. 생존을 위해서 다른 무언가에 신경 쓸 겨를이 없기 때문이다. 그녀에게는 꽃과 화분이 일종의 사치일 수 있겠다는 생각이 들자, 너무나 마음이 아팠다.

전   요즘에는 뭐 하실 때 가장 재밌어요?

백   요즘엔 특별하게 하는 게 없으니까. 산에나 다니고 그러지. 공원에서 가끔씩 뛰기도 하고. 그러니까 좋더라고요. 조깅, 시간 되면 공원을 두 바퀴씩 달려요. 또 산에 올라가면 공기 좋으니까 좋고.

전   건강 관리 진짜 부지런히 하시네요.

백   건강 관리를 부지런히 한다기보다 집에 한시라도 가만있는 성격은 아니지 (웃음) 우리는 거기서 김일성 주체사상 이런 거 너무너무 공부 많이 했는데, 하등 나한테 쓸모가 없는 거예요, 여기 와서 보니까. 선생님이 공부한 거는 다 쓸모 있는 거잖아요. 앞으로 살아가는 데. 김일성 노작이나 가계나 줄줄 외워 뭐해요. 주체사상을 내가 외워서 뭔 소용이 있겠어요. 그런 공부를 너무 해가지고 내가 이제 공부 하면 머리가 막 흔들릴 지경이에요.

전   노년에는 어떻게 지내고 싶어요?

백 　노년에는 봉사활동 하면서 인생을 즐겁게 살고 싶지요. 노년에 가만히 앉아 있을 수는 없으니까. 회사를 운영할 수도 없고 사업을 할 수도 없고. 노년에 먹고 쓰고 사는 데 지장 없었으면 해요. 또 맘이 우울하고 이럴 때는 시장에 1만~2만 원 들고 가서 이것도 사고 저것도 사고. 사가지고 와서 음식도 만들고 이러면 우울증이 없어지더라고요. 나를 버티게 해주는 것은 '좋은 데 왔으니까 건강하게 오래 살아야겠다는 마음'이에요. 이전에는 자신의 생애라든가 이런 거는 정말 생각해본 적이 없어요. 근데 여기와서 보니까 너무너무 자유스럽고 내가 노력하면 잘 살 수 있고, 내가 조금만 노력하면 건강도 지킬 수 있고, 이런 데서 오래오래 살아야겠다는 마음, 감사하는 마음이 들어요. 우리나라는 공원도 얼마나 잘 되어 있어요. 곳곳에 운동기구도 다 있고, 산 어디를 가도 등산길이 다 있고. 내가 조금 부지런하면 남보다 잘 먹고 잘 살 수 있어요. 사람이 하루에 먹어봤자 세 끼밖에 못 먹잖아요. 내 통장에 돈이 얼마나 많고 적고의 차이지, 보통 사람들 사는 모습은 비슷하잖아요. 그러니까 다 내 마음에 달린 것 같아요. 나만 좀 부지런하면 이 살기 좋은 곳에서 오래오래 살 수 있겠다 싶어요. '오늘 살다 내일 죽더라도 오늘은 팔팔하게', 뭐 이런 구호도 있잖아요. 99세까지 오늘 하루를 즐겁게 살아야겠다는 생각이 들어요.

전 　참 좋네요. 느낀 점도 좋고. 마지막으로 남한에서 태어난 사람들한테 해주고 싶은 말씀이 있으신가요?

백　　남한 사람들이 일단 편견을 갖지 않으면 좋겠어요. '이렇게 가르쳐 줘야겠구나' 하는 마음을 갖지 않으면 좋겠어요. 북한 현실에 대해 책도 많이 내던데, 읽어보면 북한 사람들이 어떻게 살아가는지 알 수도 있잖아요. 북한 사람이 어떻다, 이렇게 말하면 나도 뭐라고 설명해주고. 대화도 나누고 서로 알아야죠.

　　그녀의 노년 이야기를 들으면서 내 노년기도 잠시 상상해봤다. 그녀처럼 나도 강한 노인이 될 수 있을까. 그녀는 주로 자기 개인의 성장을 얘기했고, 어떻게 하면 인간이 자유롭고 곱게 늙어갈 수 있는지에 대한 인생 철학을 얘기했다. 다시 말해 그녀는 온전히 자기 이야기를 하고 있었다. 그런데 나는 통유리로 된 큰 창이 달린 집을 가졌으면 좋겠고, 화창한 햇살을 그대로 받는 남향 집에 푸른 정원이 있으면 좋겠다는 생각을 했다. 그리고 갈색 털의 옷을 입은 개 한 마리가 배를 깔고 정원의 잔디에 누워 있으면 더 멋있겠다고 생각했다. 생각해보니 그녀는 자신에게, 나는 내 주변 환경에 더 많은 관심과 가치를 두고 있었다. 바라보는 게 다르다고 해서 한쪽에 대해 편견을 지닐 이유는 없다. 어느 쪽이 맞고 틀리고가 아니라, 다를 뿐이니까. 그 다름을 인정해야만 서로 발전할 수 있지 않을까.

3장

꺾이면 꺾일지언정 굽어들지 않는다

"북한 여군 출신입니다"

원민형
42세 여성
중국 경유

나는 1998년도, 내 나이 스물네 살 때 넘어갔어. 중국으로 갔지, 처음에. 남조선은 판잣집이랑 거지들 많다고 배웠는데, 넘어갔던 한 사람이 '그렇지 않다'고 해. 호기심에 진짜 그런가 하고 일단 중국으로 넘어갔어. 눈 떠보니까 아무도 없더라고. 여자들 네댓 명 있는데 나 혼자 아가씨야. 다 아줌마고. 내가 예뻤지 젊고. 한 남자가 날 집더라고. 그 사람이랑 살게 된 거지. 갈 데가 없잖아. 거기서 지금 딸 하나 낳았어. 그 남자한테 다림질부터 시작해서 다 해줬어. 한국 나오겠다는 생각 하나 갖고. 방송국에 편지도 쓰고 식당 일 하면서 한국 드라마 보다가 눈을 뜬 거지, 남한 실정에 대해. 진짜 한국 잘사는 거야. 불빛이 번쩍번쩍한데 얼마나 멋있어. 도로가 쫙 뚫린 게 북한에서 들은 거랑 달랐어. 그 남자는 날 사랑한 거 같아. 그래도 난 못 살지. 얼마 전 죽었다고 들었어. 북한에서는 군인 모자가 멋있어서 아버지 반대하는데도 군대 갔어. 각 맞춰 하는 거, 나랑 너무 잘 맞았어, 열일곱 살 때 들어가서 생활 잘 했어. 지금 한국에서 딸이랑 실아. 난 성의로 살거든. 찌질하게 못 살아. 우리 딸한테 당당한 엄마가 되고 싶어. 한국 와서 사회복지 공부했어. 나이 들면 노인들 돌보고 좋지 않을까. 특별히 내가 뭐 하긴 어렵겠고. 돈만 있으면 북한에 있는 우리 엄마 아빠, 형제들 모두 빼올 건데. 오지도 않는다 하고 그러네. 나 강해 보여도 약한 여자야. 가끔 울어. 그립고 그렇지. 그래도 어째, 애 키우고 살아야지.

참대처럼 굳세게

마흔두 살의 여군 출신이라. 그것도 북한에서 내려온. 군인이라고 하면 막연하게나마 강인함과 절도 있는 동작, 단정한 군복과 단호한 말투가 떠오른다. 지금 만나러 가는 그녀도 그럴까. 군기가 바짝 서 있는 남자 군인처럼, 짧은 머리에 강렬한 인상, 웃음기 없는 얼굴과 날렵한 카리스마를 지닌 채로 나타날까. 한편으로는 멋있어 보일지 몰라도 내 입장에서는 사실 '그냥 무섭겠다'는 생각부터 했다. 그런데 곰곰이 생각해보니 나도 사실 어릴 때부터 지금까지 레이스 달린 옷과 높은 굽의 신발을 싫어했다. 엄마는 내 외모에 신경을 쓰면서 드레스와 예쁜 머리핀을 꽂아주곤 하셨는데, 그때 사진을 보면 나는 늘 표정이 어두웠고 내 입 또한 대발 나와 있었다. '여성답지 않은 여성'이라는 점에서 어쩌면 그녀와 내가 닮았겠구나 하는 기대가 생겼다.

인터뷰 일정을 잡으려고 전화하자, 그녀는 마포에 있는 보험사에서 일을 한다고 했다. 잘됐다 싶었다. 그 당시 나는 마포 가든호텔 옆 오피스텔을 빌려 '가든가족연구소'를 운영했다. 일종의 연구실이라 할 수 있겠는데, 그때는 내 공간을 확보하는 게 멋있어 보였다. 그래서 앞뒤 계산하지 않고 대출을 받아 계약했다. 사무실 간판을 달고, 책장과 원탁으로 인테리어를 했다. 자금이 부족해서 중고 물품으로 대부분을 채웠는데, 화장실 바닥만큼은 하늘색 미끄럼 방지 매트로 시공했다. 공을 들여 만든 공간을 그녀에게 자랑하고 싶은 마음도 솔직히 있었다. 역시 나는 속물인가. 뭐 어쨌든.

내 아지트에서 만나기로 하고, 마포역 3번 출구로 그녀를 마중 나갔다. 북한 여군은 어떻게 생겼을까. 그런데 에스컬레이터를 타고 올라오는 평범한 아줌마가 보였다. 날씬하지만 운동을 해서인지 탄탄해 보이는 몸매를 소유한 여자가 눈에 띄었다. 설마 저 아줌마? 짧은 머리에 다부진 체격, 절도 있는 움직임과 강한 말투는 사실상 찾아보기가 어려웠다. '안녕하세요.' 짧게 인사말을 건넨 내 말투에는 이미 실망감이 묻어 있었다. 그녀는 내가 건넨 인사말에 고개만 까딱였다. 서운했을 법한 내 말투에는 신경 쓰지 않고 시선 마주치는 것도 어색해했다. 빨리 인터뷰를 했으면 하는 바람을 내비쳤다. 뭐가 저리 급할까. 군인은 원래 저런가. 오피스텔 10층에 있는 사무실까지 걸어가는데, 시간이 어쩌나 길게 느껴지던지.

전　　여기 스케치북이 어머니 마음이라 생각하시고 우선 여기에 표현을 해보실래요? 내 마음속에 어떤 것들이 들어 있는지, 마음에 드는 색깔을 고르셔서 뭐든 한번 그려보세요.

원　　음. 그렇게 어둡게는 안 나올 것 같아요. 이걸로 분석하실 수 있어요? 분석돼요?

전 분석이요? 아니요. 나중에 궁금하면 해드릴게요. 이건 상담 아니고 인터뷰예요.

원 이렇게 꽃들도 있을 거잖아요. 여러 가지 그려도 되죠?

전 네, 그리고 싶은 것 다 그리시면 돼요.

원 오, 이게 좋네요. 이거 어디서 샀어요? 이런 거 비싸요?

전 그거 동대문 완구 도매상가에서 샀어요. 5000원인가 8000원인가 했던 거 같아요. 손에 별로 안 묻죠?

원 그러니까요. 이거 우리 딸내미한테 사주면 좋겠다.

그녀는 그림에 집중하지 않고, 색연필에 집중했다. 왜 그럴까? 설마 내가 분석해주지 않는다고 말해서 서운해 그림 그리기를 포기한 것은 아닐까. 내가 괜한 실수를 했나 싶었다. 여군이라는데 맺고 끊음이 정확해 그런가 생각하니 이해가 되면서도 살짝 서운했다. 그림을 좀 그렸으면 좋겠는데 지엽적인 것에 관심과 질문이 많았다. 사실 나는 그녀와의 인터뷰를 준비하기 위해 신당동 도매완구상가를 방문했다. 미술치료를 하기 위해 스케치북과 색연필이 필요했기 때문이다. 혼자 가려다가 조카를 데리고 갔는데, 물 만난 금붕어처럼 날뛰는 조카를 보며 낭패라고 생각했다. 그런데 '손에 묻지 않는 색연필'. 이 문구가 매력적으로 다가왔다. 그렇게 구매한 물건이 지금 그녀 손에 들려 있는데 혹시나 달라고 할까봐 내심 조마조마했다. 하필 '딸내미 주고 싶다'고 말한 대목이 무지하게 신경 쓰였다.

전   다 그리셨으면 설명해주세요.

원   여기에 태양이 비출 것이고. 근데 진짜 좋네, 이거.

전   부드럽게 그려져요?

원   되게 부드럽게 그려지네. 아무튼 태양은 이렇게 됐고요. 그림 그리기, 여기 오니까 이런 걸 많이 히디리고. 난 내제 놀음인 줄 알았어요. 막 사람 놀린다고 그랬거든. 전에도 그렇고 하나원에 있을 때에도 이런 상담했는데, 애들 놀이 같아요. 그림 그려가지고 막 뒤에 붙여놓고 그랬거든. 그래서 처음에는 놀린다고 생각했거든. '야, 우리를 얼라아이 취급하는구나' 하면서 안 좋게 생각했지. 근데 자는 없어요?

'자'를 찾았다. 자를 어디에다 쓸지 궁금했다. 다음에 여군을 만날 때는 꼭 자를 준비해야겠다고 생각했다. 그녀는 곧은 '참대'를 그리려고 잣대가 필요했던 것이다. 군인에게는 각을 세우고 잣대로 선을 긋고 기준을 정하는 게 무엇보다 중요했을 테니까. 그녀 입장에서는 직선을 대강 그리는 게 용서가 안 되는 듯했다. 그러나 '없다'고 하니 바로 수긍했다. 맺고 끊음이 명확한 점으로 봐서 틀림없는 군인 맞았다.

원 참대. 그냥 좋은 생각하고 싶어요.[*] 딴 거 없고 지금은 애를 데리고 온 지 얼마 안 돼가지고 좀 힘들고 그런 건 있지만 애가 그나마 적응을 잘 해주고 하니까. 일단 여러 가지 방과후를 신청했는데 토요일까지도 다른 걸 배우러 가야 하거든요. 일요일에는 교회도 가지. 나는 안 가면서 애를 보낸단 말이에요.

전 언제 데려오셨어요?

원 7월 말인가 8월에 데려왔던 것 같아요. 저는 3년 전에 왔고요.

전 딸은 어떻게 교회에 보내시게 됐어요? 어머니는 가시지도 않는데요.

원 그냥 지금 애들이 다 너무 이기적이라서요. 그런데 교회에 가면 음

---

[*] '참대 밭에 쑥이 나도 참대같이 곧아진다'는 말이 있다. 북한에서 주로 쓰는 말인데, '나쁜 사람도 좋은 사람들 속에 있으면 좋은 사람으로 변하게 된다는 것을 의미한다.

식도 같이 나눠 먹고 그러면서 나눔에 대한 걸 알잖아요. 나 자체부터도 북한에서 살았을 때는 이기적인 부분이 많았죠. 내 정신적인 것, 뭐 그런 게 많은데 애는 앞으로 이 사회에서 살아가야 하고 친구들하고 휩쓸리고 자기 것도 베풀 줄 알고 이런 것을 좀 배웠으면 해서 교회에 보내고 있거든요.

원　내한테서 태양이 내 딸내미죠. 애가 있음으로 해서 제가 살아가는 거죠. 옛날 같으면 귀가도 늦게 하고 친구들 모임 있으면 있는 대로 참가하고 그랬는데 애가 있고 난 후부터는 그래도 애 시간에 내가 많이 맞춰서 귀가하려고 해요. 우리 딸내미 때문에라도 우리 딸 햇빛을 받아서 내가 좀 굳세져야겠다 생각해요. 좋은 일도 많겠지만 안 좋은 일들도 있고. 구름도 이렇게 그렸지만 구름이 다 그렇게 이쁘지 않잖아요. 먹구름도 있고 뭉게뭉게 이쁜 구름들도 있는데 안 좋은 환경에서도 딸하고 나하고 의지하고 사니까. 얘도 지금 혼자고 나도 지금 홀몸이지만 서로. 잠대 같은 것도 그렇잖아요. 태양이 없으면 살 수 없듯이 서로 의지하면서 굳세게 살아갔으면 하는 바람? 그렇습니다.

전　굳세게요. 힘든데 버틸 수 있도록 해주는 힘은 무엇일까요?

원　실제로 북한에 있을 때는 제가 군인생활을 해가지고, 180명 넘는 대원이 있었어요. 상부에서 명령이나 지시가 내려오면 내 말 한마디에 다

움직였단 말이에요. 그러니까 어디에 의지한다거나 그런 것은 없었어요. 물론 상관들에게 의지한 것은 있지만 그런 걸로 스트레스 받거나 하지는 않았어요. 그런데 한국에 오니까 다른 친구들은 부모나 형제가 많이 와 있는데 저는 딸내미가 오기 전까지는 진짜 내 하나였어요. 부모 형제도 없이 그냥 고아 아닌 고아로 살아가고 있는 상황이잖아요. 만약 내가 나약해지고 옛날 생각하고 군복무 할 때처럼 잘나갈 때 생각하면 진짜 눈물 나지. 그냥 군사생활 하면 지금 내가 어떻게 됐을까 이런 생각도 들고. 그렇지만 지금은 과거 속에서 살 수 없는 것처럼 현재에서 살아야 되니까. 그러다보니 내 스스로 굳세야만 되고 또 어떤 난관에 부딪혔을 때 쓰러지지 않는 사람은 없잖아요. 실제 '꺾이면 꺾일지언정 굽히지 않는다'는 우리말처럼 내가 까무러쳐서 죽는 한이 있더라도 쓰러졌다 다시 일어나야 하는 세상이고. 물론 대인관계에 있어서 많이 중요하겠죠. 솔직히 제가 제 주위의 친구들이 내 뒤통수를 친다는 말을 못 들어봐서. 왜냐하면 내가 내 무리를 소중하게 여기니까. 저를 아는 한국인들이 그래요. '야, 여자가 무슨 남자처럼 우리냐? 우리는 남자들이나 하는 것이지. 어디서 남성화가 돼가지고' 막 이래요. 하지만 누가 나를 깔보고 무시하고 이런 걸 못 참아요.

그녀가 말하는 '굳셈'은 왠지 모르게 구슬프다. 얘기를 나눠보니 군인이었기 때문에 굳센 것이 아니라, 여자이자 엄마였기 때문에 굳센 것이었다. 여자이자 엄마는 군인보다 더 강한 존재임에 틀림없다. 여자에서 군인으로 변하는 것도 힘들겠지만, 군인에서 엄마로 변하는 것은 더 힘들 것이다. 의지할 데 없어 외로운 여자면서 오로지 딸밖에 모르는 엄마의 삶을 동시에 살아가려면, 그녀의 말처럼 '참대'여야만 한다.

전　정의롭다고 생각하세요?

원　네, 저는 정의롭습니다.

전　어릴 때부터 그러셨어요?

원　옛날부터도 그랬죠. 학급 다닐 때, 고학년은 혼합을 했거든요. 그때까지는 여자 중학교, 남자 중학교 이렇게 있었단 말이에요. 고학년에 돼서 남자와 여자를 혼합했어요. 그때는 남자애들이 다 무리지어서 다니고 자기네들 패가 있었어. 싸움을 엄청 했거든. 우리 여자들은 패가 없어서 싸움을 못했지만 혼합을 하다보니까 그때는 막 사준기잖아. 그러다보니까 여자들 꼬시고 그랬거든. 저도 지금은 애를 낳고 하다보니까 많이 늙었지만 그때는 진짜 한 인물 했거든요.(웃음) 피부도 엄청 하얬고 친구들이 왕따 시키면 내가 못 참아요. 내 친한 친구를 누가 무시하면 내가 못 참아서 몽둥이 들고 싸우고 했거든. 아무튼 제 성격은 정의롭고 옳아요. 그 사람이 상관이든 어떤 사람이든 옳다고 생각하는 것은 끝까지 밀고 나가는 성격이에요. 어떤 사람들은 그러더라고요. 싫은 것은 얼굴에 표현하지 말고 '싫어도 좋은 척, 나빠도 좋은 척'하라고. 그게 대한민국 사회에서 살아가는 전략이고. 실제로 아첨하는 사람들이 상관들에게 더 이쁨을 받겠다고 그런다고. 그래서 가끔씩은 바꿔야지 하는데 부모님과 조국까지 다 버리고 자존심마저 버리면 어찌 살겠어요. 나같이 혼자 사는 여자한테 남자들이 달려들면 군대 정신이 있어가지고 굳세게 말해요.

전   그렇게 정의로운 거, 뭐 어떤 환경적인 영향이 있었을까요?

원   그런 영향이 어떻게 있게 되는지는 모르겠지만 아무튼 어려서부터도 우리 어머니가 얘기한 것이 있어요. 내가 잘못 저지르면 막 욕하고 때리고 그랬거든. 잘못했다고 말하라 해도 난 죽어도 말 못하거든. 엄마가 그런 얘기를 했어. '니 같은 아애는 정이 없다'고. 저는 아니라고 생각하면 죽어도 아니라고 생각해요.

참대 같은 성격을 가진 그녀보다 갑자기 그녀의 가족이 궁금했다. 그녀의 성격이 어쩌면 가족 내에서 만들어진 것일 수도 있겠다 싶었기 때문이다.

전   형제가 어떻게 돼요?

원   오빠 둘, 밑으로 여동생 하나. 2남 2녀 중 셋째죠.

전　아버진 어떤 분이에요?

원　아버지는 내처럼 곧은 분. 내가 중국으로 간다 할 때 아빠한테 말도 못했어요. 아빠가 하도 빨갱이라서. 그냥 엄마한테 얘기했죠. 중국 가서 돈 벌어온다고. 아빠한텐 내가 장사하러 갔다고 얘기하라고. 아빠한테서 내가 영향을 좀 받지 않았나. 내가 아빠를 많이 닮았거든. 오빠는 우리 맏오빠가 좀 무서웠어. 위에 오빠가 둘이라 그런지 어렸을 때는 오빠들이 동생들을 되게 때렸어요. 진짜 세게 때렸어. 우리 맏오빠가 막 때렸지. 그런데 여동생이 하나니까 그냥 그래줬어. 우리 맏오빠하고 나랑 성격이 맞고 둘째 오빠랑 막내가 성격이 맞아. 둘째 오빠는 내가 잘못하면 맏오빠가 나 안 때리고 자기 때리니까 맏오빠 없을 때는 막 날 때리고 그랬거든. 그리 때리면 내가 울면서도 끝까지 잘못했다 안 그랬거든. 잘못한 건 잘못했는데, '이건 내가 진짜 맞다, 내가 잘했는데 왜 잘못했다 그러냐?' 하고 막 우겼지. 지금 생각해보면 그런 것도 숙이면 되지 않겠나 하지만 아닌 것은 또 끝까지 '내가 왜 수그러들어야 하나' 했으니까. 내가 수그러들면 이 사람들이 나를 또 막 대할 거니까. 실제로 내가 마음이 되게 여리거든. 내가 지나온 얘기나 부모님 얘기를 하면 저절로 눈물이 나고 그래요. 근데 겉으로는 항상 내가 막 남들보다 주눅이 드는 표정을 안 지으려 하고 항상 당당해야하고.

전　아, 강해 보이는 이미지요?

원   응, 강해 보이는 이미지. 처음에 남들이 나 보면 '카리스마 있어 보인다'고 많이 해요. 근데 실제로 지내본 친구들은 말하지. 눈물이 많고 마음도 여리고 그렇다고.

전   어떻게 이렇게 남한에 오시는 것을 결정하게 됐어요?

원   저 중국에서 한 10년? 12년 정도 살았어요. 1998년에 나왔다가. 1998년도에 제대해서 한 달 만에.

전   중국으로 처음 가게 된 계기는 뭐예요?

원   우리 동네에 아는, 나랑 동갑인 애가 소아마비로 다리를 절어요. 제대해서 오니까 걔가 중국에 갔다가 붙들려 왔더라고. 그때 당시는 사상 교육 받을 때 세뇌를 시키느라고 '중국 가면 막 처녀들을 피 뽑는다' '집에다가 가둬놓고 어디 못 나가게 한다' 이런 선전을 많이 했거든. 중국 가지 말라고. 걔도 그 시범에 걸린 거야. 막 붙들려 와서 앞에 나와서 맞았다고 말하고 그런 것들을 했거든. 그래서 내가 걔를 불렀다. '야, 그런 말이 맞냐?' 그러니까 '아니, 중국 가면 진짜 배불리 밥 먹을 수 있어' 막 이런 얘기를 하는 거야. '그러면 가서 돈을 벌 수 있냐?' 내가 물어봤거든. 그랬더니 '식당 가서 일하면 돈을 많이 번다' 그래. 그래서 내가 '좋다. 그럼 선 좀 놔봐라. 아는 사람 있냐?' 그래서 있다니까 선을 놔가지고 넘어왔지.

전　　되게 어렸을 때죠, 1998년도면?

원　　스물다섯 살. 그래가지고 넘어왔지. 나 스물네 살 때, 아줌마랑 같이 건넜는데 중국 와가지고 집에 도착해서 일단은 하룻밤 자고 나니까 그 아줌마가 없는 거야. 그 집에다 날 팔아넘기고 간 거지. 그러니까 그 집에서 날 산 게 아니고, 날 데리고 온 여자에게 돈을 주고 날 다른 데다 팔아넘기는 거야. 중개인(브로커) 인신매매지. 그렇게 됐어. 일어나 보니까 그 아줌마가 없는 거야. 어디 갔냐고 하니까, '갔다'고 하더라고. '그럼 나는 어떡하냐?'고 하니까 '내 상황에 대해 다 얘기를 하고 갔으니까 알아서 해준다'고 해서 믿었지. 그런데 후에 보니까 그런 데더라고. 그래서 애 아빠한테 팔려갔지. 그때 아줌마들이 몇 명 있었고 나 혼자 아가씨였어. 나보다 몇 살 위인 아가씨들도 있었는데, 애 아빠가 와가지고 날 집더라고. 날 데리고 가겠다고. 일단 데리고 갔고 살게 됐지.

　　얼마나 무서웠을까. 20대 중반의 몸으로 중국에 와서 모르는 곳에 팔려갔으니 말이다. 사람에 대한 배신감이 얼마나 컸을까. 어쨌든 애 아빠라는 사람을 만나 결혼했으니 불행이라고 해야 할지 다행이라고 해야 할지. 꽃다운 나이에 사랑하는 사람을 자신이 선택한 것이 아니라, 다른 사람에게 일방적으로 선택당한 그녀여서 마음이 아팠다. 그 서러움을 참아가면서 가정을 꾸렸고 딸 하나를 낳았으니, 얼마나 강인한가. 어쩌면 그녀는 세상에 대한 분노의 힘으로 삶을 버텨낸 것은 아닐까.

전   중국 사람이었어요?

원   중국 조선족. 말은 통하지.

전   그럼 거기서 애기 낳고 애기 아빠랑 계속 있었어요? 오기 전까지?

원   그럼. 일단은 거기서 내 성격 같은 거 다 죽이면서 살았지. 표현 안
하고 실제로 내가 신랑한테 잘해요. 바지도 다려서 입히고 그랬거든. 지금
은 그러라면 못하지. 그땐 젊은 것도 있었지만.

전   그럼 오실 계획은 언제 세우셨어요?

원   2000년도에 중국에서 우리 같은 사람들 계속 붙들고 그래가지고
KBS 방송국에 편지를 썼어요. 한 넉 장? A4 용지 넉 장 정도 편지를 썼거
든. 중국에서 KBS 방송국으로 편지를 보냈어요. 탈북하게 된 경위부터 인
신매매를 겪었는데 중국에서 북한 사람들의 삶이 다 나 같다고. 공항에서
메뚜기처럼 이리저리 피해다녀야 되는 신세인데 대한민국 정부에서는 우
리를 도와줄 방법이 없느냐고 편지를 썼어요. 그리고 한 달 뒤에 답장이 왔
어요. 왔는데 지금 처한 상황을 대한민국 정부에서도 알고 있다고 하더라
고. 중국에 있는 탈북자들이 한국에 오는 과정에서 한국, 중국, 북한이 얽
혀 있는 문제라 일방적으로 어떤 대답을 줄 수 없다는 답장이 왔고 이것을

간직하고 있어요. 그리고 언젠가는 내가 한국을 간다고 생각했죠. 그리고 애 아빠가 중국에 있을 때 날 호구했어.

전　　호구가 뭐예요?

원　　중국에서는 '호적'을 호구라고 해요. 중국에서 박 뭐시기라는 1968년생 여자가 있었는데 그 여자 호적을 샀고 그 여자는 죽은 사람 것을 샀지. 사망신고 안 한. 왜냐하면 그 여자 이름이 블랙리스트에 올랐기 때문이지. 그런데 그 이름을 내가 샀고 그 리스트는 오늘 이후로는 없어진다고 했어. 2006년부터는 그 여자 이름으로 살았어요. 애 아빠와 결혼을 하고 딸도 낳았어요. 그리고 오늘이 지나서 2011년도에 나는 우리 동네에 같이 사는 북한 여성들이 상북을 통해 한국을 가자고 한 것을 거부했죠. 호적이 없는 것도 아니고 비행기를 타고 가고 싶어서. 장춘에서 한국어 능력시험을 봤는데 내가 명단을 넣어서 시험을 봤고 합격해서 비자를 받고 한국으로 온 거예요. 그 여자 이름으로. 비자가 3개월짜리라 3개월마다 들어갔다 나왔다 할 수 있어서 일하면서 친구들 집도 방문하고 지금 한국의 형세가 어떻게 돌아가는지도 알아봤어요. 지금은 정부가 북한 사람들을 어떻게 대해주나 하는 것도 알아봐서 자수해도 되겠다고 생각했고, 딸 얼굴을 중국에서 마지막으로 보고 나와서 자수를 했습니다. 북한 사람이라고. 북한 사람이라는 증거를 요구하길래 공인증도 없고 몇십 년이 지났는데 확인할 길이 없어 KBS에 보낸 편지를 증거로 내놓았죠. 그리고 국정원에서 조사를 해서 들어온 거예요. 다른 사람들처럼 건너온 게 아니라.

　　다른 이름으로 살아가는 인생이라는 점에서 애잔함이 묻어났다. 이름이 바뀐다고 해서 삶이나 팔자가 바뀌는 것도 아닌데 말이다. 그녀에게 이름 바뀜을 당한 저 너머의 그녀는 어떠한 삶을 살았을까. 그런데 생각해보니 이름을 바꾼 그녀나, 이름 바뀜을 당한 또 다른 그녀나 양쪽 모두 평탄치 않은 삶을 살았다는 것이다. 자기 이름을 잃어버리는 것의 의미가 새삼 무겁게 다가온다. 한국에서는 개명을 비교적 쉽게 할 수 있다. 부모님이 지어준 이름인데도 자신이 원하는 이름을 선택하고 개명의 적당한 사유를 적어 내면 대체로 법원에서 승인해준다. 그런데 대한민국의 경우는 이름을 선택할 수 있는 반면, 그녀는 선택할 수 없다는 점이 다르다. 그럼에도 불구하고 공통점도 있다. 양쪽 모두가 '이름을 바꿔야 살 수 있는 삶'이라는 것이다. 갑자기 나도 한때 이름을 바꾸고 싶었던 적이 있었나 하고 기억을 더듬어보지만 다행히 전혀 없다. 예쁜 이름을 지어주신 아버지께 그저 감사하다.

전　　그래서 그때 하나원으로 들어온 거예요?

원　　국정원으로 갔죠. 조사받아야 하니까.

전　　힘든 시기를 걸어오셨네요. 그때 나를 버티게 해주었던 것은 무엇이었나요?

원   딸내미가 있기 전에는 부모님을 만나야겠다는 생각이 컸고 계속 살다보니까 부모님 생신을 까먹어서 적어놓기도 했는데 언젠가는 반드시 부모님을 만나야겠다고 생각했죠.

전   지금 북한에 계세요?

원   다 계시죠.

전   오빠 둘이랑 동생도 다 계세요?

원   네, 다 계시죠.

전   그럼 다들 나오실 계획은 있나요?

원   연락은 엄마랑만 해서 브로커(중개인)가 어머니만 데리고 나와서 통화했는데, 엄마랑 얘기해보니까 어머니는 연세가 있으셔서 고향에 묻히려고 하셨어요. 동생이 저 대신 얼마나 고생을 했겠어요. 내가 나왔을 때 맏오빠는 장가가서 집안을 나간 상황이고, 둘째는 군사 복무할 때여서 내 동생밖에 집에 없었는데 부모님 모시느라 얼마나 힘들었겠어요. 그래서 내가 동생을 나한테 보내라고 했더니 엄마가 다 결혼해서 자기 가정이 있는데 건드리지 말고 놔두라고 하더라고요. 동생은 목수를 만나 잘 살고 있는 것 같았어요. 북한에 다시 들어가서 부모님을 만나야겠다고 생각했죠.

'엄마' 얘기가 나와서 잠시 망설였다. 좀 더 얘기를 끌고 가야 하나, 멈춰야 하나. 파고들면 당장 그녀의 눈동자에서 눈물이 뚝뚝 떨어질 것 같아서 그랬다. 마음 아픈 얘기를 더 듣고 싶지만, 마음 아파하는 그녀를 더 끌어안아야 할 때가 있기에 그렇다. 그래서 인터뷰가 종종 잔혹할 때도 있다. 이럴 때 나는 깊이 있는 인터뷰가 서로에게 도움이 되지 않는다고 판단한다. 바로 연구의 핵심적인 주제로 넘어가야 한다.

전　　그러셨군요. 이제 선생님의 심리적 자원에 관해서 이야기해보면 좋겠어요. 선생님 마음에 어떤 자원들이 있을까요? 뭐 예를 들면 중국을 통해 어렵게 입국하셨지만 '참대'라고 표현하신 것 보면 '나를 지켜야 한다'는 의지 같은 게 보이거든요. 그쵸? 무엇이든요.

원　　자랑인지는 모르겠는데, 제가 머리 좋은 것은 사실이에요. 학교 때도 반장을 하고 이래갖고. 머리 쓰고 이렇게. 아무튼 그런 게 조금 있으니까 암송, 암기 공부 같은 거를 하면 대강대강 해요. 대강대강 읽어보는데도 머리에 들어온단 말이에요. 지금은 나이를 먹어가지고 안 되지만. 옛날부터 머리가 좋다 그랬어요. 지금도 대학 같이 다니는 친구들도 다 저보고

'머리 비상하다'고 얘기해요. 그런 게 저한테는 능력이라면 능력인 것 같고. 또 남을 이렇게 다스릴 수 있는 파워나 리더십 같은 게 좀 있어요. 그러니까 일단 무슨 일을 맡았다 하면 그걸 깔끔하게 해야지, 두리뭉실하게 끝내면 잠이 안 오고 그러거든. 마무리를 깔끔하게 끝내야지, 안 그러면 계속 막 신경을 써. 곤히 자다가도 꿈에서 나타나거든.

전　　근데 인생에서 마무리가 안 되는 일이 굉장히 많지 않나요?

원　　그렇죠. 그러니까 뭐 여기 한국에 오기 전 북한에 있을 때는 밑의 애들한테 시키면 다 해결이 됐던 거잖아요, 안 되면 내가 그거를 막 꾸중한 단 말이에요. 추궁을 하고 했는데. 지금 대한민국에서는 그게 아니잖아요. 내가 뭐 어떤 꼭대기에 있는 것도 아니고. 현재는 바닥인데. 그런데 조금 일 례가 된다면 내뿐만 아니라 상대방이, 나를 보는 사람들이나 언니들이 나 보고 리더십이 있다고 얘기한난 날이에요. 그리고 남들처럼 이면성 이런 게 없어요, 저는.

전　　솔직한 거요?

원　　그치. 있는 그대로를 얘기하고 이 상태에서 니들이 좋으면 좋은 거 고, 싫으면 그냥 친구를 그만두는 거고. 그렇게는 말을 안 하지만 제가 그렇 죠. 항상 남자든 여자든 상관없이 친구지간이든 부부지간이든 일단 속이면 안 된다 이렇게 생각하거든요. '거짓이 없어야 되고, 내가 너한테 솔직하게 얘기한 만큼 니도 나에게 솔직하게 대해달라, 물론 사람들마다 비밀은 있어, 그게 내하고 관계없는 비밀이면 니가 감춰도 돼, 하지만 내하고 관계있는 비밀은 내하고 무조건 얘기하라'라고 말하지. 그래가지고 주위에 친구들이 통수치거나 그런 건 없었어요. 근데 여기 와서 딱 한 명이 지금 내 뒤통수 하나를 채가지고, 참 좀 안 좋아. 내가 지금 그래.

전　　친구가요?

원　　응. 뒤통수 딱 채가지고 그냥 그때 완전 뚜껑이 열려가지고 그랬거든. 내는 이때까지 친구한테 배신 때려보고 배신 받아보고 그러지를 않아, 난 상대방이 내한테 그렇게 등에다 비수를 꽂지 않는 이상은 친구를 내치지 않거든요. 의리 있게. 걔들하고 헤어진 지 3년이 넘어도 내가 계속 연결하고 있거든. 누가 그렇게 해요? 한국 와서 돈 나가는데 누가 그렇게 해요? 걔들도 내한테 잘해주고 하니까 하지.

전　　힘들 때 또 힘이 되는 것들이 있어요? 나를 버티게 해주는 어떤 원천 같은 거?

원　　지금은 우리 딸내미가 그렇고. 옛날에 여기 오기 전까지는 우리 딸을 데려오기 위해서 살았던 것 같아. 신랑하고도 싸웠는데 애를 안 준다고 싸우고 뭐 진짜. 니가 홀래홀려가지고 내가 니하고 살았으니까 애 데려오라 해서 딸을 데려왔단 말이에요, 애를 데려와서 말했지, 갈라지자고. '니나 내나 잘못된 만남이니까 니는 니 좋은 사람 만나고, 나는 내 좋은 사람 만나자, 근데 애는 무조건 나를 달라'고 했지. 그래가지고 또 싸우고 애 아빠가 막 날 죽인다고 하고. 여잔데도 내 머리 깐다고 아주, 한국에서 그랬다고. 한국 와서도 내가 '저 국정원에 조사 받으러 들어가겠다'고 하니까, 애 아빠가 부엌 가서 칼 두 개 들고 들어오고, '니 죽고 내 죽고 하자'고 했어. '니는 국정원 하고 나오면 무조건 내하고 안 살거라'고. 애 아빠하고 내하고 하면 애 아빠가 키운다고 그랬거든. 계속 애 아빠가 기른다고 그랬으니깐. 애 아빠가 불안했던 거지. 못 들어가게 될까봐. 아직도 생각하면 미안하긴 하지. 내 이랬든 저랬든 중국에서 내가 힘들 때 그 사람이 많이 도와주기는 했는데, 미안한 것 때문에 내 인생 이렇게 살기는 그렇고. 그냥 그 사람한테 팔려갔다는 어떤 간판 이력이 계속 남아 있잖아, 그 사람하고 살면.

한 남자의 아내이기는 하나 사랑이 없어서 아내이기를 포기하고 싶었을 찰나에 딸을 갖게 된 그녀. 과연 그녀는 사랑 없이 만들어진 딸을 임신한 것에 감사했을까? 그러나 그녀는 사랑 없이 만들어진 딸이 성장하면서 사랑받지 못할까봐 아낌없이 사랑을 주었던 것이다. 아이러니하게도 그녀는 스스로 '아내'이기를 포기하고 '엄마'를 선택했다. 그러자 그녀는 삶의 에너지를 딸로부터 받게 되었고, 살아야겠다는 의지가 생겼다. 엄마의 탄생이란 이렇게 위대한 것이다. '새 인생을 선택하지 왜 그러셨냐?'고 묻고 싶었지만 참았다. 왠지 그러면 안 될 것 같았다.

전　어쨌든 사시면서 그 남자를 보는 시각도 변하지 않던가요?

원　싸웠어요. 안 좋은 게 많아가지고. 물론 살다보면 좋은 것도 있지. 그 사람도 날 엄청 사랑해. 엄청 좋아하고. 진짜 해지생활 돼도 전화해서 막 왕왕 울었던 거. 흑흑흑 이러면서 막 울더라고. '내 없으면 어디 가서 여자 못 만난다, 당신만 한 여자 어디 가서 만나겠냐, 자기가 죽으라면 죽는 시늉이라도 할 거니까 자기를 제발 버리지 말라'고 그렇게까지도 했거든. 그런데 중국에 있을 때 싸우면 내가 잘못해서 싸운 게 하나도 없거든. 이 사람이 도박 놀고 그러면서 싸웠지. 내가 그때부터 마음을 굳혔어. 한국 가면 정말 정리를 해야겠다, 그런 생각을 했어. 여기 와가지고 그렇게 해버렸지. 내 생각을 실현으로 옮겨버렸는데, 미안한 것도 많지.

전　북한에서 생각했던 남한과 남한에서 경험한 이곳의 모습이 많이 다르셨는지 궁금해요.

원　저는 중국에서 와가지고 한국 드라마를 많이 봤어요. 위성으로 그 뭐냐, 솥뚜껑 같은 위성안테나를 해가지고 한국 드라마를 보거든요. 그걸 보면서 '한국이 우리가 생각했던 한국이 아니구나' 생각했죠. 남조선이라는 게 사람들이 옷 입고 다니는 것도 진짜 많이 그러고. 중국에 오니까 한족들이 한국으로 돈벌이 가더라고요. 그래서 '이 나라가 진짜 잘사는 나라 구나' 하고 생각했던 거지. 그리고 제가 중국에 와서 북한의 그 저 뭐야, 우리말로 하면 뭐라 그래야 되나 간단히 말하면 간첩 있잖아요. 그 간첩이 비행기 폭파된 거, 그거에 대해서 쓴 책을 봤어요, 중국에서. 그리고 이제 김정일이는 안 좋게 생각하지만 김일성은 그렇게 나쁘지는 않았던 거 같아요. 좋게 말하면 그래도 먹고살게는 해줬고 그랬는데, 김정일이 올라와서 바닥을 쳤단 말이에요. 그러니까 진짜 뭐 그렇게 생각했는데 책을 딱 보니까 조국이라는 게 뭐 필요하나 생각이 들었어요. 한국에 붙들려 있을 때 일본 사람이라 말했다가 중국 사람이라 말했다가 결국에는 북한 사람이라 말했단 말이에요. 그 심문 당하면서 말이지. 근데 북한에서는 '우리는 그런 사람 없다' 하는 거예요. 그랬을 때 배신을 느낀 거지. '내가 조국을 위해서 얼마나 노력했는데 니네는 진짜 나를 아니라'고 하고. 그래서 '그게 맞구나, 어떻게 이럴 수가 있을까' 생각해서 한국에 딱 비행기 타고 들어왔잖아요. 인천에서부디 미스 타고 믹 들어오는네 신싸 멋있더리고요. 중국에 갔을 때도 처음에 반짝반짝하거든. 거기도 진짜 아파트들도 늘어서고. 근데 중국보다 여기가 아파트들이 더 높고 도로가 잘 되어 있는 거예요. 중국은 도로가 울퉁불퉁하고 그래.

전 공기도 나쁘지 않나요?

원 우리 쪽은 공기가 나쁘진 않았어요. 중소기업들이 없어가지고. 그런 건 없었는데 도로가 안 좋단 말이에요. 그 나라 경제가 성장했는지 알려면 도로를 먼저 보래요. 길이 어떻게 되어 있나 보면 답이 나온대요. 경제가 얼마나 발전했는지 나온대요. 그래서 한국에 와보니깐 도로가 싹 뚫려 있는 거예요. 너무나도 깨끗하고. 나 중국에서 살다가 이번 7월에도 우리 딸내미 데려오려고 갔는데, 2박 3일로 갔다 왔지만 못 있겠는 거예요. 더러워서. 완전 덜커덩거리는 고물차들이고. 길이란 게 아주 울퉁불퉁 먼지 풀썩풀썩 나지. 공중화장실 가면, 원래 이렇지만서도 화장지란 게 없어요. 중국 공중화장실 가려면 본인 화장지를 챙겨가야 돼. 근데 우리는 지하철 가면 다 화장실 되어 있지, 청소하는 사람 있어가지고 깨끗하지. 한국에 오니까 10미터에 하나씩 화장실이 있어. 너무 잘돼 있는 거야. 깜짝 놀랐지. '이런 나라에서 우리를 어떻게 대해줄까' 그런 생각을 많이 했지. '내가 TV에서 봤던 판잣집이고 거지들이 욱실거리고 그게 다 아니구나' 생각했지. '세뇌 교육 하려고 그런 거구나' 하고 깨달았지.

그녀는 한국 화장실을 통해 한국에 대한 깨끗한 이미지를 갖게 되었다고 한다. 게다가 마음 편하게 배설할 수 있게끔 화장지가 놓여 있는 걸 보고 '잘사는 나라'라는 확신이 들었을 것이다. '화장실' 하니까 내게도 에피소드 하나가 생각난다. 프랑스 파리에 단짝 친구가 산다. 그녀 덕에 파리에서 2주가량 머물렀는데, 지하철 화장실을 가려고 하자 돈을 지불해야 한다고 했다. 심지어 맥도널드에서 햄버거를 먹다가 화장실을 가려고 하자, 구매한 상품 영수증의 비밀번호를 눌러야만 출입이 가능하다고 했다. 화장실을 마음대로 이용할 수 있는 대한민국에서 태어난 것이 뿌듯해지는 순간이었다.

전　막상 와보시니까 남한 사람들이 대하는 것은 어땠어요?

원　전 처음에 하나원에서 나와가지고 중화요릿집에 들어갔어요. 한 6개월간. 북한에서 왔다고 말 안 했어요. 그냥 '중국 교포다'라고 말했어요. 그때 12월에 TV에서 김정일 죽었다고 나오더라고. 그 중화요리 사장도 화교거든요. 그런데 '북한 사람들 어쩌고저쩌고, 북한 사람들 못사는데' 그런 얘기를 하는 거예요. 내가 북한 사람인 걸 알면 안 했을 텐데 모르니까. 근데 그 사람은 화교니까 상관없는데, 제가 한국 와가지고 한국 친구들도 많이 대해봤지만 한국 여자친구들은 다 괜찮아요. 제가 알고 있는 한국 친구들 진짜 괜찮거든요. 좋은 사람들이 많지. 많지만 그렇게 사기당한 친구들이 주위에도 있단 말이에요. 한국 사람들, 좋은 사람들은 좋아요. 그런데 북한 사람들에 대한 편견이 없다고는 말 못해요.

전　그런 것 때문에 어려우신 적 많을 것 같아요. 약간 무시하고, 아래로 보고. 그런데 북한에서 어떻게 군인을 지원하게 됐어요?

원　저는 원래 대학에 지원했는데 점수 3점 모자라서 못 갔어요. 그래서 군대 나오겠다고 지원했지. 남자들은 대부분 키가 작든 말든 다 내보내요. 여자들은 신체검사를 엄청 엄격하게 해. 뭐 막말해서 처녀막까지 다 본다고. 성관계 가졌나 안 가졌나 하고, 처녀막 터졌나 안 터졌나 하고. 완전히 쫄딱 벗고 신체검사 하지. 여기서는 어떻게 하는지 모르겠는데, 그렇게 해가지고 나라를 위해서 충성을 바치고 왔습니다.

놀라웠다. 군 입대와 처녀막이 무슨 상관이 있을까. 정말 북한에서나 가능한 일이라고 생각된다. 나는 개인적으로 군대를 가본 적이 없어서 이해가 안 되지만, 그렇다고 저런 현실을 이해하고 싶지도 않다. 한국 여성이 만약 여군에 지원하려는데, 북한처럼 성관계와 처녀막의 유무를 검사당한다면 아마도 군 입대를 포기할 것이다. 지금 시대가 어느 시대인데. 같은 여성으로서 한편으로는 비참하고 참혹했다.

전   군대생활 중 기억나는 거 있어요? 혜택을 받은 것이 있는지도 궁금하고요.

원   저는 표창, 휴가 같은 것도 받았죠. 제가 훈련을 잘했어요. 그때 산을 타고 했던 경험이 있어가지고 지금도 산을 잘 오르죠. 30킬로짜리 배낭 메고, 무장을 하고 총 같은 거 막 이렇게 인단 말이에요. 그런 데서는 내가 여자니까 좀 딸려도, 총 들고 격술하고 태권도하고 창격전하고 총격전 이런 거, 총 들고 하는 건 내가 잘했어요.

전　창격전이 뭐예요?

원　총 들고 이렇게 하는 거, 훈련하는 거. 이렇게 바뀌면은 내가 먼저 배워서 와서 밑에다가 내가 보급을 한단 말이에요. 그런 것도 하고, 그때는 진짜로 고생했고. 내가 남자랑 1:3으로 같이 훈련하고 진흙 훈련도 하고 그랬거든요. 그러다가 남자애 가운데를 발로 차놔가지고, 훈련하다가 모서리 막아야 되는데 안 막아가지고 발로 차놔가지고, 그 후에 장가를 갔는데 애 못 낳았다고 그러더라고요. 있었으면 내가 데리고 살았을 건데. 농담이고.(웃음)

전　남한에서 지내면서 좋았던 점은 어떤 것들이 있어요?

원　자유스러워서 좋죠. 내가 어디로 쏘다니고 싶은데 쏘다녀도 누가 뭐라 안 하고 내가 하고 싶은 말 '이런 씨팔, 족팔' '저거이 저거 생긴 거 저봐라' 이렇게 말해도 뭐 누가 붙들어가요? 그 남자 있죠? 이명박이 대통령 할 때인데 그 사람이 '저거 생긴 거 봐, 저 눈 아주 모지리같이 째져놔가지고' 해도 누가 뭐라 안 하고. 내가 막 욕했지.(웃음)

전　표현의 자유가 있죠, 여기는.

원　그렇지. 언어의 자유 그게 너무 좋았고, 그리고 숨어 다니지 않아도 된다는 것. 옛날에 중국에 있을 때는 '앵앵' 소리만 나도 겁나가지고 도망치고 그랬거든. 어디 숨고. 지금은 뭐 지나가도 내가 죄 안 지었으면 당당하고, 당당하게 사니까 죄를 안 짓고 그래. 어디 가서 따지는 것도 내가 당당하니까 따지는 거지. 당당하지 못하면 따질 수 없잖아요. 그러니까 좋은 세상이지. 이제 뭐 남자친구도 제대로 된 거 하나 만나가지고 '같이 놀자' 하면 '알았어, 놀자' 이러는 사람 만나는 게 소원이죠. 우리 딸내미한테 잘해 줄 수 있는 사람 만나는 게 소원이고. 딴 게 있겠어요? 우리 딸내미 걱정 없이 잘 컸으면 좋겠고, 아빠 없어가지고 그게 마음이 아프지. 하루는 딸내미가 내보고 그러는 거예요. '엄마, 선생님이나 친구들이 내보고 아빠 어디 갔냐고 물어보면 뭐라고 대답해?' '뭐라고 대답하기는, 아빠 천국 갔다 그래야지' 내가 그랬단 말이에요. 그런데 딸이 '싫어' 그러는 거예요. 오늘 선생님이 자기보고 물어보더래요. 그래가지고 '니 뭐라고 대답했어?' 하니까 '중국에 계신다'고 했어요. '아빠 안 계신다' 그러면 선생님이나 친구들이 자기를 업신여겨 볼까봐. 딸이 또 그래. '엄마, 앞으로 나한테 아빠 얻어줄 거지? 그때 가서 이게 내 아빠라고 이야기하면 되지.' 그 말 듣고 내가 얼마나 가슴이 아팠겠어요. 그래서 이 얘기를 친구들한테 하니깐 '야 그게 아홉 살짜리 입에서 나온 말 맞냐?'고 하더라고. 다들 내가 지어낸 말인 줄 알고 그랬어.

'가족'이라는 키워드는 참으로 어렵다. 나 스스로도 가족학을 연구한 박사이지만, '가족'이 제일 어렵다. 마치 문학박사가 '문학'을 제일 어려워하듯. 역사적으로 가족은 그 개념뿐만 아니라 구성원, 형태, 기능, 역할에 따라 다양하게 해석된다. 그녀의 가정처럼 부모의 한쪽이 부재한 경우를 '한부모가족'이라 한다. 오늘날에는 이런 형태의 가족이 흠이 되는 것도 아니지만, 그녀 입장에서는 '엄마-딸'의 일직선 구도에서 '아빠-엄마-딸'로 이어지는 삼각구도를 딸에게 선물하고 싶은 것이다. 그런데 어떤 가정은 '아빠-엄마-딸'로 이어지는 삼각구도를 '엄마-딸'의 일직선 구도로 바꾸고 싶어하기도 한다. 그래서 그녀에게 조심스럽게 묻고 싶다. '과연 딸에게 새 아빠가 생기면 행복할까요?' 그런데 지금은 그녀와 딸에게는 '행복합니다'가 답이라고 말해주고 싶고, 그래야 할 것 같다. 왜냐하면 그녀의 입초리가 승천하듯 위로 올라갔기 때문이다.

쯔신더워, 자존심 넘치는 나

첫 만남에서 여군에 대한 일종의 두려움 같은 것이 그녀 덕분에 꺾였으므로 두 번째 만남은 제법 편안했다. 모든 일이 그렇듯, 선입견이나 편견을 지니는 것은 좋지 않다. 그녀로 인해서 내 태도를 다시 한번 점검하게 됐다.

전   오늘은 조금 더 구체적으로 마음의 자원들을 하나씩 찾아볼까 해요.

원   제가 생각하는 정의는 옳고 그름이라는 것을 판단하는 거예요. 근데 내가 어떤 직위에 있는데, 다른 사람이 직위가 없다고 해서 옳지 않은 것을 옳다고 강요하면 안 돼요. 상부하고 하부라는 게 있잖아요. 상관하고 하관이 있듯이. 군대로 치면 상관하고 하관이잖아요. 내가 상관인데, 병사가 하관이라고 해가지고 귤을 놓고 '이건 사과야' 하면 병사가 '사과입니다' 해야 되는 게 아니고, 이게 만약에 귤이면 '이건 귤이지 않냐, 왜 귤인데 사과라고 하냐'라고 하는 것이 정의라고 생각하거든요.

전   아, 진실을 말하는 거요?

원　그것도 그렇고. 친구들이 얘기하는 게 있어. 대한민국에서는 한국 언니들이 웬만하면 총대를 안 메려고 한대.

전　맞아요. 그냥 묻어가려고 하는 사람들 있어요.

원　그렇지. 그냥 묻어가서 '네가 그렇게 길을 열어놓으면 우리는 그냥 따라간다'는 식이지.

전　네. 싫은 소리 못하고.

　살면서 이런 비겁한 언니들을 많이 봐왔다. 나는 그런 유형의 언니들을 싫어해 지금도 거리를 둔다. 솔직하고 정직한 것이라는 판단이 서면 나는 앞뒤 안 가리고 달려든다. 궁금한 것은 직접 전화해서 해결해야 하고, 물불을 안 가리며 선신하는 스타일이다. 에둘러 말하지 않고 직진하는 편이라서 종종 '남을 배려하지 않는다, 덜렁댄다, 너무 조급해하지 마라' 등등의 소리를 듣기도 한다. 그래서 나는 한때 '전다르크'라는 별명을 얻기도 했다. 그런데 지금 그녀가 나와 비슷하다. 한마디로 '딱 내 스타일'이라는 얘기다.

원　상관의 말에 따르면 상관의 눈 밖에 안 나고 좋지. 분명 좋은 길이야. 근데 내가 나서 버리면, 그 사람 눈 밖에 나면 여기서 말하는 괘씸죄라는 게 있잖아요. 그게 적용될까봐 안 나선다는 거죠. 누가 '저 사람이 분명 총대 멜 것 같아, 저 사람 정말 정의로운 사람이야' 그러면 옆에서 으쌰으 쌰 해주고 자기는 묻어간다는 거예요. 그러니 나보고 '왜 하필 총대를 메냐' 얘기를 하더라고.

전　그러게. 왜 총대를 메세요?

원　나는 여기 와서 총대 멘다는 말을 들었지. 내 눈에 아닌 것이 딱 띄었으면 난 그 자리에서 그걸 딱 까야지, 그냥 교수이기 때문에 상관이기 때문에 넘어가는 거는 아니라고 생각하거든요.

전　근데 그 용기가 어디서 나온 거예요?

원　어려서부터 몸에 밴 것도 있겠지만 군대에서 훈련받은 영향이 있고. 뭐 진짜 어디 가서 자기 할 말을 못하고 살면 그렇잖아. 솔직히 제가 어디 가서 나서면, 나보고 '바보'라고 말하는 사람이 한 명도 없어요. 나보고 다 진짜 '눈 보면 살아 있다'고 그래요. 내가 지금 우리 딸을 데리고 있지만 진짜 밖에 나가서 바보 취급 당하고, 엄마라는 게 바보 취급 당하고 그러면 남들 손가락질이나 받고 살겠죠. 딸애도 중국에서 와서 적응하기 힘들 건데 진짜 내 기대에 맞게 너무 잘하고 있어요. 그래서 애한테 좀 그렇게 당당한 엄마이고 싶고, 솔직하게 하고 싶고 그래요. 아니 몸매가 뚱뚱하다 해도 당당해야 된다고 생각해요. 나는 정의라는 게 그렇다고 봐요. 항상 내가 당당하고 도도한 거. 내가 인물 잘나가지고 당당하고 도도한 게 아니라 옳은 건 옳고, 그른 건 그르다고 가릴 줄 아는 그런 게 나를 도도하게 만들고 당당하게 만드는 것 같아요. 그게 정의가 아닐까.

전　와, 진짜 멋있어요.

원　멋 없습니다.(쑥스럽게 웃음)

전　그다음에 밀고 나감? 굳셈? 참대로 표현해주셨던 거 있죠? 내 마음의 꿋꿋함이라고도 표현해주셨는데 구체적으로 뭘까요?

원　굳셈에 대해서? 북한에서는 조직의 비밀을 끝까지 지키고 그런 걸 되게 굳세다 그러죠. 그런 말도 했어요. '꺾이면 꺾일지언징 굽어들지 않는다.'

전　군대에서 배우신 거예요?

원　그렇지. 아니 군대 내에서뿐만 아니라 학교에서부터도 그런 세뇌 교육을 많이 했단 말이에요. 솔직히 진짜 그렇잖아요. '꺾인다는 거는 내가 죽으면 죽을지언정 너한테 굽어들지 않는다' 그거거든. 근데 그게 너무 강하지 않겠나 그런 생각을 많이 했는데, 또 어떤 때는 그게 내가 진짜 옳은 거를 굳세게 밀고 나가는 것이라고 생각하니까 편해. 지금 사람들은 대개 보면 내밀었다가도 위에서 내리밀면 내리깔잖아. 나는 그러지 않는 거지.

전   위에서 누르면 흔들리기도 하고 그러죠.

내가 마포에 '가든가족연구소'라는 공간을 마련했던 이유 중 하나가 바로 '흔들리지 않기 위해서'였다. 시스템 안에서 나는 항상 하부에 위치해 있었기에 부당한 대우를 받기도 했다. 젊을 때야 그러려니 하고 버텼지만 나이가 들고 보니 내 성격과 맞지 않은 일을 할 때면 스트레스가 쌓였다. 그래서 내 성질을 못 죽여 다툼도 잦았다. 그렇다고 해서 남에게 뭔가를 명령하고 시키는 것도 체질에 맞지 않아서 그냥 내가 하고 싶은 것은 하자는 생각으로 연구소를 차리게 되었다. 그녀의 말에서 내 과거의 모습이 떠올라 반갑기도 했지만 다른 한편으로는 민망하기도 했다.

원   주눅이 들고 작아지잖아요. 그러니깐 어찌 보면 내가 버티면서 살아갈 수 있는 게 혹시 우리 딸내미 때문 아니겠나 그런 생각도 들고 그래요. 원래 몸에 있었던 성격이 중국에서 12년 살면서 다 죽었거든. 중국에서는 죽일 수밖에 없었고. 활동 이런 거 아무것도 없고 그랬으니깐. 지금은 언어적인 자유가 많고 그다음에 또 실제 행동적으로도 자유가 많잖아요. 가고 싶은 데 가고 이러니깐. 중국에서 내가 눌려 있던 게, 그게 확 이렇게 솟구치지 않았나 생각해요. 그 반발이. 그러니깐 중국에 있을 때는 경찰차가 지나가면 주눅들고 어디로 피해야 하지 걱정했단 말이에요. 그런데 지금은 내가 너무나도 당당하니까 잘못하지 않았으면 싸우고서라도 이기고 싶은 오기가 막 생기네. 그러니깐 그게 참대가 아닐까. 북한에서 우리가 말했던 '꺾이면 꺾일지언정 굽히지 않는다'고. 그게 그렇게 굳세게 살아가는 발판이 아닐까 싶어. 우리 딸내미 덕분에 내가 이렇게 강하게 살아야 해. 솔직히 여자가 애만 데리고 사는 걸 알면 남자들이 주위에서 가만 안 놔두거든. 그래서 내가 이렇게 당하게 살아야 되겠다 하니까, 우리 딸내미 때문에라도 혹시 그러지 않겠나 생각해.

전   당당한 엄마이고 싶은 거군요.

원   당당하게. 어떤 남자가 들어와서 같이 살지라도 진짜 뭐 그놈한테, 어떤 사람이든지 간에 내가 주눅이 안 들고 그 사람한테 당당할 수 있고 우리 딸내미한테 기를 채워줄 수 있는 그런 엄마. 솔직히 뭐 나 좋다고 따라다닌다 해가지고 다 살아줄 수는 없는 거잖아요. 잘못해서 또라이 같은 새끼 들어와가지고 딸애를 잘못 건드리면, 내가 내 성질에 그놈 죽여버리거든. 딸을 그렇게 다쳐놔버리면 진짜 죽이지.

그녀는 실제로 어떤 남자와 연애를 했다. 그 사람이 종종 딸의 방과

후 일정을 돌봐주었다. 그녀가 그 남자에게 화난 건, 딸아이가 사과를 깎는데 그대로 내버려두었다는 이유였다. 아이가 칼질을 하면 옆에서 어른이 챙겨줘야 하는데, 그 남자는 그러지 않았다는 것이다. 그래서 그 뒤로 헤어짐을 결심하고 그 남자에게 대놓고 '또라이 새끼'라고 말하고 그쪽 온 가족에게 '가만두지 않겠다'고 협박했다고 한다. 그 이후로 남자는 도망갔다.

전   괜찮은 사람 만나시면 좋을 텐데요.

원   그러니까. 그런 사람을 얻는다는 게 그게…….

전   마음대로 안 되죠.

원   쉽지 않아요. 내가 도도하니까 요거를 어떻게 한번 해가지고 '뭐 니 얼마나 센가 한번 보자' 하는 사람들도 있을 거란 말이에요. 내가 하도 도도하게 나오니깐.

전   지난번에 말씀하셨는데요, 머리가 좋다고 생각하세요?

원   솔직히 학교 다닐 때도 학번장 하고 공부는 잘했다고 그랬거든요. 그렇다고 열성 부리는 것도 아닌데.

전　　좀 빠르신 것 같아요.

원　　네, 평상시 공부 열심히 하고 그런 스타일도 아니지만. 저는 땡땡이도 잘 치고 놀기도 좋아하거든. 그래도 시험 치면 이랬든 저랬든 간에 시험 며칠 전부터 쫙 공부한단 말이에요. 전 암기 같은 것도 안 해요. 읽어보면서 '아 그렇구나' 해가지고 풀이하고 써버리거든. 옛날에 우리는 1월 1일 신년이 되면 김일성 신년사를 해요. 그게 신문으로 쫙 나온단 말이에요. 신년사 보고 집에서 놀지. 신년사 나오면 다 암송해야 돼. 신문 한 페이지를 다 외워야 돼.

전　　왜요? 다요?

원　　에휴. 그 신년사 가지고 또 신년사 암기 경기 하고 그런다고.

전　　누가 확인해요?

원　　당연히 암송한 걸 다 확인하지. 내가 그 검열하는 사람이면 앞에서 그거 외워야 되지.

　　참으로 놀랍다. 신년사를 암송해야 한다니. 어느 나라든 신년이 되면 수상이 나와 인사말을 한다. 그것은 국민에게 건네는 덕담이기도 하지만 그 한 해에 있을 정책에 대한 언급이기도 하다. 그래서 가볍게 넘기는 경우가 많은데, 만일 북한처럼 그 신년사를 국민이 다 외워야 하고, 그것도 모자라 대회까지 열어 확인하는 장을 만든다면 얼마나 억압적인가.

전　살다보면 우울증에 빠지기도 하고 그러잖아요.

원　많죠. 그런데 대부분 보면 솔직히 나 같은 사람도 우울증 많이 빠지거든. 사람이라는 게, 나처럼 쾌활한 성격이라고 해서 우울증 안 걸리고 그건 절대 아니거든요. 솔직히 어찌 생각해보면 쾌활한 사람이 속이 여리기 때문에 곧 빠져버려요 우울증에.

전　오히려 그런가요?

원　그렇지. 자존심이 강하지, 이거 또 남들이 날 어떻게 생각할까 이런 것 때문에. 뭐 그런 기피증이라는 게 있잖아요. 집 안에 틀어박혀보면 우리 같은 성격에는 아예 그 자리에서 폴싹해버리거든. 그러니깐 성격이 소심한 사람들은 원래 조용하기 때문에 조곤조곤하게 할 소리는 다 하지만, 우리 같으면 다다다다다 해버린단 말이에요. 그리고 그런 사람들은 원래 조용한 분위기를 좋아하기 때문에 조용한 속에서도 계속 뭘 하면서 살았기 때문에 익숙히 되지만, 우리 같으면 안 그래요. 우리 같으면 항상 밖에 나가서 쏘다니다가 그런 게 딱 걸려버리면, 기피증이 생겨버리면 집 안에만 딱 틀어박혀 있어요. 그러면 아예 일상생활이 안 되지.

전　그런 적이 있으세요?

원　아직까지 없어요. 저는 막 내질러도 집에 안 있으려고 그러거든. 솔직히 금요일까지 회사를 가잖아요. 금요일 저녁에 대학 가요. 수업이 10시에 끝나요. 그럼 일단 애 데리고 집에 온단 말이에요. 애를 다른 데 맡겨났으니깐 애 데리고 오면 12시 넘어요. 자고 일어나서 우리 딸내미가 또 토요일에 오카리나하고 미술 수업이 있어요. 그럼 10시부터니까 걔가 9시 반쯤 되면 나간단 말이에요. 그러면 나는 또 토요일에 수업이 3시부터 있어요. 앞의 과목은 내가 다 들은 거라서 안 듣거든요. 그러면 우리 딸내미가 1시에 온단 말이에요. 1시에 오면 같이 점심 먹고. 그러면 '딸아 엄마 수업 듣고 올게, 집에서 놀아라.' 한단 말이에요. 3시에 수업에 참가하고 6시 반에 끝나요.

전　그럼 애는 혼자 놀고 있어요?

원　집에서 혼자 놀고 있지. 애한테는 진짜 그거지, 방임. 아홉 살짜리한테. 그래 솔직히 6시 반에 끝나가지고 집에 오면 8시가 돼요. 그럼 저녁이니까 둘이 밥 차려 먹고. 그럼 잘 시간이란 말이에요. 자고 일어나서 일요일이 되면 또 애를 교회에 보내거든. 어떤 땐 일주일 내내 시간이 없거든. 힘들어요. 진짜 피곤하지. 근데 어찌 보면 나를 쓰러지지 않게 하는 힘이 그런 것이 아닐까 싶어. 계속 집에만 있으면 사람 몸이 잦아들고, 잦아들어 버리고 아무것도 하기 싫어지고 그러거든. 밀고 나가는 거 있어요.

전　어떻게 보면 좀 연결되어 있는 거 같기도 한데, 그죠? 무언가 추진력? 다른 것일 수도 있잖아요. 뭔가 시작하면 딱딱딱 해서 끝맺는 스타일이라고 하셨잖아요.

원　빨리 끝내줘야지.

전　원예활동 할 때도 딱딱딱 해가지고 '끝'이라고 말씀하시더라고요.(웃음)

　저렇게 일상을 빠듯하게 살 수가 있을까. 자식이 뭐기에. 그녀는 쉴 새 없이 자기 일상을 얘기했다. 말을 거침없이 쏟아내니, 당최 우울할 시간도 없겠다 싶었다. 대단했다. 또한 지난날, 그녀와 원예활동 프로그램을 함께 했을 때가 생각났다. 강사의 설명에 따라 하나씩 하고 있는데 그녀는 두 걸음 정도 남보다 빠르게 일을 진행했다. 뭔가 후다닥 하더니. 꽃바구니를 갈색 책상에 턱 놓으며 두 손으로 양쪽을 잡아 내리치더니 '끝!' 이러는 거였다. 그러면서 '저 화장실 다녀오겠습니다'

하고 나가는 것이었다. 난 그때 얼마나 웃었는지 모른다. 강사 역시 '저런 분은 처음 본다'며 당황한 기색을 드러냈다. 다시 생각해도 대단하다.

원　아, 그렇게 한번 하고 앉아 놀아야지. 아무래도 해야 될 거면 집에서도 난 그래. 집 청소하는 것도 아무래도 내가 해야 되는데, 딸내미가 해줄 거 아니잖아. 그 대신 걔가 팬티하고 양말 자기 거는 빨거든요. 우리는 원래 깔끔했어요. 학교 때부터 집에서부터도 우리 아빠가 깨끗했어요. 우리 아버지가 방 청소하는 것도 다 해줬거든. 우리 엄마가 몸이 약하다고 솔직히 담요 같은 거도 우리 아빠가 다 손으로 빨고 했거든요. 우리는 세탁기가 없으니깐.

　아홉 살 어린아이가 스스로 자기 속옷을 빤다고 하니 기특하면서도 안쓰럽다. 고사리손으로 빨래를 어떻게 할까 이미지를 떠올려보는데 쉽게 그려지지가 않는다.

전　북한 남자들 대부분이 권위적이라고 들었는데 아버지는 안 그러셨나봐요.

원　북한에 거의 없지, 우리 아빠 같은 사람. 진짜 없어요. 고춧가루, 김장철에 고춧가루도 절구 같은 데다 빻거든. 우리 엄마가 매우면 재채기하고 그래서 못 빨아요. 우리 아빠가 절구질하고 그랬어요. 우리 아빠 진짜 만 점짜리 아빤데. 그 대신 우리한테 강했지. 뭐든지 딱딱하게 하고, 빨갱이라서. 진짜 우리 아빠 같은 분도 없어요. 그리고 군대생활이라는 게 사람을 정리정돈 같은 거 잘 하게 만들어요. 군대생활에서는 이불도 딱딱 각이나게 접거든요. 잠깐 두루뭉술하면 다시 아주 막 그러거든. 그러니깐 각이나게 접고 정리정돈 이런 걸 7년간, 8년간 하면 몸에 배지 않았나. 그래서 우리 군사 복무한 사람들 집 가면 지저분한 데가 없어요. 우리 북한 사람들도 솔직히 북쪽에서 산 사람들 보면 생활력 강하고 뭐 깨끗하다 그러잖아요. 안 그런 사람도 있지만요.

전   그쵸. 사람마다 성격이 다르죠. 설거지도 바로바로 하세요?

원   무조건 하지. 바쁘면 못할 때도 있지만 솔직히 저도 막 금요일에는 학교 끝나고 오면 12시 넘잖아요. 그러면 힘들어서 세수도 못하고 잘 때가 있어요. 저라고 다 완벽한 건 아니지만 그래도 내가 할 수 있는 정도에서는 해야 된다는 게 있거든. 세수 같은 건 너무 피곤하면 안 하고 바로 자지만 여름에 샤워는 꼭 하지. 우리 딸내미도 깔끔하죠. 나는 그래도 양말 같은 거 안 더러우면 이틀 동안 신는단 말이에요. 그놈의 지지배는 맨날 갈아 신어요, 양말을.

전   양말은 매일 갈아 신어야죠. 양말인데. 나갔다 왔는데 빨아야지 않

나요?(웃음)

원　난 두 번 신는다고. 왜냐, 땀이 안 나니까.

전　그렇군요. 군대 얘기 조금 더 해주세요. 밀어붙여서 뭔가 잘했던 거 많으실 거 같아요.

원　뭐 다른 것보다는. 군사 복무할 때도 우리는 훈련 총격전 같은 거 잘했지. 저는 배에다 총 한 번 딱 대면 팍팍 소리 나게 그렇게 훈련을 했어요. 새로 보급이 나오잖아요. 그럼 제가 우리 중대에서 대표로 나가서 배워 가지고 온단 말이에요. 그런 다음 중대에 다 보급을 하거든. 180명 되는 사람 앞에 서서 그걸 한단 말이에요. 근데 못하면 가슴을 발로 막 차요. 나는 발로 막 차서라도 짧은 시일 내에 그걸 다 보급해야 하니까. 위에서 검열이 내려온단 말이에요. 제대로 보급되어 있나 하고. 여기 와서, 하나원에 왔을 때도 내가 오락부장이었어.

전　잘하셨을 거 같아요.

원　우리 기수가 200명이 넘었는데, 그래서 내가 인원을 선출해가지고 공연을 했단 말이에요. 처음부터 마지막까지 그걸 다 지휘했거든. 근데 하나원에 있는 선생님도 그러잖아요. 하나원이 생긴 이래 우리 기수가 공연을 제일 잘했다고. 나는 청소년반 애들도 여자 남자 나눠서 노래 시키고 하는데, 제대로 못하면 무대 뛰어 올라가서 발로도 막 차고 그랬어. '야, 이 썩을 새끼. 제대로 해라' 이러면서 발로 차고 그랬거든. 목이 다 쉬어가지고, 나도 나가서 노래해야 되는데, 우리 전부 다 노래를 해야 되는데 그걸 또 뭘 지금 여기다가 말해요. 노래를 하려니 목이 다 쉬어가지고 립싱크를 했지. 그렇게 살고 그랬어요. 무조건 되게끔.

전　무조건 되게끔.

원　내가 맡았잖아요. 일단 맡았으면 무조건 이거 추진을 해가지고 되게 만들어야지. 책임감이지 책임감.

전　안 되는 것도 되게 하라?

원　그게 여기 말로 하면 뭐라 그러나. 어쨌든 내 가치 깎이기 싫어서. 내가 대표자로 배워왔는데, 가르쳐가지고 검열을 해야 하는데 내가 가르친 부대에서 잘못됐다 그러면 안 되거든. 그러니깐 나는 내 임무를 다하기 위해서, '무조건 해' 이렇게 하니깐 마지막에 잘 되었으면 나뿐만 아니라 다른 사람들도 다 좋고 서로 다 좋은 거지. 나 진짜 하나원에 있을 때도 어른들도 청소년반 애들도 두드려 맞으면서 잘 하더라고. 애들이 나를 잘 따랐어. 내가 공연하다가도 끝나면 아이들 안아주고 그랬거든. 근데 어른들은 공연

할 시간 되고 연습할 시간 되면 잘 안 와. 그래가지고 '이것들을 가만 안 놔둔다'고 해서 아침에 교육할 때 첫 시간에 다 모인단 말이에요. 선생님 들어오기 전에 나가가지고, 앞에 딱 나가서 '공연 참가하는 사람들 제대로 하라. 할 바엔 똑바로 하고 안 할라 하면 싹 걷어치워. 할 사람들 많으니깐' 막 그래버렸거든. 그러니깐 안 하는 사람도 있고 카리스마 대단하다고 진짜 그랬다고. 목소리 쉬어가지고 씩씩대면서 할 소리 다 하고 그랬어. 그게 나라는 사람이 그런 임무를 책임을 맡아가지고 그렇지. 책임감이지. 그러니깐 그걸 다 못하는 그런 사람이 되기 싫다 그거죠.

남자들이 하는 군대 이야기를 대부분의 여성들은 싫어한다. 왜냐면 성별이 다른 남자가 특수한 공간과 장소에서 일정 기간 은폐되어 그들만 하는 군사생활이기 때문에 공감대가 없어서 그렇다. 아울러 휴가 나오거나 제대를 하여 군대 얘기를 할 때 보면 과장하거나 거품을 보태니 어디까지가 진실인지 헷갈린다. 그래서 듣다보면 바보가 된 듯한 느낌이 드는데, 지금 그녀의 입에서 쏟아져 나오는 군대 이야기는 공감대가 형성되고 재미까지 있다. 여자라서 그런가, 아니면 진실만을 얘기해서 그런가. 그녀의 이야기를 들으면서 곰곰이 생각해본다. '지금 그녀가 내게 들려주는 군대 얘기는 과장된 것이 아니겠지.' '내가 또 속은 것은 아니겠지.' '어쩌지?'

전　　와. 그런 정신 배우고 싶어요.

원　　그런 건 배운다고 되는 게 아니에요.

전　　저는 어릴 때 체육 시간에 오른손 들라 그러면 왼손 들고 그랬어요. 체육을 완전 못했어요. 신경이 둔해요. 운동신경이 너무 둔해요.

원　　그런데 어떻게 박사님 됐어요?(웃음)

　　순간 허를 찌르는 공격을 당했다. 내가 박사인 것은 맞지만 그렇다고 내가 운전 박사는 아니지 않은가. 박사라고 해서 모든 걸 잘 알고 잘해내는 사람은 없다. 자기 분야에만 박식하지, 다른 외적인 것에 허술한 박사가 얼마나 많은가. 내 체격을 보면 운동신경과 거리가 멀 거라는 짐작이 들 텐데도 그녀는 내 아픈 데를 콕 찔렀다. 얄밉다.

전　　그러게요. 저 자전거도 못 타요. 저 자전거 가르쳐주신 분이 포기했어요. 길치고 방향감각도 둔하다고.

원　　아 그래요? 그 정도예요?

전　　운동신경 자체가 거의 제로로 태어난 거 같아요. 그래서 전 자전거를 못 타요. 아마도 조물주가 저를 만들 때 잠시 딴생각 했나봐요.(웃음)

원　자기 하기 탓이에요.

전　근데 못한다니까요.

원　저 솔직히 중국에 있을 때 강서성(장시江西 성)이라고 해서 남방 쪽에 있잖아요. 남방에 있는 석재공장에서 화강석을 만들고 캐는데 거기 장수돌침대 있잖아요. 한국으로 수출을 하는데, 제가 번역을 했거든요. 통역을 했단 말이에요. 통역하면서 품질 검사까지 제가 4년을 했어요. 거기 몽땅 다 한족들인데 나 하나 북한 사람이잖아요. 그래서 애 아빠랑 같이 갔단 말이에요. 애 아빠하고 나하고 해가지고 딱 한국말 할 줄 아는 게 우리 둘뿐이야. 거기 있을 때도 자전거 못 탔어요. 근데 그 전동차 조그마한 거 있잖아요. 전기로 가는 자전거 같은 전기차.

전　오토바이 비슷한 기예요?

원　오토바이. 조그마해. 아무튼 중국에는 조그마한 차 있었어요. 서서 타고 가거든요. 그런 걸 애 아빠가 하나 샀어. 근데 그걸 그렇게 타고 싶은 거예요. 근데 이게 안 돼. 이거 타려고 하니깐 계속 연습해보라고 하더라고. 그래가지고 한두 번 하니깐 되더라고. 그래서 탔어요.

전　운동신경이 있으시네요.

원   탔는데, 그 후에 자전거를 또 샀어. 전기 충전하기가 귀찮아가지고 자전거를 샀는데 자전거 탈 줄 모르잖아요. 근데 걔를 타니깐 자전거가 휙 저절로 타지더라고. 그다음부터는 배달하는 오토바이 있잖아요. 1단, 2단으로 걸잖아. 단수로 건단 말이에요. 그거 막 타고 다니고 그랬지.

전   그것도 하세요?

원   뭐 누가 배워줬나. 애 아빠가 배워주지도 않았죠. 그냥 타는 거 보고서 올라가서 막 했지.

전   혼자 하신 거예요?

원   네. 우리 애 임신했을 때 만삭이 돼가지고도. 솔직히 은행 가려면 막 산으로 올라가야 돼요. 그걸로 다다다닥 하면서 올라가는 거예요.

전   위험했네요. 임신했을 때면.

원   위험하고 뭐고 그때는 그렇게 다녔어요. 안 다니면 안 되니깐, 다시 검사도 하고 해야 되니깐. 이 석재 장수돌침대라는 게, 이런 게 두 장이 붙는단 말이에요. 이게 이렇게 돌만 광 내가지고 다 잘라가지고 이리로 온단 말이에요. 그럼 여기서 틀 안에다 넣지. 이렇게 조그마해도 터지면 안 돼.

이런 게 각이 딱 나야 되고, 그다음에 기스 흠집 나는 게 조금도 있으면 안 되고. 기포 같은 게 있으면 불합격이거든. 그런 걸 검사한단 말이에요.

전   아, 눈으로요?

원   그렇지 광을 딱 냈으니깐 반짝반짝할 거잖아. 이렇게 쫙 보고 기포 난 거는 화강석이라는 게, 구멍이 꽃 모양대로 딱딱딱 되어 있거든. 그러니깐 흰 모양도 있고 빨간 꽃도 있고 이렇단 말이에요. 그 구멍 난 데는 하얀 가루가 있어요. 때우는 가루, 그거 골라내서 내가 싹 때우고. 그다음에는 그랏대그라인더로 밀고 광내고 그렇게 해가지고 될 거 같으면 그다음에 '합격' 주고 하니깐 그 사장들도 나한테 잘 보이려고 그랬거든. 불합격 놓으면 재료 불량이 너무 많이 생기잖아. 그 사람들 돈이 안 되거든. 거기서부터 내가 좀 활기차게 다녔던 거 같아. 거기는 내가 살고 있던 고장이 아니고 그때 당시 내가 중국 호구가 있어가지고 좀 당당했던 거 같아요. 그리고 나는 일도 내가 맡으면 빨리 추진해야 된다 그럴까. 며칠까지 출고를 해야 되잖아요. 중국 샤먼이라는 데를 배로 해가지고 간단 말이에요. 그래서 컨테이너 칠 때나 다 가서 그거 확인을 해야 되거든. 그런 것도 하고.

전   그러니까요. 빠르셔서 진짜 잘하셨을 거 같아요.

원   난 그런 일 좋아해요. 실제로 버는 건 별로인데. 아무튼 난 무역회사 쪽으로 가서 출장 자주 다니고 그런 거 하고 싶어. 그게 나한테는 맞는데 지금, 보험은 영업이라 남한테 빌붙어야 되는 거 같고. 나는 남한테 빌붙는 거를 좋아라 안 해요. 내가 지금 보험 하다보면 어찌 따지면 내가 갑이지만 설득시키는 그게 힘든 거예요.

전　보험은 실적이잖아요.

원　지금 을이잖아. 을인 상황이지. 실제 보험이라는 게 본인을 위해서 드는 건데 그럼 내가 갑이어야 되는데, 이건 갑이 아니란 말이에요.

전　영업직에 맞는 성격이 있죠.

원　그런 사람들을 뭐라고 할까, 내가 끈질겨야 돼. 일단은 타깃을 하나 정해버리면 물고 늘어져야 되는데 나는 그러지를 못해. 나는 상대방이 돈이 없어가지고 이번 달은 안 되겠다 이러면 '그래 맞아, 상황 좋을 때 해' 그래요.

전　그냥 저쪽에서 아니라고 하면 자존심 세어서 더 이상 말씀 안 하실 것 같아요.(웃음)

원　그죠. 막 빌붙지를 않아요. '알았어, 너 그래도 해야 된다' 이렇게를 못해.

전　그럼 진짜 성격에 맞는 직업을 찾아야겠어요.

원　좀 알아봐주세요.(웃음)

전　제 코가 석 자입니다.

　내 코가 석 자다. 더 말해 무엇 하겠는가. 자기 적성과 일하는 환경 및 조건이 딱 맞아떨어지는 일이란 게 있을까. 그런 일자리를 찾기란 하늘에 별 따기다. 우리는 어떤 일이 좋아서 그 일을 하는 게 아니라, 일을 하다보니까 그 일에 적응된 것이리라. 자발적 가난을 선택하지 않은 이상, 자본주의 사회에서 손가락질 안 당하고 살아가려면 경제활동을 해서 최소한의 생활비를 벌어야 한다. 그렇기에 자기 적성에 맞는 일자리를 찾는다기보다 대부분 일자리에 자신의 적성을 꿰맞춰야 하는 상황이 벌어진다.

원　여기는 메신저 있잖아요. 중국에는 '큐큐'라는 게 있어요.

전　오, 그게 뭐예요? 카톡 같은 거예요?

원 카톡은 상대방이 문자 보내면 나한테 도착하잖아요. 얘는 로그인을 안 하면 내가 상대방이 문자 보낸 거를 후에 내가 로그인 해야만 볼 수 있거든. 아무튼 그런 건데 이쪽 친구들 있잖아요. 여기서도 난 중국에 있을 땐 뭐라고 했냐면 '쯔신더워' 그랬어.

전 뭐예요? 한국말로?

원 한국말로 하면 '자존심이 넘치는 나' 그런 뜻이란 말이에요. 옛날에 중국에 있는 친구가 내 '큐큐'에다가 접속을 했어. 나보고 제일 처음에 던진 말이 뭐냐면 '너라는 사람은 뭐가 그렇게 자존심이 넘치냐' 했거든. 그 사람들은 내가 북한 사람인 거 모르잖아요. 중국 교포로 알고 있단 말이에요. 그래가지고 내가 그랬어요. '사람이 세상에 태어나서 자기에 대해서, 내가 내 자신에 대해서 자존심이 없다면 누가 나를 좋게 보겠나, 남들이 나를 좋게 생각 안 한다. 내가 내 자신을 항상 자존심 있게 생각해야지. 내가 나한테 정말 자존심이라는 거까지 없으면 내 몸에서 남는 게 뭐겠냐.' 그래도 또 어떻게 되다보니깐 한국에 왔는데, 한국에 와서도 그래요. 사람들이 이런저런 얘기를 하잖아요. 보험을 하려면 자존심이고 쓸개고 간이고 자존심이고 다 내놔야 한다고.

전 선생님, 진짜 완전 정의파인 것 같아요.(웃음) 군대 정신으로.

원 　군인 정신? 돌격정신이라고 해요, 우리는.

전 　돌격정신이라고요?

원 　앞으로 돌진하는 돌격정신. 그러니깐 내가 맡은 일을 밀고 나가고 이런 거 비슷해요. 무슨 임무를 하나 맡으면 그것을 끝까지 밀고 나가는 정신, 돌격하는 정신, 돌격 앞으로 하잖아요. 그러니깐 그런 정신이란 말이에요. 군대 정신이랑 군인 정신이라 하면 항상 그거예요. 돌격정신이 있고 그 다음에 어디 가서도 주눅이 안 드는 그런 정신이 있잖아요. 당당한 거. 여기 오니깐 우리는 군인 정신이라 하는데 여기는 군바리 정신이라고 그러더라고. 처음에 군바리 정신이라 그래서 나는 무슨 말 하나 했어요.

전 　선생님 성격은 어때요?

원 　군인이라고 하면 우리는 제가 군에 입대했을 때부터 외모를 깔끔하게 하고, 막 이렇게. 저 지금도 옷 입으면 너덜너덜한 치마, 너덜너덜 붙은 옷들 못 입어요. 안 입어요. 정장 입고 각이 나고 그런 옷 입어요. 여름에 보면 치마, 레이스 붙어 있는 길다란 옷 있잖아요. 난 죽었다 깨어나도 그런 거 못 입어요. 지금도 난 치마를 안 입잖아. 원피스 같은, 이렇게 날라리 같은 거. 나 치마 입는 거 한 번도 못 봤잖아.

전　왜요?

원　항상 외모가 단정해야 되지.

전　치마도 단정한 거 많은데요.

원　단정한데 걸음새가 불편하잖아. 부대 있을 때도 행사가 있고 하면 치마를 입거든.

전　치마 입어요?

원　입죠. 군대도 요즘 스커트치마 있지. 그러나 다 바지를 입는단 말이에요. 바지도 쫙쫙 다려 입고. 손대면 아휴 벨 정도로까지 그렇게 베게끔 각이 쫙 나오게 해 입고 그랬거든.

전　TV 보면 진짜 멋있잖아요! 자발적으로 군인 가신 거였다고 그러셨죠?

원　네, 저는 그게 멋있었어요. 그래서 거기로 갔지. 대학 시험에서 떨어져가지고. 원래 군인을 좋아했는데 우리 아빠가 반대했거든. '여자가 무슨 군대냐'면서. 우리 둘째가 군대 나갔잖아요. 둘째 오빠가 그러니깐 '조국에 한 명 바치면 됐다'고 '넌 가지 마라' 그랬거든. 근데 그거 하고 싶다고, 막 가고 싶다고 했지. 거기 군모자 쓴 게 그리 멋있어 보이더라고. 그래가지고 진짜 가겠다고 그래가지고 신체검사 다 하고 군대 간 거야. 거긴 외모부터 단정해야 되고 각이 져야 되고 그래.

정말로 군인은 저런 마인드를 지녀야 하나. 그녀의 표현대로 각이 딱 잡히고, 강인하고. 대한민국의 여군들도 그녀와 비슷한 생각을 하고서 군 입대를 할까 궁금해졌다. 내 입장에서는 군인이 멋있는 것은 인정하나, 그 멋있다는 거 하나로 인생을 바꿀 수도 있는 군 지원을 할까 싶었다. 멀리서 바라보는 군대생활과 직접 경험하는 군대생활은 천양지차일 것이기에 그렇다.

전　거기 군 입대 조건은 뭐예요?

원　여자들은 키 많이 보지. 키 보고 신체검사 하고 깔끔해야 되고 정리정돈이 제대로 돼야 되고 어디 가서 누추구리하고 지저분하거나 더럽거나 해지고 그런 건 안 되지. 자세 흐트러지고 그런 게 허용이 안 되거든. 군인 정신이라는 게 뭐 결국 그거지. 항상 단정해야 되고 깔끔해야 되고 정리정돈이 제대로 되어 있어야 되고 어디 가서도 당당해야 되고 뭔 일이던지 추진하는 그런 능력을 갖춰야지. 거기 들어가면 다 배워지지. 자연적으로.

전　배우는데 힘들지 않으셨어요?

원　처음에 가서 3개월 동안은 신병 훈련이라는 걸 받아요. 열일곱 살 때지. 신병 훈련 받을 때가 좀 힘들었지. 그때는 엄마 아빠하고 떨어져서 처음 집 나가가지고 한다는 게, 맨날 무장강행군 하고 훈련하고 막 아침 음악 듣고 5시에 기상해야지. 그럼 얼마나 힘들겠어.

전　열일곱 살이요?

원　네. 열일곱 살 때 나가서 앳된 나이에 진짜 30킬로그램 되는 배낭 메고 총 메고 산으로 올리뛰고 내리뛰고 하는데 안 힘들겠어요? 밤에 잠자리에서 막 오줌 싸고 그랬지. 그래도 신병 훈련 끝나고 부대 배치 받고 내가 또 계속 승급을 하고 이러면서 너무나도 좋았어요. 저는 군대생활 진짜 좋더라고요. 군대가 잘 맞았나봐요. 남들은 막 힘들다 그랬는데, 저는 그래도 좋았어요. 그러니깐 계속 나가서 훈련도 보고 받아와서 남들한테 주고 이렇게 지시하고 하는 입장이어서 그런지 아무튼 좋았어요. 여기 대한민국 군대들처럼 군인생활이라는 게 어디 휘황찬란하게 그렇게 했으면 뭐 우린 10년이 아니라 20년도 하겠어요.(웃음)

전　진짜 대단하시네요.

원　한번 북한에 보내줄까요? 손 놔줄까?(웃음)

전　저는 못 살 거 같아요. 진짜 상상도 안 되고.

　두 손을 가로로 빠르게 내저었다. 농담을 해도 무슨. 안 될 말이었으나 순간 주눅이 들었다. 내 이런 모습을 보고 그녀가 얄궂게 웃었다. 앞서 내가 운동신경이 없어 자전거도 못 탄다고 분명히 얘기를 했건만, 또다시 놀림감이 돼버렸다.

원　거기서는 말 한마디도 조심해야 돼요. 북한에서는 여기 벽들에 다 귀 있다고 생각해야 돼. 김일성 죽고 김정일 올라왔을 때 딱 내 친구가 친구한테 그랬어. '야. 우리나라는 이렇게 대대로 올라오기 때문에 발전 못한다. 바꿔야 되는데 아빠가 죽으면 아들이 올라오고 이런 식으로 하기 때문에 나라가 못산다,' 이렇게 친구한테 말했는데 친구가 가서 고자질한 거야. 그러니깐 그런 말했던 친구가 정치범 수용소에 끌려가고 그렇게 했단 말이에요. 김일성, 그 김가네 일가에 대해서는 말 한마디도 진짜 조심해야 되지. 언어의 자유가 없죠. 그리고 여기서처럼 무슨 인권 이런 거 없지. 우린 인권이라는 말도 못 들어봤거든, 거기서.

전　그래도 가족들하고는 이런저런 얘기하고 살잖아요.

원　우리 아빠가 좀 그거였어. 당에 충실한 빨갱이여가지고. 엄마하고는 그런 얘기를 했지. 우리 아빠도 생각은 왜 없으셨겠어요. 그런데 우리 앞에서는 그런 내색을 안 하고 그랬지. 우리가 말을 잘못 할까봐, 우리가 잘못 말해버리면 어떡해.

전　그러면 그냥 속에 두고 사는 거네요.

원　그렇죠. 그냥 속에 파묻어놓고. 기본 발단이 엄마, 아빠가 상황이 안 좋고 하니깐 돈 번다고 중국으로 건너갔지만 건너가게 된 계기가 뭐겠어요. 결국 엄마, 아빠도 이런 나라가 먹여 살리지 못한다는 반발심 때문에 간 거잖아. 그런 반발심이 있었던 사람은 들고 튄 거고, 그냥 그런 것도 없이 나는 당에 충실해야지 이러면 남아 있는 거고.

　벽에 귀신이 있다고 생각해보란다. 상상만 해도 끔찍하고 숨이 막힐 것 같다.

전　조금 어려운 상상이기는 할 거 같은데, 만약에 선생님께서 남한에 태어났다고 해봐요. 애기 때 남한에 태어났어요. 여기서 학교 다니고 대학 가고 이렇게 지냈어요. 지내고 보니깐 '아, 북한이랑 되게 다르구나, 체제도 다르고' 이런 생각이 든다고 쳐요. 그런데 북한의 사람들이 많이 오잖아요. 같이 섞여 살잖아요. 그런 사람들을 봤을 때 어떨 거 같아요?

원　내가 한국 사람이라 할 때…… 솔직히 저는 객관적인 입장에서
는 한국 사람들한테 좀 감사하면서도 미안한 마음이 들거든요. 감사하다
는 게 어떤 마음에선가 하면 솔직히 제가 하나원에 있으면서 교육도 들어
보고 했어. 우리는 6·25전쟁이 남쪽에서 북침을 했다고 알고 있었어. 그렇
게 교육을 받았단 말이에요. 근데 여기 오니깐 북한에서 남침을 했다고 이
렇게 얘기 하더라고요. 저는 끝까지 아니라고 주장을 했거든. 하나원에 있
을 때도 그거 아니라고. 근데 여기 오니깐 '여기서 이렇게 지네한테 맞게 말
을 조작한다, 역사를 조작한다'면서 들이대고 그랬거든. 근데 역사는 뭐 숨
길 순 없는 거잖아요. 내가 이거 보니깐 여기 한국 사람들뿐이어서 그런
진 몰라도 현실적으로 그렇다고 하더라고. 그게 북한에서 얘기하는 거와
는 달리 '북한에서 남침을 했다' 그런 얘기를 많이 하니깐. 북한에 우리가
살면서 배워온 게 6·25전쟁 때문에 남한 사람들 얼마나 많이 죽었어요. 그
걸 복구하느라고 이 나라 사람들이 얼마나 고생을 했겠어요. 그러니깐 우
리는 북한에 살았기 때문에 우리가 그걸 복구하느라고 부모님들이 고생한
거는 응당한 거라고 생각했거든. 우리 미래를 위해서 그 사람들이 한 거잖
아. 근데 우리는 대한민국에다가 해준 게 뭐가 있냐는 거지. 6·25전쟁이 일
어난 것도 우리가 일으킨 게 아니고 우리 아빠 세대, 우리 윗세대 사람들이
한 거잖아. 그래도 우리는 그들의 자녀가 되지 않냐 이거지. 자녀들이 여기
왔으면 실제로 남한 사람들이 우리를 안 받아줘도 뭐라고 말할 게 안 돼.
그냥 한 민족, 한 핏줄이라는 그거 외에는 없어. 그런데 정부에서 받아주고
그래도 살아가라고 배려해주잖아요. 너무 감사하고 미안하다는 생각이 들

죠. 그러니깐 내가 만약 한국 사람이었다면 내 개인적인 심정으로는 '왜 북한 사람을 받아들이냐?'고 이런 말이 나갈 것 같다는 생각이 들지. 정의로 얘기를 하면, 우리가 왜 우리 세금을 내서 이 사람들한테 집을 이렇게 해주어야 되냐, 정말 6·25전쟁이 일어나고 우리가 복구하느라고 얼마나 윗세대 윗세대들이 고생을 했냐, 그 고생을 하면서 우리가 지금까지 못살고 찌질하게 이렇게 있는데 왜 북한 사람들한테 세금을 내가지고 돈을 들여가지고 집을 주고 일자리를 해주어야 되냐는 거지. 나 같아도 그렇게 주장할 것 같거든. 근데 지금 이렇게 해주고 하니깐 감사하고 미안하고 그러죠.

그녀는 대한민국에 내려와 사는 것에 대해 감사하다고 했다. 더 정확하게 말하면 대한민국 사람이 북쪽 사람들을 받아준 것이 감사하다고 했다. 한국전쟁과 관련해서도 북쪽에서 배운 역사가 잘못되었으며, 당에 의해 세뇌를 당한 것 같다고 인정하면서 대한민국 사람에게 미안하다고 했다. 어쩌면 그녀가 불편해할 수도 있을 '남쪽 사람의 입장이 한번 돼보라'는 내 제안에도 그녀는 흥분하지 않고 차분하게 자기 입장을 밝혔으며, 오히려 북한 사람들이 남한 사람들에게 잘해야 한다고 말했다. 그녀의 윗세대가 전쟁을 일으켰지만, 그녀는 전쟁을 일으킨 장본인의 후손이라는 점에서 대한민국 사람들에게 일종의 죄책감 같은 것을 지니고 있었다. 뭔가 숙연해지는 느낌이었다.

전   그렇군요.

원　그리고 내가 당당하려면, 내가 정직하지 않으면 당당해질 수가 없어요. 나는 그렇게 생각하거든요. 만약 내가 누구한테 무슨 소리를 타이핑을 해줬다고 해요. 그럼 그 타이핑 해준 거에 관한 값을 내가 받는 건 응당한 거고 그렇잖아요. 서류? 뭐 누구 말마따나 현장 실습에서 실습 보고서를 걔가 쓸 줄 몰라서 내가 대신 해줄게 하고 해줬으면, 그 값을 내라 이거지. 그건 당당한 거잖아요. 내가 아무것도 안 해주면서 이 사람보고 하라는 것도 그렇고. 실제 저도 대학에 다니고 있지만 어떤 때는 과제 같은 거 못해요 그러면 사람을 시킨단 말이에요. '야, 이거 과제 이렇게 해줄 사람 있냐? 5000원 줄게' '5000원에 오케이?' 하면 해주는 사람 있단 말이에요. 그럼 돈 주는 건 응당하다고 생각하거든. 그 사람이 그렇게 하느라고 이걸 해줄 거잖아. 자료도 수집하느라고. 나는 응당하다고 생각하거든. 근데 어떤 사람들은 그렇게 생각 안 할 수 있어요. 내 계산에서는 그게 정직한 거라고 생각하거든요. 내가 일한 거만큼의 수당을 받는 거, 이게 당당한 거잖아요. 어디 가서 누가 누구 앞에서 큰소리치든 안 치든 그걸 떠나가지고 당당해질 수 있다는 그게 정직하다는 거지. 남한테 사기 치지 않고 등쳐먹지 않고, 그게 기본인 거 같아.

전　좀 맥락이 다르긴 한데 어제 신문에 미국 라스베이거스에서 20달러, 우리나라 돈으로 2만 2000원을 넣었는데 159억인가 대박을 터트리고 기부했더라고요. 어떻게 생각하세요?

원   응. 그거 다 기부했더라고. 난 오늘 아침 뉴스 보고 '어머나, 절반만 날 좀 주지. 나도 기부 좀 하게' 그랬거든. 아니 절반이면 75억이잖아요. 그래서 나 10억만 나 쓰고 나머지 기부를 하더라도 저런 사람들은 참 대단하다 생각했지. 저는 첫째로 100억이라는 돈이 생겼다 하잖아요. 생각만 해도 미치겠네.(웃음) 저는 일단 고향에 계신 부모들 몽땅 다 데려올 거예요. 돈을 길에다가 뿌리더라도, 뿌리면서라도 안전하게 데려올 수 있다면 한이 없겠죠. 브로커를 길에다 다 뿌려서라도, 아예 길에다가 돈을 깔더라도 그게 뭐 10억 든다고 생각하고 아예 확 깔아버려가지고 데려오고 싶다고요. 그리고 엄마, 아빠랑 와가지고 살 수 있는 집들을 일단 먼저 하고 싶고요. 솔직히 기부라는 게 그렇잖아요. 내가 조건이 안 되면서 남한테 기부하는 사람은 절대 없어요. 그리고 내가 행복하지 않은 이상, 이 세상의 행복함은 없거든요. 진짜예요.

전   내가 배고픈데 누굴 도울 수 있겠어요.

원   여기 귤이 하나 있어. 나 굶었어. 진짜 배고파. 선생님도 굶었어. 그냥 절반 갈라 먹으면서라도 나누는 게 좋죠. 근데 이게 진짜 갈라 먹을 수 없는 한 쪼가리밖에 안 되면 내 배부터 불려야 되는 거예요. 내가 힘이 나서 돈이 생겨야 남한테 주고 싶은 생각도 들거든요. 아니 내가 행복하지 못한데 남의 행복을 걱정해주는 그런 상황이 아니잖아요. 그러니깐 나는 일단 돈이 생기면 부모를 먼저 데려오고 싶고 부모님 데려와서 안전하게 살 수 있는 보금자리를 마련해주고 싶고, 그리고 뭐 내 앞날 노후 준비 할 수 있게끔 노후 대책 같은 걸 할 것이고, 거기서 여건이 된다면 기부도 여러 군데로 하고. TV에 나오는 못 사는 나라들 있잖아요. 그런 못사는 나라들 쪽으로도 기부하고 싶고, 그다음에 한국에도 보면 어린애들 이상한 병 걸려 가지고, 백혈병 같은 거 그런 게 있잖아요. 어린애들한테 난 기부하고 싶어요. 어르신들보다는 애들이 실제 나라의 미래잖아. 어르신들은 살 만큼 살았지, 미안한 얘기지만. 근데 그래요 어르신들한테 쓸 돈이 있으면 아예 미래의 애들한테 돈을 써가지고 키우는 게 낫다고 생각하거든. 그렇게 하고 싶어요.

전　선생님 자신을 위해서도 쓰시겠어요?

원　저를 위해서는 일할 수 있는 그런 게 중요하겠죠. 어디 투자도 하고 싶고. 제가 할 수 있는 무역회사 같은 거 조그마한 거라도 운영할 수 있었으면 좋겠고. 아휴 돈만 생기면 뭘 못하겠어요. 꼭 그렇게 생겼으면 좋겠어. 로또 어떻게 당첨이 안 될까?(웃음)

전　그러니깐요. 그 기사 되게 인상 깊더라고요, 백프로 온전히 기부했다는 내용이요.

입장을 바꿔보자. 내가 그 잭팟의 주인공이었다면 어땠을까. 나라면 머리가 복잡했을 것이다. 기부하겠다는 생각보다 내 자신과 주변 환경을 어떻게 하면 화려하게 꾸밀 것인가에 집중했을 테니까. 모르긴 해도 자본과 물질을 향유하는 데 막대한 돈을 지출했을 것이다. 속물이라고 손가락질해도 좋으니, 저 많은 돈을 내 수중에 지닌 채로 한번 살아봤으면 좋겠다. 그러면 그녀의 말처럼 통 크게 기부도 할 것이다.

원　남들이 나보고 가정살림 잘할 것 같지 않다고 얘기를 해요. 덜렁덜렁거려가지고. 가정살림을 착실히 그렇게 할 스타일이 아니라고 생각해요. 근데 저 엄청 잘하거든요. 중국에 있을 때도 그 애 아빠 바지를 다 다려 입혔어요. 다려 입히고 빨래했으면 빨래해가지고 다려 입히고 진짜 그랬거든. 실제 애 아빠가 헤어진다고 할 때도 그렇게 울었어요. 애 아빠가 '지금 너 같은 사람을 어디 가서 얻겠냐'고 하면서 울었지. 지금 남들은 다 나보고 '덜렁거리고 아주 정신없이 산다'고 하고, '집에 가만히 앉아서 생활할, 가정살림을 할 그런 스타일이 아니라'고 하거든요. 근데 그렇지 않거든. 음식도 그만하면 잘한다고 생각하고 중국 음식이라든지 볶음 음식 잘하거든요. 집도 깔끔하게 해놓지, 신랑 있으면 신랑 옷도 다 다려다 입히고 그랬단 말이에요. 그러니깐 어떻게 보면 사람 겉을 보고 상대방을 모른다는 게 그게 그 소리지 않겠나.

전　음식 잘하세요?

원 네, 깔끔하게요.

전 배우셨어요?

원 아니요, 저는 배운 거 없어요. 중국에서 애 아빠를 만나가지고 살면서도 음식 배울 새가 어딨어요. 그냥 어떻게 하는가 봤지. 시엄마가 하는 거 보고 그냥 그대로 따라하고 그랬지. 어깨너머로 보고 따라 하고 그런 거지. 옛날 생각하면 눈물이 나더라고. 감정에 약해. 약하더라고 눈물이 많고.

전 눈물 많으세요?

원 엄청 많아요.

전 주로 언제 우세요? 밤에 혼자? 문 닫고?

원 그렇게 처절하게는 안 울어요. 나는 혼자 술 마시면서 추사스럽게 (추하게) 그런 짓은 절대 안 해요. 그냥 옛날에 좋아했던 유부남 친구, 그 친구하고 같이 술 먹으면서 좀 많이 울었지. 속상해서. 남들은 나더러 '저거는 항상 덜렁덜렁하고 성격 좋고 쾌활하고 그래가지고 맨날 좋은 일만 있나보다' 생각하잖아요. 근데 살다보면 또 그렇진 않지. 나도 눈물이 많은 여잔데 왜 슬픔이라는 게 없겠어요. 감정이라는 게 없고 왜 그러겠냐고. 눈물도 많고 울기도 잘 하고 남이 우는 거 보면 덩달아 같이 울고, 드라마 보면서도 막 울어요.

전   눈물이 많으시네요.

원   남한테 눈물을 보이지 말아야 되는데.

전   왜요? 남들한테 눈물 보이는 게 좀 약하다고 생각하세요?

원   네. 쪽팔려요. 솔직히 식당 가서라든가 친구하고 술 먹다가 눈물 흘리잖아. 그러면 여성스럽게 안 닦아요, 저는.

전   그럼 어떻게 하세요?

원   '이 씨발, 이씨' 막 이러면서 그래. 그럼 상대방은 또 '이뻐 죽겠다, 우는 것도 눈물 닦는 것도.' 그러면 내가 '시끄럽다' 그래. 근데 다른 사람들은 저 '시끄럽다'는 말이 뭔 말인가 해. 이게 술잔이잖아요 그러면 내가 '마시라' 그래. 근데 안 마시잖아? 그러면 '이씨, 마실 거야 안 마실 거야? 야, 마실 거야 안 마실 거야?' 막 이런다고. 울면서도 그런단 말이에요 그러면 얘들이 나보고 군대에서 내려보던 폼새를 자기한테 한다고 그래.

전　북한에서 술 문화는 어때요?

원　술잔은 안 돌려도 나는 항상 뭘 시키고 했잖아. 술잔 돌리고 그런 건 없죠. 여기 와서 다 배웠지. 술도 못했다고 나는. 술은 있지만 한국 같진 않죠. 여기 와서 아주 그냥 술을, 맥주 마시는 걸 배워가지고 아주 조금 마셔요. 한두 병 정도.

전　그렇군요. 또 남들이 좀 예상치 못한 게 뭐가 있을까요?

원　예상치 못한 게 뭐가 있을까, 아, 저 몸에 문신한 거 모르죠?

원　네. 재작년에 중국 들어가가지고 문신을 하고 나왔죠.

전　왜요?

원　그냥. 멋있어 보이더라고요.

전　어디에 문신하셨어요?

원　여기 팔에다가 나비를 하고. 또 여기저기.

전　반팔 입으면 여름에는 보이겠네요.

원　보이죠.

전　안 아프셨어요? 또 다른 데는 뭐를 하셨어요?

원　이것저것 하는 데 엄청 아팠다니깐. 죽을 뻔했어. 진짜 거기 가가지고 그만둘까 하다가.(웃음)

전　거기는 뼈가 있어가지고 아팠겠어요.

원　그렇지. 꼬리뼈가 있어가지고. 와, 여기 할 때는 막 놀면서 했거든요. 참을 인 자 있잖아. '련鍊'? '련'이라고 한단 말이에요. '련'을 세 번만 하면 참게 된다고 하는데 사람이 뚜껑이 열릴 때는 그런 게 없어요. 근데 내가 어찌 보면 이렇게 중국에서 잠재웠던 것이 지금에서 나타나는 게, 사회가 사람을 따라가는 게 아니라 사람이 사회의 흐름에 발을 맞춰서 살아간다는 게, 환경의 영향을 받는다는 게 맞구나 하는 생각이 들거든요.

전　인간은 환경에 어떤 식으로든 적응하는 것 같아요.

원　항상 숨어 있던 나란 사람, 이런 사람을 항상 숨기고 남들 앞에 나타나기를 별로 좋아하지 않고, 친구 집에 가도 밤에만 가고 그랬는데. 호구를 하고 내가 그 동네에 안 있고 밖에 나오니까 중국 한족들하고도 싸우고 그랬거든. 내가 중국에 있었어도 지금처럼 당당할 수 있었을까. 그러니까 지금 내가 한국에 있다가 다른 외국으로 이민을 간다고 하고 갔어. 갔는데 언어가 안 돼. 첫째로 언어가 안 되고 낯설어. 친구도 없고 형제도 없고. 하지만 여기에서는 언어가 되잖아. 또 정부에서 뒷받침도 해주고. 그런데 거기에서는 내가 완전 바닥부터 시작해야 돼. 그렇게 되었을 때 내가 과연 어떨까. 그 환경에 적응하려고 어떻게 표현이 될는지. 그러니까 이 커다란 덩어리의 사회가 사람한테 맞춰가는 게 아니라 사람이 이 사회의 흐름에 발을 맞추는구나 싶어. 그러니까 '환경의 지배를 받는구나' 하고 생각 들지. 사람이 이렇게 말로 듣는 것보다도 눈으로 보는 게 더 많아요.

인간이 아무리 만물의 영장이고, 사회를 변화시키고 발전시킨 주체라 하더라도 자연과 환경 앞에서는 미물일 수밖에 없다. 따라서 인간은 환경을 지배하기보다는 환경의 지배를 받을 수밖에 없다. 나는 그렇게 믿는다. 다만 환경의 지배를 받으면서도, 수많은 역경과 고뇌를 감내하겠다는 굳은 의지를 지닌 존재가 사람이라는 것이다. 현재를 살아가는 우리 모두야말로 어쩌면 진정한 '강자'이자 진정한 '사람'이지 않겠는가. 게다가 그녀는 몸에 여러 문신까지 새겼으니, 내가 볼 때는 아마존의 여전사 같은 느낌이 든다고나 할까. 그러고 보니 그녀가 앞에서 얘기했던 참대가 떠올랐다. 그렇다, 참대. 강하디강한. 그녀는 참

대였던 것이다. 한편으로는 그 속이 텅 비어서 여리고 외롭고 눈물도 많은, 그러한.

들국화를 좋아하는 호랑이

그녀의 이야기에 깊숙이 빠져들 때쯤 마지막 인터뷰가 시작됐다. 일전의 인터뷰에서 보여준 그녀의 솔직하고 거침없었던 입담 덕분에 우리 둘 사이의 거리는 많이 좁혀졌다. 오늘은 어떤 이야기를 들려줄 것인가. 그녀를 처음 만났을 때 나는 내 조급한 성격 탓에 '그녀가 이럴 것이다'라는 편견을 가졌다. 그런데 그 편견은 이제 긍정적인 방향으로 흘러가고 있다. 그녀는 북한의 강한 여군이 아니라 남한의 강한 여자였던 것이다. 괜히 그녀에게 미안한 마음이 든다. 지금 이 순간 나는 경솔할 것이 아니라 겸손해야 함을 배운다.

전　혹시 뭐 바라는 거 있어요?

원　키도 크고 좀 듬직했으면 좋겠다, 그 정도. 성형해야 돼, 진짜. 돈이 없어서 못해. 그래도 남들이 볼 때 매력적이라고 얘기해요. 웃는 눈이 이쁘다 그래요. 성질 날 때는 눈이 무섭지만 웃을 때는 홀리는 눈이다 그래. 중국에서부터 그런 얘기를 들었어요. 한번 성질 나면 눈에 독이 있거든. 나도 내 자신이 독이 있다는 것을 알어. 중국에 있는 한족 친구들이 나더러 상대방으로 하여금 빠져 들어가게 하는 눈을 가졌다고 얘기하더라고. 나는 잘 모르겠는데. 아무튼 객관적으로 보는 사람들은 그렇게 얘기하더라고. 그런데 한국에 오니까 한국 사람들도 그런 얘기를 하더라고.

전　제가 볼 때도 눈이 날카롭기도 하고 예쁘기도 해요. 한두 가지 특징이 있는 것 같아요.

원　내가 중국에 있을 때도 웃는 눈이 매력적이라 얘기를 들었는데. 진짜 그래요?(웃음) 또 저 다리가 예뻐요. 여름에 치마를 입으면 사람들이 이쁘다고 하는데 저는 성격 자체가 어디 가서 그런 걸 신경 안 쓰고, 별로 좋아하지 않아요. 나는 치마가 없어요. 바지를 딱 이쁘게 입지. 힐을 신으면 쫙 빠져 보이잖아. 군대에 있을 때 보통 다리에 미美가 있다고 했어요. 다리에 아름다울 미가 있다고 해서 '다리미'가 있다고 북한에서도 들었고. 지금도 다리 이쁘다는 얘기를 많이 듣죠.(웃음)

전　제가 봐도 예뻐요.

원　작년만 해도 다리 찢고 앉고 하고 그랬는데 올해는 다리가 쑤시고 욱신욱신할 때면 다리 펴고 앉고 하면 되게 시원했거든요. 쫙 벌어져. 유연하다고 했거든. 첫 스타트부터 제압해버려. 근데 내가 참, 처음 보는 사람한테 부드러운 눈길을 안 줘요. 나는 스타트부터 제압을 해버려. 어디를 가서 아는 사람이 있으면 '어 언니 왔어?' 이렇게 하는데 모르는 사람이 있으면 간단하게 이러고 고개만 까닥하고 별로 눈길을 안 줘요. 내 자신이 먼저 말을 걸고 그러지는 않아요.

전　경계하는 건가요?

원　경계하는 게 아니라. '이 여자 되게 세다' '껄떡거리면 안 되겠다'는 감을 준대요. 처음부터 나는 제압해버려요. 그게 습관화가 된 것 같아요. 부드러운 눈길을 안 줘요. 허물없이 대하는 게 친구지간에는 상관없지만. 나가면 내가 아래라고 해서 첫 스타트부터 말을 막 하는 거, 그런 거 당하면 감정이 상하고 그러잖아.

　동물의 세계가 떠오른다. 남들이 그녀 자신을 호구로 보지 못하도록 처음부터 제압해버린다고 말한다. 대부분 피해의식이 있거나 타인에게 상처를 많이 받았거나 스스로 이방인임을 자처할 때 이런 행동이 나오기도 한다. 그런데 내가 볼 때는 그녀의 그런 매력을 사람들이 되레 좋아하는 것이 아닐까 싶다. 어쩌면 그녀는 남을 경계하고 제압하는 것이 아니라, 남들에게 자기만의 색깔로 매력을 보이는 것은 아닐까.

전　그럼 '나'라는 존재를 동물로 비유했을 때 뭐가 떠오르세요?

원   나는 내가 호랑이 같다고 생각하거든요.

전   호랑이 마음에 드세요?

원   이미지가 마음에 드는 게 아니고 일단은 강하잖아. 그리고 지금은 호랑이를 사육도 하잖아요. 그러니까 순한 면은 순하니까. 센 것 같지만 부드러운 면도 있으니까. 그거 말고는 크게 생각나는 게 없네.

전   호랑이? 그럼 산에 있는 꽃이나 식물로 비유하면 뭐가 있을까요?

원   들국화.

전   왜요?

원   저는 온실에서 피는 꽃보다 들에서 자연을 만끽하면서 굳세게, 아무튼 견디면서 자라는 강한 꽃인 들국화가 좋아요.

전   또 뭐 자랑할 게 있나요?

원   아, 또 하나. 스킬이 있지. 저는 음식 같은 것도 뚝딱 해버려요.

전   음식 만드는 속도가 빠르신가봐요? 뭐든지 손으로 하는 건 빨리빨리?

원   네. 속도가 있죠. 남자한테 있는 게 몽땅 나한테 다 있다고. 그리고 표현력이 좀 좋다고 생각하거든요. 무슨 일이 생기면 상대방한테 그거를 이해할 수 있게 논리적으로 말하거든요…… 직감적으로 와서 요때는 이렇게 저렇게 말하면 되겠다 싶어. 그냥 자동으로 나와. 그러니까 직감적으로 느끼는 그것을 내가 잘 받아들이는 것 같아요. 그러다보니까 안 좋은 점도 있어요. 보통 사람들은 싸우고 돌아서면 다 괜찮다고 하는데 나는 그런 게 안 돼요. 싸우고 하면 그런 게 신경이 쓰여. 예민하지. 내가 내 자신을 너무 괴롭히는 거일 수도 있단 말이에요. 지하철이나 버스에서 젊은 애들 막 자고 하잖아요. 나는 그런 데서 못 자요. 잠이 안 와요. 그리고 그런 데서 자는 것 자체가 난 별로 이쁘게 안 보여. 피곤하면 창틀에 이렇게 기대고 있더라도 자지는 못하지.

정글을 가본 적이 없다. 호랑이는 어린이대공원에서나 어릴 적 몇 번 본 게 다이다. 실상 호랑이가 어떠한 습성을 지녔는지를 정확히 모른다. 그런데 남들을 경계하고 스스로도 흐트러짐 없는 자세를 유지하면서 강해 보이려 한다면 그것이 호랑이가 아니고 무엇이겠는가. 그래서 호랑이는 그녀와 동궤에 놓인다. 남들에게 호구로 인식되지 않고 호방하게 인식되는 것, 그것이 그녀가 지금까지 지켜온 자기 삶의 태도이자 인생관이라 하겠다.

전　　예전에 저는 기차 타고 창원에서 서울로 올라오는데, 서울로 올라 오니까 머리가 바닥에 있더라고요. 완전 숙면을 취했죠. 불은 다 꺼져 있 고.(웃음)

원　　옆의 사람들이 말을 안 했다고?

전　　그러니까요. 딱 한 번 그런 적 있어요. 창원에 강의가 있어 내려갔 죠. 아침 7시에 마포에서 서울역으로 이동해 기차를 타고 갔어요. 창원에 서 내리면 오전 11시 45분. 12시 수업을 하고 끝내면 오후 5시 40분. 오후 6시 기차를 타고 서울역에 9시에 도착해 집에 오면 밤 10시 정도 돼요. 그 때만 해도 젊어서 가능했던 일이죠. 어쨌든 이런 삶을 살다보니 어디서든 쪽잠 자는 법을 터득했고, 적응력은 월등히 강해졌어요.

원　　박사님도 대단하시네. 제가 지금 배우는 게 사회복지잖아요. 사회 복지라는 게 현재를 위해서 배우는 게 아니고 내가 50대나 60대 노동 능력 이 안 될 때 할 일이 뭐가 있겠느냐 하는 것을 위해서 배우는 거거든요. 요 양보호소도 자격증이 있거든요. 그때 가서 내가 이런 걸 하지 않겠나……

전　　노후에요?

원 그치. 앞으로 고령화 사회고 또 초고령 사회가 진행되니까 수요가 많아지지 않겠나 싶어. 솔직히 나는 무역 쪽으로 해서 무역과를 다니려고 했는데 나한테는 좀 먼 이야기 같더라고. 나이도 있지, 젊은 애들이 치고 올라오지, 그렇다고 내가 기술이 있는 것도 아니고. 그래서 늘그막에 할 수 있는 게 이런 일이지 않을까 해요. 한 살이라도 더 젊을 때 힘들더라도 배워놓자 이거지. 나이 먹어서 배우려면 더 힘들잖아요. 그리고 죽을 때까지 하는 게 공부라고 하잖아요. 배워서 머리에 담아 남 주는 것도 아니고 지금은 마음뿐이고 욕심뿐이고 교육 같은 것도 그 자리에서는 알 것 같은데 돌아서면 까먹고 그래.

전 그렇게 열심히 배우시는 이유가 있어요?

원 나 자신을 위해서도 그렇지만 딸내미를 위해서. 내가 나중에 짐이 되지 말아야지. 우리 엄마는 예쁘고 똑똑한 엄마라는 것을 보여주고 싶어요.

전 딸을 생각했을 때 엄마가 당당하고.

원 그렇지. 친구들하고도 얘기할 때 '우리 엄마는 이런 데 다니고 있다'고 얘기할 수 있게, 당당하게.

그녀의 딸은 얼마나 자기 엄마가 든든할까. 엄마가 정글의 왕자인 호랑이니 말이다. 내 엄마는 나를 공주로 키우려고 부단히 애를 쓰셨다. 레이스가 달린 옷, 인형, 머리핀, 꽃이 달린 신발 등등 예쁜 것들만 가져와서 내 몸에 걸쳐보았다. 그때마다 나는 엄마와 자주 싸웠다. 그런 액세서리를 내가 좋아하지 않았기 때문이다. 나는 덜렁대고 털털한 스타일인데 말이다. 만약에 내 엄마가 지금 내 앞에 있는 그녀처럼 정글의 호랑이였고, 나를 강하게 키우려고 했다면 아마도 레이스가 달린 옷, 인형, 머리핀, 꽃이 달린 신발 등을 더 입고 싶어 안달했을 것이다. 그렇다고 내 엄마의 교육관이 잘못되었다고 말하는 것은 아니다. 그 덕분에 내가 지금 곱게 자라서 가족학 박사가 되었고, 상담사로서 자부심을 지니고 살고 있지 않은가.

전 복지를 하시니까 궁금한 게 있어요. 저는 태어나고 살면서 복지라는 말을 많이 들어본 것 같아요. 그 단어가 선생님께는 어떤 의미인가요?

원 중국에서도 복지라는 단어가 이제야 등장했더라고요. 2012년만 해도 그런 단어가 없었어요. 일반화되어 있지 않았지. 쪼매난 나라가 참 많이 발전했구나 하는 생각이 들죠. 중국은 땅덩어리도 크고 인구도 많고 한데 한국은 중국으로 치자면 한 개 성 땅덩어리도 안 된단 말이에요. 그런데 이렇게 작은 땅덩어리로 큰 나라에 사는 사람들이 와서 다 일하고 있잖아. 참 대단하구나 싶어요. 사회복지 공부한다고 하니까 중국에 있는 친구들이 웃는 거예요. '야, 중국 사람이 나이도 많은데 무슨 대학을 다니냐?'고. 걔들은 내가 북한 사람이라는 것을 모르니까. 내가 이렇게 배우고 있다고 하니까 무슨 과를 다니고 있는지 물어봐. 그래서 사회복지라는 말을 쓰니까 애들이 잘 못 받아먹는 거예요. '그게 무슨 과냐? 무엇을 전공하느냐?'고 그래서 내가 '복지에 대해서 연구하고 실행하고 해서 노력하는 그런 거'라고 하니까 중국에는 아직까지 그런 게 없고 보편화가 되어 있지 않아서 잘 모른다고 하더라고. 내 생각에는 사회복지라는 것이 그래. 있는 사람은 좀더 내서 못한 사람들을 끌어가는 거. 없는 사람들은 자기가 노력을 안 해서 그런 것도 있겠지만 실제로 불가피하게 그렇게 되는 사람도 많잖아요. 그런 거를 사회가 내팽개치지 않고 같이 데리고 가는 그런 게 아니겠나 싶어요.

전　잘사는 사람들이 조금 끌어주고?

원　네. 못사는 사람들도 자기가 안 해서가 아니라 아무리 폐지 줍고 다녀도 안 되는 거잖아요. 노인 같은 분들도 많잖아요. 그런 사람들도 같이 잘살지는 못해도 기본적인 생활은 할 수 있도록 도와주는 게 복지가 아닌가 싶어. 잘사는 사람은 잘살고 못사는 사람은 바닥을 치는 게 아니라 다 같이 갈 수 있는 그런 사회가 아니겠느냐.

　그녀의 말을 정리해보자면 사회복지란 '잘사는 사람들이 돈을 많이 내서 못사는 사람들을 무작정 도와주는 것이 아니라, 못사는 사람도 잘사는 사람들과 어울려 같이 걸어갈 수 있게끔 만들어주는 것'이다. 이것이 진정한 사회복지 개념이 아니겠는가.

전   조금 다른 질문을 드려볼게요. 무인도에 간다고 한번 상상해볼까요. 다섯 가지를 가져가실 수 있다고 하면 무엇을 가지고 가실 거예요?

원   먹는 거? 입는 거? 사람도 돼요?

전   다 상관없어요. 다섯 가지만.

원   첫째로 종자를 가지고 가면 되고.

전   종자요?

원   심어 먹을 수 있는 씨앗 같은 종자. 그리고 최소한의 농쟁기?

전   농쟁기요?

원   농사를 지을 수 있는 쟁기들. 호미나 도끼 정도? 농사를 지을 수 있는 기본적인 것들. 트랙터나 이런 게 아니고 낫이나 뭐 이런 거. 그리고 내

몸을 구할 수 있는 거. 화장품 같은 거? 이런 거 말고 선크림이라든가 스킨
로션 뭐 이정도로. 그다음에 우리 딸? 그런데 우리 딸은 별로 데려가고 싶
지 않아요.

전　왜요? 저는 처음에 딸이라고 하실 줄 알았어요.

원　왜냐하면 그냥 좋은 세상에서 살아야지, 엄마가 간다고 무인도로
오면 삶이 바뀌니까. 별로 데려가고 싶지 않아요. 그냥 좋은 세상에서 살았
으면 해. 내가 아플 때 돌봐주고 힘들 때 기댈 수 있는 사람이 네 번째고 일
단은 먹고살아야 하니까, 고 정도?

　예전에 나도 친구들끼리 무인도에 가져갈 물건에 대해서 이야기한
적이 있다. 요즘에도 똑같은 질문을 한다면 아마도 나는 인터넷이 잘
되면서 배터리가 빵빵한 노트북, 스마트폰, 그리고 남편이나 가족 정
도를 얘기할 것 같다. 그다음에는 먹고살아야 하니까 사냥 도구나 기
본적인 식자재 정도. 그런데 그녀는 종자를 가져간다고 했다. 정말 깜
짝 놀랄 만한 답변이 나왔다. 종자라? 왜 그랬을까? 그 답변을 통해서
나는 그녀가 '강한 여자'임을 재확인할 수 있었다. 우리는 무인도를 생
각할 때 일정 부분 낭만적인 것을 먼저 떠올리는 경우가 많은 것 같다.
그곳에서 어떻게 적응할까, 그곳에 가면 뭐가 있을까, 자연인으로 사
는 것도 나쁘지는 않을 것 같은데 등등을 생각하는데, 그녀는 무인도

를 어떻게 하면 잘 개척할 수 있을까 하고 생각한 것이다. 척박한 땅이라 하더라도 종자를 심고 그것에서 싹이 나도록 정성을 쏟은 후 거기서 얻어낸 결실로 살아가겠다는 의지를 갖는 것. 결국은 주어진 환경에 적응하느냐 아니면 주어진 환경을 개선하고 개척하느냐의 문제였던 것이다. 그녀에게 종자는 주어진 환경에 수동적으로 적응하기 위한 물건이 아니라, 주어진 환경을 개선하기 위한 물건이었던 것이다. 요컨대 그녀는 내가 생각했던 것보다 훨씬 더 생활력이 강한 여군이었고, 강한 여자였다. 남에게 의지하지 않으려는 자세는 물론이거니와 딸을 위해서 혼자 가겠다는 의지는 나의 나태한 삶을 돌아보게 하는 계기로 작용했다. 역시 그녀는 대단한 군인이자, 엄마이며, 여자이자, 그 자신이었다.

전　마지막으로 죽기 전에 내가 하고 싶은 일 열 가지, 램프요정 지니가 소원을 들어준다고 하면 뭐가 있어요?

원　우선 현재 해야 하는 일이 앞으로도 내가 계속 해야 하는 일이라면 최고가 되고 싶고. 둘째는 우리 딸이 앞으로 살아가는 데 있어 사회에서 지장이 되지 않는 사람이 되도록 키워주는 거고. 세 번째는 내년까지 전세 대출받은 거 누가 갚아줬으면 좋겠고. 차량도 하나 있었으면 좋겠고. 차를 뽑을 수 있는 능력이 되면 좋겠고. 만약 내가 얼마 못 산다면, 그리고 지금은 임대주택에 살고 있지만 나만의 집을 마련하고 싶고 그래.

전   어떤 집에서 살고 싶으세요?

원   저는 아파트가 좋아요. 개인 주택은 외로워요. 아파트는 왔다갔다 안 해도 사람들을 자주 볼 수 있잖아요.

전   또 뭐를 하고 싶어요?

원   다이어트.

전   살 별로 안 찌셨는데요.

원   뱃살 빼려고요. 그리고 하고 싶은 거 일곱 번째가 있다면 내년까지는 좋아하는 사람을 만났으면 좋겠고. 친구 말고 이성적으로. 그냥 친구는 장난이나 치는 거고, 정말 사랑하는 연인이 있었으면 좋겠고. 우리 딸을 자기 딸처럼 잘 보살펴줄 수 있는 그런 남자. 저는 진심이 느껴지지 않는 말은 콧방귀를 뀐단 말이에요. 정말 나를 감동시킬 수 있는 그런 남자. 여자들은 그 사람의 말 한마디보다 하는 행동에서 진심을 느낀단 말이에요. 내가 진짜 피부로 와닿을 수 있게 해주는 그런 사람. 인물이나 체격은 필요 없고. 그런 사람을 만나고 싶고 그래. 제주도 여행 다녀오고 싶고. 기회가 되면 중국에 있는 장백산(창바이산)을 가보고 싶고.

전　　중국 여행을 하고 싶으세요?

원　　나는 중국 가면 가이드 필요 없이 내 손으로 다닐 수 있으니까, 기회가 되고 돈이 되면.

전　　마지막으로요.

원　　우리 딸이 건강하게 잘 사는 것. 지금도 건강하지만.

　　그녀의 열 가지 소원은 소박했다. 우리가 흔히 말하는, 넘치는 부와 명예와 권력 따위는 없었다. 현재의 삶에 만족하면서도 현재 처한 약간의 불편함을 해결할 수 있을 정도의 소박한 바람이 그녀가 꿈꾸는 소원의 전부였다. 내가 지니었다면 덤으로 더 큰 것이 이루어질 수 있도록 도와주고 싶었다. 만약에 지니가 내게도 소원을 빌 기회를 준다면 나는 뭐를 선택할까? 모르긴 해도 부와 명예와 권력 중 하나는 포함되었을 것이다. 그래서 더 이상의 언급은 피하도록 하겠다. 자꾸 언급하면 나를 스노비즘snobbism에 빠진 인간으로 볼 테니까.

4장

피나는 노력이 있기 때문에 무대가 있어요

"북한 있는 아들 쌀밥 먹이려고
부서져라 일했지"

마현미
50세 여성

나는 2005년 남한으로 왔습네다. 혼자 살아예. 서울 와가꼬 한 10년 넘게 식당이랑 웨딩홀에서 일했거든요. 몸이 다 망가졌어예. 지금은 빵집에서 알바 하면서 좀 쉬고 있어예. 내가 왜 이렇게 일했냐고예? 북한에 아들 있어예. 가도 일이 없어. 거기도 일자리 없어 난리야. 여그서 삼만 원씩 보내주면 한 달 쌀밥 먹고 살거든. 그니까 내가 몸이 부서져라 일했지. 여기 사는 거 어떠냐고? 외롭지. 혼자 사니까. 아들 오면 좋은데 그놈은 여기 올 생각이 없대. 스무 살 넘었는데 나도 마음 내려놓았지, 이제는. 그래도 그놈 장가갈 때까지 내가 돈 좀 부쳐줘야지. 그게 엄마지. 나 꿈이 뭐냐? 내가 이 나이에 뭐를 하겠어. 지금은 그래도 괜찮은데, 늙으면 혼자 밥 먹을 게 싫더라고. 그래서 밥 같이 먹을 사람 있음 좋겠어. 뭐 돈도 있음 좋지만, 그거 사람 맘같이 되나. 그냥 서로 의지하고 살 수 있음 그걸로 됐지 뭐.

가족을 만들고 싶어요

자연스럽다고 해야 할까, 아니면 자연스럽게 꾸민 것이라 할까. 꾸몄
는데 티가 안 난다고 해야 할까, 아니면 꾸미지 않았다고 해야 할까.
화장법을 모른다고 해야 할까, 아니면 화장품이 없는 건가. 별의별 생
각이 다 들었다. 사람의 외모를 놓고 이렇게 헷갈려본 적도 드물다. 첫
만남이자 첫 인터뷰였는데도 그녀는 자연 상태라고 해야 할까, 어쨌든
그냥 그대로 내게 다가왔다고밖에. 일단 얼굴에 병세가 있어 보였고,
머리 모양도 부스스했다. 그렇다고 마른 체격은 아니었다. 건장하다
고 해야 할까. 지금까지 만났던 여러 북한 언니들과는 달리 골격과 키
가 커서 좀 낯설었다. 인터뷰를 하기 위해서 만나자 했는데, 막상 그녀
의 표정은 인생 상담을 받으러 온 것 같았다. 인터뷰 하는 중에 '어디
가 아프다'고 할까봐 조마조마했다. '시너지synergy'라는 게 있다. 쉽게
말해 분산된 어떤 집단이나 개인이 통합되는 과정에서 얻는 상승효과
를 말하는데, 그녀와 나는 벌써부터 '역시너지 효과'를 만들어내고 있
었다. 인터뷰를 하기 전부터 '기가 빨린다'는 얘기인데, 오늘 큰일이다
싶다. '나 어떡하지?' 그녀에게 던지는 질문조차도 조심스럽다.

전　　선생님 마음의 이야기를 좀 해주실래요? 마음에 어떤 것들이 있는

지요.

마   지금 내가 백수인데요. 논 지 좀 됐어요. 백수로 있는데, 이제까지는 그냥 이랬어요. 지금 현재*는 10년을 이렇게 살다보니깐, 그냥 내가 가진 것 없으니깐 그렇네요. 그래도 좀 열심히 살아왔어요. 여기 와서는. 정말 열심히 살았어요. 형제들도 돌보고 내 아들도 돌보고. 나 자신 열심히 살았는데 이제는 이걸 다 내려놓고 싶어요. 내가 너무 힘들어요. 이렇게 살아온 게. 내려놓고 이제는 좋은 배우자를 만나 결혼하려고 생각해요. 결혼해서 살고 싶어요.

노래 가사에도 있듯, '왜 슬픈 예감은 틀린 적이 없을까'. 예상했던 답이 그녀의 입에서 나오자 반가우면서도 한편으로는 측은한 마음이 들었다. 도대체 어떤 사정이 있을까.

전   여기 몇 년도에 오셨어요?

마   10년 됐어요. 2005년도에 왔거든요.

전   꽤 오래됐네요.

---

* 그녀는 '지금 현재'라는 말을 자주 많이 썼다. 사실상 지금이 현재인데 말이다. 어쨌든 그녀의 반복적인 어투를 그대로 살리고자 한다.

마　네. 이제는 결혼하려고. 밥만 먹으면 된다 심정으로 열심히 일하면서 살았는데, 이제는 하~ 너무 지쳤어요. 뭐가 지쳤냐면 경제적으로 어려워서 지쳤다 이거는 아니고. 심적으로 너무 힘들어요. 사는 게 너무 어렵고. 이제는 스트레스 받아서 음식도 안 땡기고 밥도 잘 못 먹고 잠도 잘 안 와요. 그러니깐 내가 혼자 있다는 이 자체가 너무 스트레스예요. 너무 외로워요.

전　아, 혼자 있다는 것 자체가.

마　그 자체가 너무 힘들어요, 내가 지금. 그러니까 내 가족을 만들어서 살아야 되겠구나 이 생각만 들어요. 가족이 중요해요. 사람이 아무리 글쎄, 이 땅에서 나고 태어났으면 독신으로 살아도 되지만, 나는 여기에 혈혈단신으로 혼자 왔잖아요. 저는 아무것도 없잖아요. 그러니까 이 가족이라는 게 너무 소중해요. 새로운 가족이라도 만들어야 되겠어요. 그래서 내가 지금 이러고 있는 거예요. 그냥 나도 모든 걸 내려놓고.

전　남편분은 북한에 계세요?

마　네. 북한에 있어요. 결혼해서 살고 있어요. 다른 사람하고. 그리고 아들은 내 동생 집, 이모 집에서 살고 있고. 그래서 아들내미도 뭐, '아빠 집에 가 살겠으면 살고, 이모 집에서 사는 것도 네 자유다' 하니까 걔는 이모 집에서 살겠대. 이모 집에서 사는 게 낫지.

전   그렇군요. 그렇게 외롭고 힘든데, 어떤 것 때문에 버틸 수 있는 것 같아요?

마   내가 그때 아직까지 이렇게 힘들고 외로워도 나는 '내 죽고 싶다' 이런 생각은 안 들었어요. 그런 생각은 못해요. 아직까지 오십 평생 살아왔어도 그런 생각은 못해봤어요.

여자의 느낌, 직감이라는 게 있다. 그녀가 외롭다 하고 결혼하고 싶다고 하는 걸 들으니 필히 무슨 사연이 있어 보인다. 그녀는 스스로 '내 죽고 싶다'는 생각을 안 했다고 하는데, 내가 볼 때는 누구보다도 죽고 싶지 않았을까 생각이 든다. 미안한 얘기지만 어쩌면 그녀는 누군가로부터 실연을 당했을 거라 생각된다. 그런 느낌이 들어서 직설적으로 물었더니, 아니나 다를까 '그렇다'고 했다. 의지하며 지냈던 남자가 있었는데 결과가 안 좋았다고 했다. 더 여쭙고 싶었으나 실례가 될까봐 멈췄다.

전   어떤 신념이 있어요? 종교적인 신념이라든가.

마   그런 것도 없어. 난 종교 믿는 것도 없어요. 근데 내가, 내가 지금 와서 죽으면 내 아들이 있는데 자식이 큰 힘이에요. 형제도 힘이 안 돼요. 자식이 그렇게 힘이에요. 그래서 '여성은 약해도 엄마는 강하다'고 하잖아요. 중국에 있을 때 정말 힘들게 살았어요. 여기 와서는 그나마 편하게 사는 거예요. 내가 이렇게 힘내고 살 수 있는 거는 '니 아들 때문이다'라고 해요. '니가 이 세상에 없으면 난 이렇게 힘들게 안 살았을 거다' 그러죠. 당연한 얘기지. 내가 내 혼자만 살려면, 그러니까 그 자식이라는 게 지금 현재도 그래요. 자식이 있기 때문에 내가 목표를 가지고 살 수 있어요. 여기 사람들은 우리 사람들에게 '어떻게 자식을 떼놓고 이렇게 올 수 있는가' 생각하는데, 그게 떨어져 있을 뿐이지 내가 자식을 버린 건 아니니까. 내가 지금 현재까지 10년 동안 중국에서 북한을 도와준 건 내버려둬도, 한국에 와서 내 지금 현재까지 2014년도까지 북한에 내보낸 것만 해도 3000만 원은 돼요. 1년에 300은 내보냈어요. 지금 현재까지. 내가 다 적어놨거든요, 수첩에다. 다 적어놓고 내 계산해보니까 3000만 원은 돼요. 내가 이제 아들 결혼을, 아직까지도 이 새끼 결혼을, '서른 살 돼서 장가를 가라' 했거든요. 그런데 결혼하면 집도 사줘야지, 그리고 어느만큼 살 적금까지는 해줘야지. 지금까지 그렇게 나도 살아야 되지만, 그다음에 뭐 '잘 살고 못 살고는 니 운명이고 니 팔자다'라고 아들한테 내가 그랬어요. 그러니까 '지금 현재 니 스스로, 니 나중에 가족이 생기고 니가 살아갈 수 있는 능력을 키울 때까지 내가 돌볼 거'라고 말해요. 난 고기까지, 고까지는 대주지만 고 이상은 너를 못 대준다 그래요. 왜? 그때부터는 나는 힘이 없고 늙고 내 아파도 곁에서 물 떠줄 사람도 없으니까. 그러니까 '나는 힘이 없으니까 그때 가서는 니가 알아서 살아라' 그래요. 모질지만 할 수 없어요. 인간 세상은 각자 인생이 따로 있으니까. 부모가 자식 인생 살아줄 수는 없잖아요. 전 그렇게 생각해요. 그치만 지금 북한 경제 상황상 안 도와주면 못 살아요. 도와는 줘야 해요, 왜? 직장 일에 있어서, 출근해서 뭐라도 나오면 괜찮아요. 내 상관 안 해도 돼. 근데 직장이 돌아가도 나라에 돈이 없으니깐 뭐 월급도 못 줘요. 아니 돈이 안 나오는 그게 직장이고 일터예요? 지금 내가 땅에 농사를 짓거나 아니면 장사를 해서 몫을 조금이라도 남겨 먹어야 살 수 있는 거예요. 근데 지금 현재 북한이 어려워요. 그러니깐 내가 돌아앉으면 살수 없어요. 살아야지 어쩌겠어요. 그래 나는 얘기했어. '남한에서 10년째 살아보니까 내가 노력하면 노력한 대가가 나오더라' 이거지. 그래서 그거는 고민 안 해요, 내가. 어떻게 하든지 내가 나가서 벌면 살 수 있으니까. 그건 힘들지 않은데, 이게 정신적으로 마음적으로 이 고충이 제일 힘들어요. 너무 힘들어요, 그게.

    그녀의 입에서는 '힘들다, 너무 힘들다'는 얘기가 자주 나왔다. 그녀는 몸이 부서져라 일했다고 자주 얘기를 한다. 왜냐? 북한에 있는 아들에게 돈을 보내주기 위해서란다. 지금까지 보내준 돈만 3000만 원이라 했다. 그녀에게 그 돈은 얼마나 컸을까. 어쩌면 지금 인터뷰를 하고 나서 그녀가 받게 될 3만 원이라는 수당도 그녀의 아들에게 보내질 판이었다. 수당이 없었다면 그녀는 인터뷰에 응하지 않았을 수도 있었으려나. 그녀는 아들에게 어떻게 돈을 보내는 걸까. 은행도 없다는 북한에 어떻게? 물어보니 브로커(중개인)가 알아서 해준다고 했다. 수수료 떼고 말이다. 세상에 공짜가 어디 있겠는가.

전　힘든 것을 어떻게 달래요?

마　내가 지금 이렇게 집에 있는 기간에, 그나마 복지관에 나와서 사람들하고 어울리면서 하는 게 너무 좋아요. 고추 심고 화분 하고 이런 것들 좋지.

전　뭐가 제일 좋으세요?

마　심리적으로나 이렇게 어울릴 마당 같은 것도 있고 서로 나가 소통이라도 한다든가. 원예 프로그램에 두 번 참가했어요. 참가해서 집이 너무 작으니까 어떻게 다 건사할 데도 없어요. 우리 애들이 다 버려요. 집이 작은데 어디라고 보관하겠어요. 그러니깐 다 버리는 거예요. 그게 거 얼마나 아까운 거예요. 그러니까 마음적으로 동아리 같은 거 애들끼리 서로 위안이 되고 이렇게 마음이 의지도 되고 이런 게 더 필요하지. 양말 한 짝이라도 주면 좋고. 행주 하나라도 실제적으로 피부에 와닿게 주면 도움이 되고 그렇지. 여기 나와서 음식 하면서 막 소통하는 것도 좋아요. 같이 할 수 있다는 게 좋아요. 너무 좋아요, 그거는. 그리고 혹시나 해서 그런데 그냥 건강을 생각해서 요가 프로그램, 요가 같은 것도 있으면 참 좋을 거예요. 실제로 내가 운동할 수 있는 거나. 서 얼마나 좋아요. 혼자서는 안 해도 같이 모으면 할 수 있잖아요. 그런 게 너무 좋아요. 그러니까 실생활에 도움이 되는 거를 해야지, 같이 어울리고 하나하나 같이 먹어도 서로 수다 떨고. 이게 수다를 떨어야 마음이 안정돼요. 부케도 만들고, 꽃도 성탄절에 그렇게 만드는 것도 좋지만, 그것보다는 정말 우리에게 와닿는 거, 요가도 배우면 얼마나 좋아요.

전　좋은 아이디어네요.

마　네. 우리 마음도 건강해지고. 건강도 잡고 얼마나 좋아요.

그녀는 실속파다. 어떤 일을 하면 그것에 응당한 대가를 챙겨가기 때문이다. 그러고 보니 예전에 원예활동 프로그램에 자원봉사로 참여했던 기억이 떠올랐다. 성탄절을 앞두고 강사가 반짝반짝 불이 들어오는, 작은 전구가 달린 전선을 가져왔다. 딱 봐도 트리를 만들기 위한 재료였다. 그 전선은 작은 바구니가 완성되면 그 둘레를 감싸려고 준비한 것이었다. 작업이 완성되고 전기를 연결하니 작은 트리가 완성됐다. 반짝이는 모양새를 보니, TV 옆이나 침실 선반 위에 놓아도 아늑한 분위기를 연출할 것만 같았다. 나중에 들은 얘기지만 그 바구니는 방치해두다 결국 버렸다고 했다. 놀랍게도 원예 프로그램에 참여했던 북한 언니들이 '전기세 낼 돈도 없는데 그런 거 필요 없다'고 했단다.

그녀들에게 미니 트리는 사치에 불과한 것이어서 전혀 생활에 도움이 안 되는 물건이었다. 거추장스러운 물건에까지 전기세를 내야 하는 여유가 그녀들에게는 없었다. 그러고 보니 성탄절이라고 해서 북한에 트리가 설치된 것을 TV에서도 본 적이 없다는 것을 깨달았다.

전   편견 같은 거 느껴져요?

마   억양이 세잖아요. 억양 차이가 있으니까 말해보고 조선족인가 이북 사람인가 이렇게 평가를 해요. 그러면 호구조사 하는 것도 아니고, 엄청 기분 나빠요. 그 문제를 물어보는 것 자체가 너무 기분 나빠요. 근데 표현은 안 해요. '아, 저 사람이 저런 걸 물어보지 말았음 좋겠다'고 생각해요. 그런데, 그렇게 알고 들어가면 한 수 깔고 봐요. 그게 너무 기분 나빠요. 근데 그것도 사실 저희가 감사하고 살아야 해요. 이 땅에서 살자면. 그게 참 제일 중요해요. 이 언어에서만 차이가 없다면 나가서 아무런 일을 해도 좋아요. 그게 참 힘들어요. 그런데 우리 사람들은 아직까지 살던 습성이 많으니까. 내가 바라봐도 '편견을 가지고 볼 수밖에 없구나' 이게 느껴져요. 그런 거 안 느껴져요? 자기주장을 너무 확실하게 해, 우리 사람들은. 아니 근데 좀 사람이 어딜 가면 어디 법을 따라야 하잖아요. 이렇게 나를 조금 내려놓고 내 감정을 조금 숨길 줄도 알고 그래야지. 여기 사람들은 그런 게 참 너무 잘되어 있어요. 자기 속을 들여다보기 힘들어요. 근데 이 사람들은 확실하게 보였어요.

전　　그런 면도 있죠. 솔직한 게 저는 좋아요.

마　　그게 나쁜 거는 아닌데, 어떤 때는 단점이 될 수도 있어요.

전　　그렇죠.

마　　네, 그렇게 될 수도 있어요. '저 사람들이니까 저렇게 표현을 한다' 이렇게. 여기 선생님들은 좋은 시선으로 우리를 바라보니까 좋게 보일 수도 있지만 사회에 나가서는 아닌 거예요. 근데 어쩔 수 없어요. 열심히만 살아왔어요. 이제는 그만 열심히 살려고요. 다 내려놓고 결혼해서 가족을 만들고 싶어요. 너무 스트레스예요. 사람이 외로움이라는 게, 내가 외로워서 죽고 싶다 이런 생각은 안 들어요. 왜? 사람이 살려고 태어났지 죽으려고 태어난 건 아니잖아요. 그래서 저는 죽는 사람을 보면 이해가 안 가요. 살려고 목숨 걸고 대한민국에 왔는데.

　'힘들다, 죽고 싶다, 죽을 것 같다'는 얘기가 반복된다. 그러면서도 그녀는 '가족을 만들고 싶다'고 한다. 그녀의 말투에는 삶과 죽음이 공존했다. 어느 한쪽에 대한 열망이 없었다. 사회생활을 하게 되면 누구나 '페르소나persona'를 쓴다. 페르소나는 카를 구스타프 융이 사용했던 개념으로 일종의 '가면'을 말한다. 본래는 연극배우가 쓰는 탈을 가리키던 말이었다. 그런데 시간이 흐르면서 점차 인간 개인을 가리키는 말로 쓰이게 되었다. 한편으로는 건강한 적응력이라고 볼 수 있으며, 다른 한편으로는 본성을 감추는 능력이라고 볼 수도 있다.

전　그렇죠. 어떤 긍정적인 마음이 있으신 것 같아요. 어떻게 자라셨어요?

마　어렸을 때는 열한 살에 엄마가 없었고, 내가 열다섯 살에 아버지가 안 계시고 돌아가시고. 어쨌든 그러니까 형제들끼리 살았어요.

전　형제는 몇이에요?

마　여섯 명이에요. 내가 셋째예요. 형제들끼리 살았는데, 남다르게 형제들끼리 사니깐 좀 이렇게 자립심이란 게 강한 것 같아요. 다른 애들은 부모들이 다 챙겨줬는데, 우린 우리가 알아서 살아야 됐거든요. 그러니까 그런 자립심이 강했던 것 같아요. 근데 그것도 사람 나름의, 또 부모 없이 이렇게 살았다고 해서 나처럼 사는 것도 아니다보니까. 오히려 이 땅에 와서 사는 걸 감사하고 고맙게 생각해요. 여기 사람들은 살기 힘들다고 막 그러는데 '왜 그러지?' 하고 난 그게 이해가 안 가요. 노력만 하면 사는데. 내 노력한 것만큼의 내에서는 살 수 있잖아요. 그건 부자는 아니어도. 나는 내가 가진 것에 만족하지, 남이 부자라고 절대 부러워는 안 해요. 내가 가진 것에 만족해요. 내 것이 소중하니까. 그러니까 절망하고 내가 지금 제일 심적으로 힘든 게 외로움, 이게 너무 힘들어. 내가 스트레스 너무 받아 미치게 힘들지, 외로움 때문에.

전　마음에, 어머님 마음에 뭔가 힘든 것을 이겨낼 수 있는 어떤 원동력이나 힘 그런 것들이 있을까요?

마　내가 이런 생각을 가지고 사는 게, 내 마음이 좀 강해서 그런 것 같아요. 내면이. 그렇게 너무 나약하지 않은 것 같아요. 그것도 타고난 것이라고 할까. 어디서 교육받은 것 아니에요. 내가 스스로 나를 다스리지 못하면 못 살잖아요. 그래서 저는 스스로 어릴 때부터 내공이 많이 쌓였던 같아요. 자랄 때부터.

전　근데 진짜로 아까 어머님이 말씀하신 대로 부모님이 일찍 돌아가셨다 해도 생활이 어렵다 해도 사실은 인간마다 다른 마음을 가질 수 있는데. 그죠?

마　자랄 때는 부모를 원망하며 살았어요. 형제가 많으니까. 내 위에만 낳고 내부터는 낳지나 말지. 우리 엄마 아버지가 우리 형제들을 못 거둬줄 바에는. 왜 나를 이 세상에 낳아줘갖고 나를 이렇게 고달프게 했는지. 근데 지금 와서 생각해보면 우리 엄마 우리 아빠가 살아 계셨으면 내가 효도하겠는데 그래요. 우리 엄마 아버지가 살아 계셨으면 '우리 둘째 딸 덕을 보는구나' 하고 생각하실 거예요. 형제들이 못해준 거, 내가 우리 엄마 아버지 효도해드리겠는데. 그게 제일 가슴이 아파요. 우리 엄마도 북한 정권 때문에 정치범으로 잡혀갔어요. 그래서 열한 살에 생이별했어요. 생이별했으니까 어떻게 살았는지 어떻게 죽었는지도 몰라요. 그래서 본의 아니게 전자회사 다녔거든요. 정발산동에. 그걸 보면서 내가 뭘 느꼈냐면 저 사람들도 평생을 대한민국에서 살았어도 저렇게 서로가 시기, 갈등하고 저렇게 오십이 넘어서도 울면서 막 이렇고. 자기가 이기지 못하니까 시기하고 이러고 사는데, 내가 이 자리에서 물러서면, 여기서 이 사람들 울타리에서 어렵다고 물러서서 나가면 다른 데 나가서 내가 발붙일 곳이 없겠다 이렇게 생각했어요. 항상 그러고 살았어요. 내가 여기서 이겨나가야 다른 데 가서 발붙이고 적응하고 산다. 그래도 감사하게 어디에서 면접 봐도 식당이든 회사든지 간에 안 된다고 하는 데는 없었어요, 북한 사람이라고 해도. 다 그래도 잘 받아줬어요. 그래도 적응 잘하고 일했어요. 회사 다닐 땐 어떤 정신으로 버텼냐면 그 아줌마들이 30명에서 50명 정도 되는 집단인데, 지네들끼리 막 싸우고 20년 넘은 아줌마들도 지네끼리도 왕따시키고 그래요. 울면서 서로끼리 싸우고 막 이래요. '저 사람들도, 오십 평생 살아온 사람들도 이 땅에서 저렇게 시기질투 하고 울면서 사는데 내 이 땅에 와서 산 지 5년밖에 안 됐다, 다섯 살이다, 나이로 치면 내가 여기서 발붙이고 적응 못하면 사회 나가서 적응해서 발붙일 곳이 없다'고 항상 생각하고 이 마음 한가지로 살았어요. 악착같이 버텼어요, 진짜. 그게 내가 버텨온 10년 세월이에요.

전   그런데 이렇게 악착같이 버티는 것도 한계가 있을 것 같은데, 뭘를 생각하면서 버틸 수 있었을까요?

마   내가 살아남으려니까 내가 살아남아야 되잖아요. 그 누구도 없잖아요. 나 하나밖에 없잖아요, 이 세상에. 그러니까 내가 좀 그런 게 있는 게, 내면에서 다른 사람보다 첫째로 자식을 생각할 때 그래요. 엄마니까. 그 담에 내 스스로도 내가 내 마음을 이기지 못하면 누구 의지할 데도 없잖아요. 내 스스로 일어서고 살아야 되잖아요. 그러니까 좀 독립적인 이런 생각. 그리고 나는 내가 외롭다고 해서 교회 다니고 여기에 막 기대고 이러기도 싫어요. 내가 내 자신을 컨트롤 못하면 안 돼요. 교회에 나오라는 소리 많이 들었어요. 그런데 귀에 안 들어오데요. 워낙 고집이 세서 그런지.

엄마니까. 여자는 약하고 엄마는 강하니까. 엄마가 되는 순간, 여자는 여성에서 슈퍼우먼이나 원더우먼으로 바뀐다. 없던 초능력이 나오기도 하고 사람의 마음을 꿰뚫어보는 투시력도 생긴다. 애들이 아프면 의사가 되고, 배고프다 하면 요리사도 된다. 엄마가 되는 길은 예수가 십자가를 짊어지고 골고다 언덕을 오르는 것만큼 고된 일이다. 자신의 삶을 포기해야 하니까. 그걸 알면서도 엄마는 자식이 원하면 모든 걸 해낸다. 그런데 엄마라고 해서 모두 다 강한 존재이지는 않다. 강하면서도 약한 존재이기에, 애들을 지키고자 교회보다는 그녀 스스로를 믿었던 것이다.

전　　고집? 고집 세요?

마　　모르겠어요. 주변에서 세다고 하니까. 어떤 사람들은 좀 허례허식하면서 사는데, 나는 친구들이 그래요. '너는 현실주의자다'. 나는 현실을 놓고 말해요. 현실적으로 살아요. 앞으로도 항상 현실을 놓고 논하지, 가상을 놓고 절대 안 논해요. 나는 사실 잘 모르겠어요. 나는 그렇게 현실적으로 살아요. 현실주의자예요. 그리고 남한테 부담도 안 주고 그래요. 내가 있으면 남을 주면 좋지, 절대 남한테 부담 안 줘요. 아쉬운 소리 그런 것 안 해요. 내가 어렵고 내가 마음이 아파도 내 속으로 삭여요. 웬만해서는 표출 안 해요, 제가. 이렇다고 막 힘들진 않아요. 내 속으로 삭여요, 내가. 그리고 내가 막 힘들 때 내 혼자 가만히 있는 게, 그게 내 마음을 가라앉히는데 더 편해요. 내 마음이 아픈데 남이 술 마시자 이런 것도 불편해요. 내 시간이 지나면 마음이 이게 탁 정리가 돼요. 혼자. 그러니까 사람마다 이게 성향이 다 달라요. 내 혼자 시간을 가지면서 그 어느 간의 시간이 지나면 이것이 정리가 돼요. 그래서 난 사람들이 우울증이 오고 막 그렇다 하면 이해가 안 가요. 내가 자수를, 수예, 손 수예를 하고 있어요, 집에서. 자수를 이렇게 놓고 있으면 아무런 잡념도 없어져요.

전　　자수요?

마　　네, 지금 놓고 있어요. 취미생활로.

전　어떤 그림을?

마　그 고추, 매화꽃 크게 놓고 있어요. 크고 허연 작품이에요.

전　그런 재능이 있으신가봐요.

마　처음 해봤어요. 이북에서도 못해봤어요. 그러니까 내가 그런 쪽으로도 소질이 있었나봐요.

전　그러신가봐요. 자수 하는 거 말고도 어떤 거 있나요? 그때 산 다니시는 것도?

마　네. 산도 다녀요. 건강을 위해서. 올해가 오십인데, 예전 사십대 때는 요 뒷산에 가는 것도 무서워서 혼자 못 올라갔어요. 그런데 이제는 혼자 올라가도 괜찮아요. 나이가 먹어서 그런가 봐요. 하나도 안 무서워요. 예전에는 혼자 올라가면 무서워서 돌아보면서 누가 쫓아오는 것 같아서 친구가 없으면 산 못 갔어요. 인제는 혼자서도 잘 다녀요. 하나도 안 무서워요. 그게 나이 먹은 내공.(웃음) 그리고 지금 현재도 내가 자전거도 가끔씩 잘 타요. 한강에 나가서 자전거를 타면 바람이 확 스치잖아요. 자전거를 막 타면서 이런 생각을 해요. '내가 북한에서 나와서 사십대 초반에 들어왔는데, 야 내가 이 나이 먹고 이 남한 땅에 와서 그것도 서울 한강에서 이 자전

거 타리라고는 상상도 못했는데 내 어떻게 여기 와서 이렇게 누리고 살지?'
이런 생각. 그게 너무 감사한 거예요. 내가 어떻게 이렇게 살 수 있지? 그런
데 그 생각은 지금도 항상 할 때마다 그래요. 서울이 너무 좋아요. 지방 내
려가서 친구들 있으니까 한번씩 돌아도 보는데, 서울이 너무 좋아요.

전   뭐가 좋아요? 교통?

마   교통도 좋고, 도로도 얼마나 잘 해놨어요. 어딜 가봐도 발전된 게
그게 너무 좋아요. 그리고 북한이 저렇게 사는 게 너무 가슴 아파요. 고게
너무 가슴 아파요. 너무 잘 해놨어요. 차 타고 저기 지나가면 '야, 어떻게 이
렇게 멋있게 잘 해놨지? 이렇게 발전할 수 있었지? 나는 여기에 하나도 보
탠 것도 없는데' 그런 생각 참 많이 해요. 그리고 여기 와서 사는 것만 해도,
한강 나가 자전거 타는 것만 해도 감사해요.

전   북한에서는 그렇게 자전거 타거나……

마   에이. 북한에서는 생계형으로밖에 못 타지, 건강으로 해서 자전거
못 타요.

전   건강으로는 탈 수 없어요?

마　내가 먹고살기 힘든데요. 일하는 노동이 운동이에요. 북한에서는 건강 때문에 운동하고 자전거 탄다면 상상도 못해요. 그 김정일이나 김정은이나 그런 사람들이나 그렇게 생각하지, 상상도 못해요.

전　북한에 계셨을 때 남한이 어떤 나라라고 생각하셨어요?

마　북한에서 2000년도에 건넜거든요. 서른 살 때부터 그랬나. 내가 우리 집 출입문을 열면 맞은편이 중국이에요. 앞에는 강이 흐르고. 근데 가까웠어요. 그래서 넘어올 때 서른 살 때부터는 어떻게 생각했냐면, 중국이 시골이래도 불이 쫙 켜져 있잖아요. 근데 북한은 새까만 암흑천지예요. 그래서 건너다보며 이래 생각했죠. '나도 저쪽에 가 살았으면.' 그때는 그런 생각 많이 했어요. 근데 애가 달렸잖아요. 그때는 애가 여섯 살, 다섯 살 됐거든. '야, 내가 아들만 없었으면 저 땅에 가서 두만강 건너가서 살겠는데.' 이 생각 엄청 많이 했어요. 애 때문에 못 건너갔어요. 그런데 건너오게 된 동기는 신랑이 두만강 독도강 몰래 강을 건넘 하다가 잘못해서 감옥에 잡혀갔어. 독도강. 중국을 왔다갔다 건너갔다 하다가, 장사하다 잡혀갔어요. 그러니까 애하고 내 둘만 남잖아요. 살아야 되잖아요. 그러니까 어쩔 수 없이 건넌 거예요. 건넜다가 일주일 만에 건너겠다고 약속하고 건너갔어요, 내가. 두만강 건넜어요. 아들하고도 약속하고 내 동생하고도 약속하고. 그러고 건넜는데, 여건이 돌아갈 여건이 안 됐어요. 여건이 안 됐어. 일주일 약속하고 건너왔는데 이렇게 어려울지는 생각도 안 하고 건너왔거든요.

전　브로커(중개인) 끼고 가신 거예요?

마　브로커도 없고. 그냥 내 아는 사람 같이 건넜거든요. '건너갔다가 건너오자' 하고 건넜거든요. 그리고 남한은 생각도 못했어요, 진짜. 중국 갔다가 중국에 친척이 있으니까 한 밑천 받아가지고 또 일주일 만에 건너온다고 건너왔는데, 상황이 건너 못 가게 됐어요, 제가. 그래서 못 건너가게 되니까 내가 '몇 달만 여기서 돈 벌어가지고 나가자, 이 손에 이렇게 나가는 것보다 몇 달만 돈 벌어가지고 나가자' 하고 시내를 들어갔어요. 시내로 들어가서 한 달째 일하니까 벌써 귀가 열리데요. 식당에 한국 사람들도 와요. 귀가 열리니까 '돈 벌어가서 나가야 되겠다' 하고 식당에 가서 취직했는데, 한 달 되니깐 '내가 돈 벌고 북한 가는 게 아니고, 내가 한국에 가야겠구나' 하고 생각이 바뀌는 거예요. 그러니까 사람이 우물 안 개구리구나 싶었지. 세상 구경을 해야겠구나 싶었지. 그다음에 '한국에 오자'고 생각하니까 손이 없는 거예요.

전　뭐가 없어요?

마　손이 없는 거예요, 브로커 손이. 손이 있어야 오지, 내가 오고 싶다고 오는 게 아니잖아요. 중국에서도 열심히 일해서 돈 모았는데, 이 손이 없으니까 돈 내면 호적을 만들 수 있거든요. 그래서 호적을 만들어서 결혼을 했어요. '한국에 가야지' 이렇게 생각했어요. 근데 시장에서 고향 후배를 만났는데, 만나자마자 '언니야' 하고 '날 놓고 가지 마' 하면서 안기는 거예요. 타국에서 만났으니까 그게 얼마나 반가웠겠어요. 타향도 아니고 타국에서. 그래서 걔가 한국에 가자고 했어. '언니야, 나 한국 갈 가능성이 있는데 한국에 갈 거야?' 하는데, '한국에 가겠는데 손이 없다' 하니까, '언니야, 우리 여권 떼고 가는 곳 아니고 증명 떼고 가는 곳 아니고 우리는 목숨을 담보 내고 가는 건데 그래도 갈 거냐?'고 물어보는데, '그래도 난 가겠다, 가다가 잡혀 나가더래도 난 가겠다' 했어요. 그래서 한 달 전에 북경 영사관, 대사관에 들어갔어요. 그러니까 운이 참 좋았죠. 한국에 올 수 있었던 운이었던 것 같아요.

여권이나 증명서가 아니라 목숨이 담보였던 한국행. 그 순간을 얘기할 때 그녀의 눈동자가 많이 흔들렸고, 손동작도 빨라졌다. 그 당시를 회상하면서 느끼는 신체 반응일 것이다. 한참을 얘기하더니 그녀는 자기 손을 가슴에 가져다 대고 가볍게 쓸어냈다. 두렵고 떨렸을 그때의 마음을 안정시키는 모습이 짠했다. 어떤 위로의 말도 해줄 수가 없어서 그냥 묵묵히 그녀와 눈동자를 마주하고만 있었다. 목숨보다 소중한 것이 자유와 행복임을 새삼 깨닫게 되었다.

마 근데 무섭다는 것보다 '오직 나는 그쪽에 가야 산다'는 생각밖에 없었어요. 잡히면 무섭다는 생각도 안 들었어요. 저 땅에 가야만 살 수 있다고 생각했어요. 그래서 용기를 내 북경까지 가니 거기 사람들이 한 스물댓 명 왔어요, 브로커가. 그 스물다섯 명이 영사관에 다 들어갔어요. 밀고 들어갔어요, 영사관 문을. 그 들어가는 정문 출입문으로 해서. 그 영사관 사람들이 비자 내고 확인 받는 그 문으로 밀고 들어갔어요. 스물다섯 명이. 그래서 거기 넉 달 있다가 왔어요. 그 앞에 남자들, 그 경비원들 있잖아요. 무조건 밀고치고 들어왔어요. 그래서 사람들이 다 들어왔어요. 다른 애들은 제3국으로 돌면서, 뭐 사막도 돌면서 고생한다는데, 우리는 고생 안 하고 왔어요. 그런 거 생각하면 '난 참 행복하구나, 그런 고생도 없이 이 한국에 와서 살고' 그래. 죽은 사람도 많고 한데, 참 복이 많은 사람이라고 생각해요. 이렇게 사는 것만 해도. 외롭고 고독해도 복이 많다고 생각해요. 너무 좋은 나라예요.(웃음) 네, 너무 좋은 나라예요.

　쉬는 시간이다. 그녀의 얼굴이 더 아파 보인다. 아무래도 아픈 기억을 떠올렸으니 그랬을 거다. 커피 한잔을 마시며 가벼운 얘기를 하는데, 자꾸 나더러 '부모님 살아 계실 때 잘하라'고 한다. 여기서 그녀는 멈추지 않고 한발 더 나아갔다. '부모님 계시고 한국에 태어나서 얼마나 좋냐' '공부도 많이 하고 뭐 하나 부족한 게 있냐' '험한 꼴도 안 보고 곱게 자란 것 같다'고 끊임없이 '부럽다'고 했다. '대한민국이 얼마나 좋은 나라인지, 북한에 살아보지 않은 사람 알 길이 없으니 날마다 감사를 외치며 살라'고 했다. 맞는 말이긴 한데 왜 이렇게 잔소리로 들릴까.

전   여기 오시기 전에 생각했던 남한과 오셔서 경험한 남한이 달라요?

마   아니, 그런 건 없어요. 내가 너무 간절히 원했던 것이기 때문에. 그리고 와서 사는 것도 좋아요. 편견과 오해도 있지만 이 땅에서 받아줘 사는 것만 해도 고마워요. 그리고 내 집에서 살 수 있게 해준 것만 해도 얼마나 고마워요? 전 그렇게 생각해요. 자꾸만 한국이 고마워요. 살 수 있게만 해줘도 고마워요. 옛날 같으면 받아줄 수도 없었겠죠. 내가 잘 살아야 나중에 통일이 돼도 형제들 앞에 떳떳하게 나설 수 있잖아요. 그렇게 생각해요. 사람들이 노력을 좀만 하면 살 수 있는데. 근데 지하방에서 월세도 보증금도 없이 사는 사람도 많잖아요. 내보다도 어려운 사람도 많아요. 그런 사람들 보면, '저 사람들도 조금만 생각을 바꿔서 좀만 더 열심히 살면 저렇게 안 살겠는데' 이런 생각을 많이 해요.

전   적응하시면서 가장 어려웠던 거는 뭐였어요?

마   다른 사람들은 어떻게 느끼는지 모르겠는데, 언어? 우리 북한 말? 그것만 아니면 아무 데나 가도 적응하기 어렵진 않아요. 그게 제일 어려워요. 경제적인 어려움 같은 것은 괜찮아요. 그런 건 어려움이라고 생각 안 해요.

전　그러니까 내가 말했을 때 상대방이 나를 보는 편견이나 그런 게 느껴진다는 거죠?

마　네, 문화적 차이죠. 그것이 우리를 바라보는 시선, 그 언어적 차이만 없었으면 그런 시선도 없을 것 아니에요. 그게 제일 어려웠어요. 지금 현재도 그거는 내가 극복해나가야 하는 일이에요. 그거는 감수하고 살아요. 지금 현재도 똑같이 진행형이에요. 그거는 어쩔 수 없어요. 어쨌든 어떤 사람이든지 간에 북한에서 왔다면 한 수 깔고 가는 것이죠. 우리 생각은 그 사람들하고 동등해요. '니만큼 생각, 우리도 똑같이 그만큼 생각한다' 그래요, 속으로. 단지 못사는 나라에서 왔을 뿐이에요. 그 차이예요. 그 편견이 줄어들기는 힘들 것 같아요. 통일이 돼도 시간이 필요한 것처럼 힘들 것 같아요.

　북한 이주민을 평가절하하는 우리의 편견이 있다. 무심코 던졌던 시선이나 언행이 그들에게는 폭력이나 차별, 무시 내지는 폄훼 등으로 느껴졌던 모양이다. 그 불편한 감정을 그녀가 내 앞에서 얘기하고 있다. 어쩌면 그 당사자가 나일 수도 있겠다는 생각이 들어서 내가 괜히 미안했다. 그 매듭을 어떻게 풀어야 하는가는 통일 시대에 해결해야 할 과제다. 북한과 관련된 연구들이 다각적으로 진행되고 있으니 '기다려보자'고 그녀에게 말하고 싶다.

마　　남한테 손 벌리지 않고 피해 주지 않고 내가 알아서 살아야 한다고 생각해요.

전　　왜요?

마　　그렇잖아요. 내 인생 내가 알아서 살아야지, 누가 내 인생을 살아 주지는 않잖아요. 모든 것이 나한테 있다고 생각해요. 잘 살아도 내가 노력한 것만큼, 못 살아도 내가 노력한 것만큼. 내가 어렵다 힘들다 하면 힘든데, 이 삶이 내가 살아가는 과정 중 일부라고 생각하니까 그래도 위안이 되고 힘이 되네요. 살아가는 과정 중에 지금은 힘든 시기라고 생각하니까 위안이 돼. 생각을 어떻게 하느냐에 따라 달라지는 것 같아요.

전　　심적인 위안이 되는 부분은 어떤 것이 있어요?

마　　가족이라는 건 서로 곁에만 있어도 심적으로 의지되죠. 경제적인 게 아니라 마음이 든든하잖아요.

전　　존재한다는 것 자체로요?

마　　네. 제가 점점 나이가 들어가다보니까 서로가 살아 있어야 당신이 아플 때 내가 챙겨줄 수 있고 내가 아플 때 당신이 나를 챙겨줄 수 있고 이

것이 가장 중요한 것 같아요. 나이가 드니까 이 부분이 가장 걱정돼요. 서로 챙겨주고, 의지하고. 마음을 나눌 수 있다는 게 소중한 것 같아요. 그리고 혼자 버는 것보다 둘이 버는 게 경제적으로 도움이 돼요. 합심해서. 저는 그렇게 생각해요. 주변을 아무리 봐도, 내가 아무리 열심히 살아도 부부가 같이 살아가는 것을 따라갈 수는 없어요. 그래서 가족이 소중하고 중요한가봐요.

전   네. 그런데 앞으로 남자친구를 만나면 어떤 사람을 만나고 싶어요?

마   자립심이 좀 있는 사람. 자기 진로가 있고 앞가림을 할 수 있는 사람. 그 정도로 되어야 만나지, 아니면 그냥 혼자 살겠어요. 성격이나 외모는 크게 안 따지는데 나이는 너무 안 많았으면 좋겠고 10년 이상 차이나는 사람을 만나봤기 때문에 그냥 5년 사이에서 왔다갔다 했으면 좋겠어요. 너무 왈왈거리는 사람보다는 좀 차분하면서 현실적인 사람? 현실을 잘 파악하고 조금 과묵하고, 그런 것도 괜찮아요. 유머도 있으면 좋고, 하지만 그것은 바람이고.

전   스트레스 쌓이거나 마음이 안 좋으면 보통 어떻게 하세요?

마   생각을 많이 해요. 아까도 말했듯이 힘들 때 '아, 내가 지금까지 심적인 부담을 가지고 이렇게 안 살았는데 현재는 고비구나. 이 시간이 지나면 언젠가는 좋은 날이 오겠지?' 이렇게 생각해요…… 나는 이렇게 말씀드리는 게 제 마음 그대로를 말하는 거예요.

전　그런데 그렇게 생각하는 게 어려울 때도 많잖아요.

마　별로 어렵지 않은데요? 아까도 말씀드렸다시피 우울증이 왔을 때도 '그냥 이겨내서 살면 되는데 왜 우울증이 오지?' 이런 생각을 해요. 그게 잘 이해가 안 가요. 나도 성격이 좀 덜렁덜렁한데 내성적인 성격이에요. 놀기 좋아하면서 차분한 것도 좋아해요. 그래서 짧은 시간에 가깝게 지낸 친구가 있는데, 어려울 때마다 내가 한번 사고 친구도 한번 사고 하면서 도왔던 사이였어요. 그런데 그 친구가 가게가 안 돼서 너무 힘든 상황이었는데 나와 달리 그 친구는 매일 술 마시고 힘들다고 해서 주정으로만 알았는데 그 친구가 나한테 '진정한 친구라면 이러한 것도 받아줘야 한다'고 그러는 거예요. 그런데 그거는 자기 욕심이지. '진정한 친구라면 그 친구의 스타일을 알고 옆에서 꾸준히 지켜봐주는 것이고 상대가 투정 듣는 것을 원하지 않으면 안 해주는 것도 상대를 도와주는 것이다' 이랬더니 자기는 그렇지 않대요. 술을 먹어야 진심으로 말할 수 있대요. 근데 나는 술을 하지도 않지만 술 마시면 절대 말을 안 해요. 좋은 소식이든 안 좋은 소식이든 가장 온전한 정신에 말하거든요. 그래서 친구가 '우리는 가까우면서도 먼 사이 같다'고 얘기하고 그래요. 자기가 이만한 땅을 사서 집을 짓고 잘살면 나중에 이 땅을 주면서 '나와 같이 살자'고 말하고 싶은 게 자기 마음이래요.

그런데 이거는 위선이죠. 이렇게 이상적으로만 생각하지, 실천하는 사람은 한 명도 없어요. 이것이 현실이죠. 그래서 나는 말했어요. '될 수 없는 말은 하지 마라. 그건 진정한 친구가 아니다. 친구는 곁에 있어주고 도와주는 것만으로도 친구다. 나는 아픈데 왜 날 더 아프게 하느냐. 너는 남편도 있고 수익도 있는데 나는 아무것도 없다.' 한번은 술 사달라고 해서 술 사주고 노래방비도 내고 했는데 돈을 떠나서 내가 더 아픈 게 보이는데 나한테 위로를 바라는 게 진정한 친구는 아니라고 생각해요. 그래서 그 사람이 '친구가 되기에는 너무 거리가 멀구나' 생각을 했어요. 사람이 꿈꾸는 것하고 현실하고는 다르거든요. 부자들도 그렇듯이 부를 더 축적하려고 하지, 땅을 사서 친척들이랑 같이 살려는 사람은 한 명도 없어요. 자기는 그러한 친구가 필요하대요. 그러니 지가 어떤 힘든 상황이 올 때 '기대고 싶다, 나를 받아달라'는 소리만 하는 거예요. 그것이 친구인가요? 자기 욕심이죠. 너가 어려워도 나의 힘든 면을 다 받아줬으면 좋겠다고 하는 것은 아니죠. 자기가 그렇게 되겠다는 것이 아니라 니가 그런 친구가 되어줬으면 좋겠다고 하는 것은 이기심이죠. 살다보니까 이런 일도 있네요. 그래서 친구가 저한테 '너는 현실주의자고 나는 낭만주의자야'라고 하는데 그게 낭만주의자가 아니고 이기심이죠. 저는 그렇게 생각해요. 틀린지는 모르겠지만. 엊그제 있었던 일이에요.

전　　얼마 안 된 일이네요.

마　사람마다 생각하는 가치관이 다른 것 같아요.

전　맞아요. 그런 것 같아요. 스스로 생각하실 때 선생님 어떤 사람인 것 같아요?

마　음…… 나는 내가 소중하다고 생각해요. 내가 소중하기 때문에 가족도 있다고 생각해요. 나를 가장 첫 번째에 놔요. 내가 있어야 친구도 필요하고 가족도 필요하고 내가 있어야 집도 필요해요. 저를 제일 소중하게 생각해요. 내가 살아가면서 남한테 폐를 끼치지 않고 부담 주지 않고 살아가면 인생이 나쁘지 않다고 생각해요. 지금 가진 것에 만족하고, 없다고 해서 불만을 가지지 않고 살았다고 생각해요. 이북에서 살았을 때에도 마찬가지고요. 그런 것은 없어요. 사람들이 대체로 북한 말로는 '부모 없이 자란 애들은 버릇이 없다'고 해요. 본디가 없어서 그렇다고 하는데 버릇 없는 건 부모 없이 자라서 그런 것은 아니라고 생각해요. 사람의 성품이 다 그렇게 태어난 것 같고 저도 그렇게 태어난 것 같아요. 저는 누구한테 특별히 교육받은 적은 없어요. 다 제 스스로가 그렇게 자랐어요. 어릴 때 언니가 '우리는 부모 없이 살기 때문에 다른 사람한테 절대 욕보이면 안 된다'고 저한테 그랬어요. 저는 언니의 영향을 많이 받은 것 같아요. 말이 언니지, 진짜 부모 같았어요.

전　언니는 어디에 계세요?

마　　언니는 이북에 있어요. 언니가 1960년생이니까 나보다 다섯 살 연상이었는데. 참 언니면서도 엄마 같은 언니였어요. 언니의 영향이 컸던 것 같아요. 언니는 엄마처럼 바르게 살았어요. 그러니까 형제들 내력을 보면 다 비슷해요. 단합심이 컸던 것 같아요. 그런데 어떤 형제들은 안 그렇잖아요. 부모가 계셔도 다 제각각이잖아요. 그런데 저희 형제들만큼은 참 특별했어요. 언니한테서 그런 영향을 많이 받았어요. 엄마 없이 살아도 이북에서는 이불빨래 다 해야 하잖아요. 그런데 나는 엄마 없이 살아도 그런 것은 한 번도 안 해봤어요. 언니도 날 안 시켰어요. 내가 하면 만족스러워하지 않았어요. 그러고 보면 언니가 엄마 역할을 했죠. 그러니까 너무 일찍 철이 들었잖아요. 그런 모습을 보고 자랐으니까 나도 내공이 생긴 것 같아요. 언니한테 많이 배웠어요. 교육받는 것은 없지만요. 바르게 살았어요. 삐뚤어 나가거나 이런 적은 단 한 번도 없었어요. 자랄 때부터 저희 형제들은 말썽 부린 적이 없어요. 이탈돼서 속상하거나 한 적은 없고 참 바르게 살았어요.

전　　어떻게 그렇게 할 수 있었던 것 같아요? 사춘기 때인데.

마　　그런데 이북에는 사춘기가 없어요. 먹고살기 힘드니까요. 지금은 먹고살기 좋으니까 갱년기가 있고 사춘기가 있고 우울증이 있지. 이북에는 그런 것도 없어요. 지금은 좋은 세상이에요. 오직 살기 위한 공동의 마음 밖에 없어요. 힘든 나라에서 살아 강하게 자랐던 것 같아요.

북한 청소년에게는 사춘기가 없단다. 아니, 어떻게 그럴 수가 있을까. 사춘기는 국가나 이데올로기를 초월한, 인간의 성장기에 생기는 자연스러운 현상이 아닌가. 정말 그럴까. 먹고살기 힘든 현실을 비판하거나 북한 체제에 반기를 들 수도 있지 않을까. 그것이 밖으로 표출되면 감옥에 가거나 처벌을 받겠지만, 가족 내에서 이루어지거나 자기 내적으로 끙끙 앓는 것도 사춘기의 한 형태일 텐데.

전　　인간은 자기가 속한 사회의 문화에 따라 영향을 많이 받는데 뭐가 다를까요? 어머니는 두 체제를 다 경험해보셨는데요.

마　　북한은 한 사람을 위해 순종하면서 살아야 하잖아요. 하지만 남한은 내가 말할 수 있는 것들을 마음대로 표현할 수 있고 내가 머리를 굴려서 만들어내면 그게 자산이 되잖아요. 그게 너무 좋은 거예요. 북한은 내가 아무리 머리가 좋고 아무리 발명을 해도 써먹을 데가 없고 빛이 안 나요. 오직 당에서 하라는 대로 맞춰서 살아야 돼요. 내 마음대로 나를 발휘할 기회가 없어요. 그래서 중국에 가보니까 개인 땅이라서 조그마해도 엄청 농사가 잘 돼요. 그런데 이북은 협동체니까 제대로 운영될 수 없는 거예요. 남한은 내 것을 위해서 악착같이 살잖아요. 그런데 북한은 그런 것이 없어요. 내가 열심히 살아도 내 집이 아닌 거예요.

전　　그러니까 열심히 살아야 할 이유도 없고 그러네요.

마   그렇죠. 돈을 모아서 내 주머니에 넣어야 그게 내 돈이지. 내 마음도 입은 것도 다 내 것이 아니에요. 그러니까 이 나라가 너무 좋죠. 내 것을 마음대로 할 수도 있고 내가 일한 만큼의 대가도 돌아오잖아요. 그것도 너무 좋았고 어느 지역을 마음 놓고 다닐 수 있다는 것도 좋았어요. 평양에서 이 지방 저 지방 마음대로 못 다녀요. 기차를 타고 목적지까지 가려고 해도 기차표도 국내증명서를 떼어야 해요. 그렇게 갇혀 있어요. TV도 오직 조선중앙TV만 볼 수 있고. 그러니까 여기가 얼마나 좋아요. 가고 싶으면 가고 일하고 싶으면 일하고 놀고 싶으면 놀고 그게 너무 좋은 거예요. 거기서는 싫어도 복종해야 돼요.

전   그럼 거기서는 우리말로 놀이나 여가 같은 것은 없나요?

마   진짜 없어요. 일반인들은 상상도 못해요. 오직 굶지 않고 먹고만 살면 감사하죠.

전   그럼 일주일에 일요일 같은 개념은요?

마   없죠. 일요일이 기다려지지도 않고 특별하지도 않아요.

전   공휴일이라면 김일성의 생일 정도?

마　그런 날은 술 한 병이라도 더 쓰고 사탕이라도 주니까 기다려지죠.

전　그럼 일주일 내내 일하나요?

마　일주일에 한 번은 쉬어요.

전　쉬는 날은 다 달라요?

마　네. 다 달라요. 내가 쉬고 싶은 날에 쉬어요. 그런데 일요일에 공통으로 쉬는 곳도 있어요. 그렇게 쉬는 데도 있는데 여기 직장이랑 달라요. 공장이 돌아가야 하니까.

전　여기 사람들은 금요일을 기다리고 일하잖아요.

마　불타는 금요일이라고 하는데 북한은 그런 게 없어요. 명절이어도 특별한 의미도 없고요. 오직 거기서 중요한 것은 김일성의 생일이지. 설날 때는 가족들끼리 모여서 음식 해 먹는데 가장 잘 먹는 날이에요. 그런데 여기에 오니까 매일 명절 같아요. 매일 먹고 싶은 것들 다 먹을 수 있으니까. 북한은 명절만 잘 먹을 수 있어요.

　북한에 있을 때 그녀는 쉬는 날인데도 특별하지가 않고 기다려지지 않는다고 했다. 공장이 쉼 없이 돌아가야 하니까 그렇단다. 그러면 노동자들은 무슨 낙으로 살까 싶었다. 대한민국은 '불타는 금요일'이 있다. 짧게 줄여 '불금'이라고 한다. 5일을 열심히 일하고 토요일 일요일에는 여가를 즐긴다. 물론 대한민국도 경제 성장을 해야 했을 때는 일주일에 6일 이상을 근무했다. 아직도 영세한 일터에서는 6일제 근무를 하지만 중요한 것은 북한과 달리 주말을 '기다린다'는 점이다. 일주일 동안 열심히 일한 자신에게 하루 휴가를 주는 것은 중요하다. 그래야 살아가는 재미가 있고 재충전도 할 수 있으니까. 예컨대 보고 싶었던 친구도 만나고 인생 술잔도 기울이고, 운동으로 건강을 지키고, 가족과 함께 나들이를 가고, 커피숍에 앉아 시댁과 남편 욕도 좀 하고. 이 얼마나 기다려지는 일이겠는가. 일주일에 한 번씩 정해진 날을 기다린다는 것은 참으로 소중하고 값진 일이다.

전   그럼 북한에서의 식단은 어때요? 매일 다르겠지만 일상적으로 먹는 것은 어때요?

마   김치가 주식이에요. 김치, 깍두기, 갓김치. 그리고 지금은 중국에 물건이 많이 나가서 겨울에 과일을 사 먹을 수 있지만 예전에는 상상도 못했죠. 지금은 남한에 왔으니까 삶이 많이 달라졌어요. 거기서는 밤에 전기가 없어서 답답하기도 하고.

전　전기가 없으면 어떻게 생활하나요?

마　디젤이 있잖아요. 등으로 불 켜서 보죠. 자고 일어나면 코밑에 구름이 껴서 새카매요.

전　공부하는 애들도 어렵겠네요.

마　그렇죠. 밤에는 애들도 공부 못하죠. 낮에도 전기가 제대로 안 되는데. 그래서 냉장고가 돌아가는지, TV 보는지 안 보는지 알 수가 없죠. 예전에 두만강 건너서 북한 땅을 보는데 새까만 거예요. 중국은 불이 환한데 인공위성에도 북한은 까맣잖아요. 그러니까 이 마음이 너무 이상한 거예요. 현실이 너무 대조적이니까. 북한은 산도 벌거숭이잖아요. 다 불을 때니까 나무가 없지.

전　그럼 대중교통은 어때요?

마　대중교통이라는 것이 없어요. 지금은 '서비차'＊라는 게 있어요. 개인이 돈 내고 화물 트럭 뒤에 앉는 거예요.

＊ 서비차servi-cha는 서비스와 차의 합성어인데, 여객용으로 개조한 화물차를 말한다. 북한 관련 뉴스나 사진을 보면 북한 사람들이 화물차 짐칸에 삼삼오오 앉아 이동하는 것을 볼 수가 있다. 그 이동수단이 서비차다. 서비차는 화물차부터 군용차, 버스, 오토바이 등에 이르기까지 다양하다.

전　영업용으로요?

마　그러니까 개인이 돈을 받아서 실어달라는 곳까지 실어줘요.

전　보통 자전거로 이동하나요?

마　자전거는 필수죠. 그런데 짐을 옮기는 수단이지 운동수단은 아니에요. 생계형 수단인 거죠.

전　그럼 고위층이나 간부들은요?

마　그 사람들은 무상이에요. 다 나라가 보상해줘요. 그러니까 그 사람들이 받들고 있으니까 그 체제가 유지가 되는 거예요.

전　그 사람들의 삶은 완전 다르겠네요?

마　그럼요. 하늘과 땅 차이죠.

전　고위층으로 가려고 성매매도 하고 아부나 아첨도 많이 하죠?

마　그렇죠. 많이 하죠. 그래서 TV 보니까 김일성종합대학에 공부 못

해도 뇌물만 주면 입학한다잖아요. 그런 거예요, 지금 현실이. 그리고 병원 가도 무상이에요. 세금 없이 살았죠. 그러니까 나라가 돈이 없는 거예요, 선생은 있는데 약이 없으니까 암암리에 유통된 약을 사서 맞아요. 그러다 보니 가짜도 있어요. 내가 북한에서 살았을 때 너무 아팠어요. 항생제를 사서 10번 넘게 맞았는데 효과가 없다가 국산을 샀는데 바로 효과가 있는 거예요. 가짜를 받은 거죠. 암암리에 팔아요. 그리고 약도 북한에는 없으니까 중국에서 많이 들여와요. 중국이 있으니까 북한이 살 수 있어요. 돈이 없으니까 농사가 안 되는 거죠.

전　길거리에서 애정 표현 못한다고 들었는데, 연애는 어떻게 해요?

마　보통 중매. 지금은 어떻게 됐는지 모르겠지만 이전에는 그랬죠. 길거리에서 뽀뽀하고 키스하는 것은 상상도 할 수 없어요. 둘이 같이 다니는 것은 괜찮은데.

　사랑 표현조차도 마음대로 할 수 없는 곳이 북한이다. 그러니 얼마나 삭막할까. 가벼운 스킨십 정도는 허용해야 하는 것 아닐까. 적막하고 삭막하고 고된 일상을 이겨내는 힘은 단연 사랑일 것이다. 북한 사람들에게 사랑 표현을 허용하는 것이야말로, 어쩌면 북한이 발전할 수 있는 지름길이 아닐까 생각한다. 사랑은 불가능을 가능하게 만드는 원동력이 되기 때문이다.

전   몰래 라디오 듣잖아요. 그러다보면 다른 나라 소식을 듣는데.

마   그렇게 입소문으로 퍼져나가죠.

전   남한이 어떤지 알죠? 어떤 체제 속에서 사는지도 알죠?

마   거의 다 알죠. 예전에는 몰랐지만 지금은 다 알아요. 북한에서는 '한국'이라고 인정하지 않고 '남조선'이라고 하거든요. 그래서 '아랫집 사람들'이라고 말해요. 학교에서도 남조선은 거지만 있고 못 먹고 못 사는 나라라고 배웠어요. 그런 줄 알았는데 1970년대 말 광주봉기(1980년 광주민주화운동을 말하는 듯) 일어났을 때 생중계를 했는데 그때 '아, 남조선이 사실과는 다르구나' 하고 생각했어요. 어린 나이인데도. '남조선의 대학생들은 옷도 잘 입고 높은 건물도 있고 차도 많고 저렇게 사는구나' 생각했죠. 그런데 말은 못했어요. 잡혀갈까봐. 북한 정부에서는 남한에서 이런 방식으로 우리를 통일하려 한다는 의도로 내보냈지만 우리는 그렇게 안 느꼈죠. 북한은 다 단체복이니까요.

전   아, 단체복이군요.

마   네. 다 단체복이에요. 대학 다녀도 다 단체복이에요. 다 단체복이고 내가 돈이 있다고 마음대로 옷을 사 입을 수 없어요.

전   그럼 북한은 대학교마다 옷이 다른 거예요?

마   네. 대학마다 옷이 다르죠.

전   그럼 전공은 어떤 식으로 해요?

마   특별한 것이 없죠. 사회 나와도 별로 쓰이지 않아요. 북한 사회가 기업이 있어요, 경제가 있어요? 단지 다녀왔다는 것이에요. 뭐 줄이 있는 사람들에게는 혜택이 있는지 몰라도 그 외에는 나온 것뿐이에요. 세뇌된 상태에서 살아서 그런지, 사람들이 무뎌졌고 그 세뇌에서 빠져나오는 것이 참 어려워요.

전   그 세뇌라는 것이 어렸을 때부터 형성되나요? 그게 몇 살 때?

마   내가 말을 배우고 밥을 먹을 때부터 '수령님 고맙다'라고 배워요. 어린이집 가는 두 살? 말 떼면서부터 세뇌 교육이 들어가요. 그때부터 '찬양가'를 부르게 해요. 두세 살쯤 되면 다 가는 거예요. 유치원이요. 탁아소라고도 해요. 하지만 지금은 하도 어려우니까 유지가 안 되겠죠. 그러니까 지금은 가지도 못하죠.

전   두세 살 때부터 김일성이 누구인지 배우는군요.

273

마 그렇죠. 위대한 분이라는 교육부터 받죠. 저분이 있기 때문에 우리가 이렇게 살고 있다고 배우죠. 그러한 노래도 배우고요. 진짜 그런 줄 알았어요. 그리고 남조선은 사람 죽이는 데고 진짜 못된 곳이라고 배웠거든요. 그런데 와보니까 하나도 그런 데가 아닌 거예요. 그러니까 세뇌 교육이 참 중요해요. 여기 와서 보니까 다 거짓이에요. 속고만 살았어요. 지금도 다 속고 살고 있고 있는 거지.

전 그럼 초등학교는 어떤 분위기예요?

마 초등학교는 그냥 평범해요. 과목이 한 열 가지 되나? 국어, 산수, 자연, 미생, 혁명 및 역사 활동, 김정일의 혁명 역사연구론 그게 제일 처음이에요.

전 그게 제목이에요? 과목명이에요?

마 과목 이름이죠. '김일성 원수님의 혁명 활동 연구록'이 과목 이름이에요. 김일성이 있었기 때문에 조선이라는, 북한이라는 나라가 생겨났다는 거예요. 책이 있어요. '어릴 때부터 태어나서 이렇게 위대하게 자랐다' 이거죠. 저는 정말 위대하게 자라신 줄 알았어요. 그런데 그게 다 지어낸 거예요. 이제는 북한도 많이 달라졌어요. 우리처럼 나오는 사람들이 많으니까요. 이전의 북한이 아니에요. 오죽하면 내 고등학교 때 친구가 '나는

너무 힘드니까 전쟁이라도 일어나서 너 죽고 나 죽고 하든지 세상이 뒤집어
지든지 했으면 좋겠다'고 말했어요. 힘드니까 삶이. 그 친구한테 중국에 간
다고 하니까 '걸리지 말고 무사히 잘 다녀와라' 했는데. 그 친구는 못 갔어
요. 그래서 그 친구 생각이 참 많이 나요. 여기 오니까 동창도 친구도 아무
도 없지.

'김일성 원수님의 혁명 활동 연구록'이 과목명이다. 대한민국으로
치자면 위인전 정도가 되겠는데, 북한 사회에서는 위대한 수령이자 지
도자였으니 필수 교과목으로 지정한 것은 충분히 이해가 된다. 다만
거기에 기록된 내용이 과장되거나 왜곡되었으며, 이를 어릴 때부터 교
육하여 세뇌시킨다는 것이 문제다. 갑자기 이런 생각이 든다. 북한 사
람들도 어쩌면 신적인 존재로서의 김일성, 김정일보다 인간적인 존재
로서의 김일성, 김정일을 읽고 싶어하지는 않을까.

전　　옛날 친구들이 좋잖아요.

마　　내가 가족을 너무 소중하게 생각하는 것 같아요. 동창 모임도 아무
것도 없잖아요. 타향민이니까 타향살이 하는 거죠. 그래도 여기 와서 사는
게 좋아요.

전　　장점 몇 가지 말씀해주세요.

마   장점이라면 남한테 피해 주지 않고 손 벌리지 않고 스스로 해결하려고 해요. 그게 첫째인 것 같아요. 자립심이 있는 것 같아요. 특별히 장점이 있나? 단점은 욱하는 성질이 있는 것 같아요. 참을 때는 많이 참다가도 한번 터지면 폭발할 때가 있어요.(웃음)

내가 만난 북한 여성들은 대체로 자기 장점을 이야기하는 것에 대해 쑥스러워하거나 대답하지 않으려는 경향이 있다. 지금 그녀도 자신의 장점을 한 줄로 간략히 정리해버렸다. 장점보다 되레 단점을 더 길게 말했다. 왜 그럴까. 추측해보자면 북한 체제에서 자신의 '잘남'을 말하는 것은 남들에게 시기나 질투의 감정을 불러올 수 있기에 이를 주저하는 듯하다. 스스로 잘났다고 떠벌리는 모양새도 마땅치 않아 하는 듯하다. 이러한 경향은 대한민국 사람들도 비슷하다고 할 수 있는데, 그래도 남쪽의 우리는 자신의 잘남을 어렵지 않게 말한다. 자기소개서나 이력서를 쓸 때에도 자신의 잘남을 드러내려고 노력한다. 그것이 곧 남과 차별화된 자신만의 스펙이자 경쟁력이고 필살기이니까. 그런데 북한에서는 남들에게 주목받는 삶을 살기보다도 그냥 조용히, 아무 일 없이 살기를 원하기 때문은 아닐까. 남들의 눈에 띈다고 하는 것은 당의 눈에 띈다는 얘기도 될 것이다. 그러면 삶이 피곤해질 수 있다. 차라리 '못났다'고 단점을 더 얘기하면 사람들의 관심 밖에 있게 되지 않을까. 무엇이든 간에 문제를 일으키고 싶지 않은 듯하다. 그런데 이것은 겸손의 차원을 넘어서서 사람을 무기력하게 만들 수가 있기에 이 현상을 주의 깊게 살펴볼 필요는 있겠다. 자신의 잘남을 말해서 망신당하는 것이 낫지, 자신이 값진 존재임을 망각하는 것은 더 큰 문제라 하겠다. 어쨌든 그녀와의 인터뷰를 통해서 북한의 실상을 좀더 구석구석 알게 되어 기뻤다. 처음 만났을 때 많이 지쳐 보여서 걱정됐고, 미안한 마음도 들었다. 그래도 성심성의껏 물음에 답을 해줘서 고마웠다. 뒷정리를 한 뒤 인사를 하고 돌아서는데 은행에 간다고 했다. 인터뷰 수당으로 건넨 3만 원을 아들에게 부쳐준단다. 그 돈이면 북한에서 한 달 동안 쌀밥을 먹을 수 있다고 했다. 일 안 하고 말이다. 한 달 동안 먹을 쌀가마를 짊어지고 가는 사람처럼, 그녀의 어깨와 등이 굽어 보이고 발걸음도 제법 무거워 보인다. 저 무게를 덜어낼 방법은 없을까.

의식주가 아니라 '식의주'

그녀를 만나는 두 번째 날. 얼굴색은 좀 나아졌을까. 건강한 모습으로 나타났으면 하고 바랐다. 그녀와 만났는데, 내 기대와는 정반대로 오늘이 더 아파 보인다. 마음이 아픈 걸까. 진짜 큰 병이라도 있는 것은 아닐까. 그녀에게 물어보니 건강도 마음도 안 좋다고 했다.

마　나머지 인생은 건강하게 잘 살았으면 좋겠어요. 요새 제가 많이 아프거든요. 어제도 아침밥 하느라고 열 시에 일을 했는데 숨이 턱 막혀서 두 시까지 꼼짝도 못하고 있었어요. 그렇게 아팠어요. 내가 세 끼를 거른 적도 있어요. 한 달 고생했어요. 따끔따끔 아픈 거예요. 병원에서는 제가 위가 약해서 속이 냉하다고 하더라고요. 어릴 때부터 자주 체했어요. 습관성인 것 같아요. 선생님께서는 앉아 있어도 배가 시리다는 말 모르시죠? 집에서 이렇게 앉아 있어도 배가 막 시려요. 엄청 시려요. 이제부터는 아프지 않았으면 좋겠어요. 외로운 건 괜찮은데 아픈 건 못할 짓이에요. 그런데 고생 많이 하면서 살다보니까 지금 사는 삶이 감사하고 고마운 것 같아요. 식의주 걱정은 없이 살잖아요. 저 땅에서 살았으면 그런 걱정은 365일 달고 살아야 하잖아요. 그런데 이 땅에 오니까 그런 스트레스는 하나도 없잖아요.

전　의식주와 관련된 기본적인 것들은 해결이 되니까 그 이상의 것을 얻기 위해 노력하죠. 당장 굶고 그렇지는 않으니까요. 언제 그렇게 감사하는 마음이 생기는 것 같아요?

마　지금 곁에 있는 사람들이 내가 아플 때 따뜻한 말 한마디라도 해주는 것이 고마운 일이고 감사한 일이죠. 그러니까 혼자일 때 가족이 제일 가슴에 와닿는 것 같아요. 혼자니까 아파도 혼자 견뎌야 하는구나 생각하죠. 어제도 10시까지 아무것도 못하고 전기요 위에 꼼짝 못하고 누워 있었어요. 그래서 누가 전화하거나 말만 해도 귀찮고 어지러웠어요. 그 마음이 지금까지도 있는 거예요. 어제 너무 아팠고, 아프면서 내가 스트레스 받는 게 너무 기분이 나빴으니까요. 그러니까 고독이라는 게 제일 힘든 것 같아요. 경제적인 부분은 내가 노력하면 되는데 고독은 노력으로 안 되는 힘든 거잖아요.

　마음의 병이 치명적일까, 아니면 몸의 병이 더 치명적일까. 그녀의 경우를 통해서 나는 해답을 찾아냈다. 그녀는 혼자 있는 것을 못 견뎌 한다고 했다. 이로 보아 마음의 병이 몸의 병보다 큰 것이다. 곧 외로움을 이겨내는 방법을 모색하는 것이 그녀가 풀어야 할 인생의 숙제인 것이다.

전　어머니 마음에 어떤 보물 같은 게 있어요?

마　어릴 때부터 부모 도움 없이 살았잖아요. 부모가 돌아가셨으니까. 어릴 때부터 내공이 나도 모르게 있었나봐요. 사람마다 다르지만 그러한 자립심이 나도 모르게 생겼나봐요. 일찍부터 혼자 서야 했던 환경. 그런 것 때문에 내가 영향을 많이 받았나봐요. 옆에서 욕하고 잔소리해주는 사람이 없으니까 '내 맘대로 살아도 되겠지'라는 생각은 못해본 것 같아요. 그냥 바르게 살았던 것 같아요.

전　바르게 산다는 것은 어떤 것일까요?

마　그러니까 일상생활에서 일탈하지 않는 거죠. 학교 잘 다니고 이탈하지 않고 학교에서 집으로 오고요. 하라는 대로 잘 하는 편이고. 그리고 집에서 내가 주부는 아니었어도 언니가 다 해줬어도 머릿속에는 항상 가정을 생각했던 것 같아요. 내가 안 해도 내가 해야 한다는 생각. 이런 거는 우리가 알아서 해야 한다는 생각. 아이들끼리 살아야 하니까 그런 생각을 많이 한 것 같아요. 그런데 이것도 천성이겠죠? 다르게 생겨먹기로 태어났으면 이렇게 안 했을 텐데 천성적으로 그렇게 태어난 것 같아요. 그러니까 바른 성심으로 태어난 거죠. '부모 있는 집보다 더 잘해놓고 산다' '애들이 참 생활력이 강하다'고 동네에서 이런 말을 많이 들었어요. 동네에서 보면 우리만 애들끼리 살았지, 다른 집에는 다 엄마 아빠가 있었거든요. 어린 나이에 부모 없이 사는 가정이 참 드물거든요. 열한 살 때부터.

전   그때 언니는 몇 살이었어요?

마   언니가 열여섯 살, 다섯 살 차이 나니까. 언니가 참. 그러니까 부모 없이 살면 일찍 철이 드는 것 같아요. 지금 고생 없이 사는 애들은 철이 없잖아요. 그리고 북한 애들도 여기 남한에 와서 남한 애들을 보면 예의 없다고 말해요. 행복하게 살아서. 그러니까 북한 애들은 어린애들도 다 철이 일찍 들었어요. 그게 차이점인 것 같아요. 고생하고 고생 안 하고의 차이가 사람을 많이 성숙하고 아니고의 차이를 만드는 것 같아요. 젊어서 고생해 봐야 안다는 말이 맞는 것 같아요. 물론 유복하게 살면 더 좋지만.

전   그 젊어서의 고생, 어릴 적부터 부모 없이 자라는 시간이 굉장히 힘들긴 했지만 어쨌든 언니하고 잘 이겨내고 사셨네요.

마   그때는 이 생각 엄청 많이 했어요. '나는 왜 이 세상에 태어났지?' '우리 엄마 아빠는 내부터는 낳지 말지, 내 위까지만 낳고 내부터는 낳지 말지.' '왜 세상에 나를 낳아줘서 나를 이렇게 힘들고 고독하게 살게 만드냐고, 부모 없이.' 근데 우리 집 형제들을 보면 내가 어릴 때 일곱이었는데 다 그렇게 바르게 살았던 것 같아요. 그 누구 하나 학교를 안 가고, 애를 먹이고, 형제간에 싸우는 게 없었어요. 아무튼 일찍이 모두 철이 들었던 것 같아요. 그러니까 지금 생각해보면 부모 없이 살 팔자였지요. 그러니까 모두 일찍이 철이 들었지. 이상하게 나가서 나쁜 짓 한 적은 없었어요.

사랑해줄 사람이 없고, 사랑받을 사람이 없다. 애교를 부리고 까불어도 봐줄 사람이 없다. 때로는 장난감을 사달라고 조르는 아이처럼 생떼를 써보고 싶고, 그런 아이가 있다면 응석을 받아주고 싶다. 이게 지금 그녀의 마음 같다. 그녀의 마음에 멍 자국이 크게 보인다. 그녀 마음의 보물을 찾아보자.

전　　그래요. 이제 어머니의 마음에 어떤 보물이 있는지 같이 찾아봐요.

마　　북쪽에서 살 때에는 내가 긍정적으로 살았다는 기억이 없는 것 같아요. 그런데 중국에서 4년 살고 한국에 살면서 내가 많이 긍정적으로 변한 것 같아요. 그쪽에서 살 때는 '내가 이렇게 살아서 고맙고 감사하다'고 생각하지 못했어요. 그런데 여기로 오면서 좀 달라졌어요. 중국, 타국에 살면서도 어쨌든 타국 생활이니까 고달프잖아요. 내가 국적도 없이 남의 눈치 보면서 살다가 한국에 와서 이렇게 사니까 그게 너무 행복한 거예요. 북한에서 살 때하고 중국에서 살 때하고 다르게 여기 와서 사는 삶이 너무 고마운 거예요. 다시 북한에 나갈 일도 없고. 그러니까 이 땅에 사는 것만으로도 너무 감사하고 고마운 거예요. 지금 생각해보니까 그때부터 내 생각과 마인드가 긍정적으로 바뀐 것 같아요. 북한에 살았을 때는 그렇게 긍정적으로 생각하지 않았던 것 같아요. 거기에 있으면 불평해도 표현을 못하죠. 잡아가니까. 마음속으로만 품고 있죠. 사람들이 표현을 못하고 살아요.

전　　마음으로 어떤 생각을 품으셨는지 기억나요?

마　　이 정권이 바뀌어야겠다. 우리 나이 때에도 그런 생각을 했어요. 그때는 한국이 잘사는지 몰랐으니까. 중국이 이렇게 잘살고 소련이 이렇게 잘산다고 하는데 왜 우리는 이렇게 못살지? 매일 그런 생각이 많이 들었어요. 그러니까 세뇌 교육이 참 중요해요. 내가 서른여섯 살에 두만강을 건너 중국에 갔는데 그때까지는 한국이라는 것도 몰랐고 그냥 남한이라고 했으니까. 그렇게 잘사는지도 몰랐고 6·25전쟁도 그냥 남한에서 일으켰다고 하니까. 남한이 나쁘다고 생각했죠. 그리고 중국 가면 한국 사람들이 있는데 남조선 사람들이 세상에서 엄청 나쁜 사람들이라고. 옛날에 남한에서도 북한 사람들은 뿔나고 마귀 같고 이런 인식을 했잖아요. 그게 똑같은 거예요. 사람이 세뇌 교육이라는 것이 그렇게 중요해요. 그러니까 그게 주입이 돼요. 사람들이 그런 억압 속에서 살다보니까 표현을 할 줄 몰라요. 표현을 쉽사리 못해요. 그래도 남한에서는 폭동 일으키고 목소리를 내고 하는데 북한에서는 상상도 할 수 없는 일이지요. 이게 체계적으로 세뇌 교육이 너무 돼 있기 때문에 일어나서 이렇게 한다는 건 상상도 못할 일이에요. 그러니까 지금 내가 봐도 북한에서 이런 일이 일어난다는 것은 5프로? 10프로? 거의 불가능한 일이에요. 왜, 내가 거기서 살아왔으니까. 저는 그렇게 느껴요. 그 체제가 너무 심하기 때문에. 말 한마디 잘못하고 다음날 일어나면 그 집이 통째로 없어져요. 간밤에 와서 그 집 안에 있는 사람들을 통째로 실어서 어디로 데리고 가는지 몰라요. 행방도 몰라요. 그러니까 사람들이 그게 두려워서라도 말을 못하고 살아요. 그 사회에 살려면 그 사회의 법을 따르면서 살아야 돼요. 그 법을 안 따르면 거기서 못 살아요. 거기서는 절대로 살 수 없어요.

전   그게 보통 정치적인 발언과 연관된 건가요?

마   그렇죠. 정치적이죠. 대한민국은 신문에다가 정부에 대해서 다 얘기하는데, 저는 그게 신기해요. 어떻게 저렇게 살 수 있지? 그것이 너무 신기했어요. 이 땅에 태어나서 덕 보면서 살아가지고 그 땅을 말하는 게. 나는 남한 사람들이 그런(북한) 데서 살아봤으면 좋겠어요. 몇 개월만 살아보라고 보냈으면 좋겠어요. 그것도 평양이 아닌 그 지방에 가서 살아보라고. 그러면 자기들도 탈북해서 나갈 거라고 하겠죠. 대부분 못 살겠죠. 그거는 아닌 것 같아요. TV에 나와서 탈북자들이 말하잖아요. 그게 맞는 말이에요. 쟤네 하는 말이 맞는 말이에요. 북한에서는 짜여진 각본대로 하다보니까, 좋은 것 봤다고 하고, 좋은 말만 하고 그래요. 근데 그건 아니죠. 그들 말처럼 살기가 좋은데, 왜 사람들이 그 땅에서, 왜 거기서 나오겠어요.

전   그러니까 긍정성이라는 것이 애초부터, 내가 북에서부터 갖고 있던 게 아니네요.

마   그런 생각은 못하고 살았던 것 같아요. 한국에 오면서 고마움을 더 느끼게 됐고 내가 긍정적인 생각을 하게 된 것 같아요. 인위적으로 하려고 하면 안 돼요. 그 생각이 내 마음에서 우러나와야지.

전　어떤 때 가장 마음에서 우러나와요? 좋은 생각들이?

마　우리 동료들하고 얘기를 나눠보면 이런 마음의 소리를 많이 해요. 주고받고 하는데 우리가 지금 북한에서 살았으면 어떤 모습이었을까? 목숨이나 부지하면서 지금까지 살았을까? 이런 생각을 많이 해요. 그리고 운동하러 산으로 가면 나무랑 고목들이 엄청 많잖아요. 저게 다 땔 건데 그게 너무 신기한 거예요.

전　아, 산에 가면 나무가 많은 게요?

마　네. 나무랑 고목이 북한에 가면 다 남아나지도 않았을 텐데 여기서는 나무가 넘어져서 썩고 있으니.

전　북한 같으면 다 가져다가 때죠?

마　그쪽을 생각하면 이 땅에서 사는 게 감사한 것 같아요. 거기서는 생나무를 꺾어서 때는데 죽은 나무가 눕혀 있을 시간이 없죠. 그리고 인가가 있는 주변 산은 다 벌거벗겨져 있어요. 산이 다 빨간 거예요. 나무가 없어요. 그리고 인가에서 멀리 있는 산이어야 산에 나무가 있어요. 자원이 없으니까 옛날에 여기서 나무를 땠듯이 똑같아요. 기름은 상상도 못하고. 그리고 지금 북한은 아파트도 불 때는 아궁이거든요.

전 그럼 거기다가 뭘 때요?

마 나무, 석탄을 때고 하죠. 그렇게 살죠. 그러니까 북한 생각을 하고 TV에서 북한 나오는 걸 보면 '아, 나는 참 행복하구나. 여기 와서 사는 게 참 행운아구나' 이런 생각을 많이 해요. 이 땅에 사는 것만 해도 감사하고 고맙고. 여기 온 사람들은 다 운이 좋은 사람들이라고 얘기해요.

전 그렇게 생각하면 힘도 얻을 수 있겠네요.

마 그렇죠. 그쪽이랑 비교하면 '정말 내 행운이구나' 하고 생각해요.

전 북한에서는 기분 좋을 때가 언제예요?

마 초등학교 때는 명절이 매일 있는 게 아니고 어쩌다가 한 번씩 있잖아요. 그러니까 설 명절이 오면 맛있는 거 다 아꼈다가 형제들이 모여서 같이 먹으면 그때는 행복하지요. 다 같이 모이고 풍요로울 때.

전　　그럼 여기서는 언제 행복하세요?

마　　여기서는 날마다 감사하게 사는 것 같아요. 북한은 잘 먹는 날이 명절인데 여기는 내가 먹기 싫어서 안 먹잖아요. 사람이 먹는 식의주라는 게 생존이 걸린 엄청 중요한 문제잖아요, 우리가 배부를 때는 이게 별문제가 아닌 것 같아도 두 끼만 굶어봐요. 그러면 눈에 보이는 게 없어요. 그러니까 식의주라는 게 참 중요한 것 같아요.

　북한 이주민들은 우리와 다르게 '의식주'라 하지 않고, '식의주'라 말한다. 각기 다른 뜻을 지닌 의衣와 식食과 주住가 만나 하나의 단어를 형성하게 된 셈인데, 어떤 첫 글자를 먼저 썼느냐에 따라 그 나라 사람들의 생활습관을 엿볼 수 있게 된다. 북한에서는 '식'이 중요하고, 남한에서는 '의'가 중요하다. '식'은 생활과 생존의 문제, '의'는 품위와 예절의 문제와 연결될 것이다. 이 두 가지의 우선순위를 놓고 보더라도 북한과 남한의 생활과 문화적 차이가 얼마나 다른지 일정 부분 가늠할 수 있게 된다.

기억하기 싫으면 기억하지 않고

연말이 다가오는데도 그 분위기가 안 난다. 아니면 내가 그런 분위기를 못 느끼는 것인지도. 경기가 안 좋은 탓인지, 거리도 제법 한산하다. 인터뷰 마지막 날, 오늘은 그녀의 얼굴이 지난번보다 더 좋아 보였다. 그러니 내 마음도 한결 가벼워지는 것 같았다. 세 번째 만남이라 익숙해서 그렇게 느낀 것이 아니라, 실제로 병이 호전되었는지 얼굴색이 좋아 보였다. 약함 뒤에 숨겨진 그 어떤 강인함이 그녀를 지금까지 버티게 해준 것이라 믿고 싶다. 살고 싶다는 의지만 있어도 사람은 살아갈 수 있으니까. 그녀에게 버틸 수 있는 강인함이 어디서 나오는지 다시 물었다.

마   여자는 한없이 약하잖아요. 그리고 엄마는 유모차를 안고서도 계단을 막 올라가는데, 아가씨 때는 이런 가방도 못 들잖아요. 그게 여자와 엄마의 차이인 것 같아요. 그러니까, 엄마라서 가능한 것 같아요. 중국에 있을 때도 사실은 아들만 없었으면 그렇게 식당 일을 고생하면서 안 했을 거예요. 그렇게 살고 싶지도 않았고. 왜냐하면 어디 가서도 발붙이고 살 수 있으니까. 요즘은 아무 나라나 발붙이고 살기 쉬워요. 그런데 자식이 있다는 그 사실 덕분에, 많이 힘들었던 것도 이겨낼 수 있었던 것 같아요.

전　　그러니까 자식이 있어서.

마　　버팀목이 되죠. 없었으면 나약하게 살았을 것 같아요. 편하게 살았겠죠. 그러니까 자연스럽게 강해질 수밖에. 그것도 사람 나름이지만 대개 보면 엄마라면 다 그런 것 같아요. 엄마라고 하면 다 마음이 똑같을 것 같아요. 그 차이가 크죠. 그러니까 모성애라는 게 참.

전　　그 모성애라는 것이 뭘까요?

마　　가정생활을 할 때 애 없이 가정생활 하면 또 다를 것 같아요. 그 느끼는 감정이. 애가 없으면 내가 나약해지고 내가 제대로 활동을 못하면 내 새끼의 배를 곯려야 되잖아요. 그런 것 같아요. 그리고 중국에 있을 때 항상 생각한 게 '아, 아들이 있으니까 내가 살아야지' 그랬어요. 아들하고 통화할 때도 '나는 니 있어서 이렇게 힘내고 산다. 너 없으면 난 이렇게 안 산다. 그냥 편하게 살고 싶다. 아들이 있기 때문에 엄마는 이렇게 힘내서 산다'고 항상 했던 것 같아요.

전　　어떤 아들이에요?

마　　우리 아들은 착한 아들이에요. 엇나가고 그런 아들이 아니에요. 참 바르게, 착하게. 물론 욱하는 것은 있지만 참 바르게, 착하게. 어릴 때도 내가 그렇게 봐왔는데 지금 현재도 이렇게 통화를 해보면 내가 어렸을 때 생각했던 이미지랑, 지금 스무 살이 되는데, 지금 이미지랑 똑같아요.

전　아들을 생각하면 힘이 나세요?

마　그렇죠. 아들이 있으니까 내가 더 열심히 살아야 되고 내 노후 준비도 해야 하지만 자식을 위해서 뭔가 해야겠구나 싶죠. 결혼도 시키고. 내가 보내야 되잖아요. 같이 안 있어도.

전　결혼을?

마　네. 결혼까지 해줘야죠. 서양 같은 데는 열일곱 살만 돼도 사회에 나가서 노력하면 살 수 있잖아요. 그런데 북한은 그 기초 시설이 안 된 거예요. 내가 나가서 일하고 싶어도 일할 곳이 없어요. 현재도. 그리고 설사 출근한다 해도 보수가 없어요. 살 수가 없는 거예요. 북한 땅에서 지금 그런 시설이 됐다는 게 유일하게 개성공단이에요. 그러니까 북한 전역으로 개성공단만 한 시설이 쭉 분포되었어도 내가 걱정 안 하겠어요. '니 알아서 니 먹고 살아라' 이렇게 생각하겠어요. 그런데 그게 안 되니까 당연하게 신경 쓰이지. 그게 없으니까, 지금.

전　그럼 북한에서는 월급 못 받고 하면 그냥 못 받는 걸로 끝나는 건가요?

어쩌면 이것이 바로 공산주의가 지닌 맹점이라고 하겠다. 공산주의
는 일단 사유재산을 인정하지 않는다. 아울러 모든 것을 공유재산화하
기 때문에 빈부의 차를 줄일 수는 있겠으나, 그 시스템 안에 있는 사람
들은 일할 개인적 동기를 충분히 받지 못한다. 따라서 그들 스스로도
자신의 능력을 최대한으로 발휘하지 않거나 일을 게을리하게 된다. 장
기적으로 볼 때는 그 사회 발전에 악영향이 초래될 것이다. 무급으로
일을 하더라도 근무 환경이나 사회복지 제도가 잘 되어 있다면 살아갈
맛이 날지 모르겠으나, 북한은 여러 측면에서 낙후되어 있지 않은가.

마　　그렇죠. 나한테 뭐 안 줬다, 이런 거 없어요. 없으면 없는 대로 살아
요. 여기는 은행에서 다 관리하잖아요. 그런데 은행이라는 것도 무용지물
이에요. 필요 없어요. 돈을 넣었다가 내가 필요할 때 못 찾아서 써요. 안 주
면 그다음에는 없어지는 돈이에요. 내가 은행에다 돈을 이체시켰는데 그
돈 못 찾는다고 해서 어디에 항소할 곳도 없어요. 북한은 그런 곳이에요. 법
이라는 게 없는 나라예요. 법이라면 오직 김정일 삼부자. 걔들 말이 곧 법
이고 그게 최고의 말이에요. 그러니까 내가 아들 장가갈 때까지는 해줘야
될 것 같아요. 그다음에 내가 해준 다음에는 잘살고 못살고는 자기 팔자지.
그것까지는 못해주죠. 그런데 북한 돈은 뭉치만, 부피만 많은 거예요. 부피
만 많고 북한 돈이 이만한 거면 중국 돈이 이만한 거예요.• 그렇게 적은 거

예요. 그런데 지금 한국 돈 100만 원이 이만하다면 중국 돈이 이만한 거예요. 그러니까 지금 중국 돈이 더 비싼 거예요.

전　그러면 상인들이 시장에서 물건 팔고 하잖아요. 그럴 때 돈을 벌잖아요. 돈을 벌면 어떤 식으로 보관하는 거예요?

마　집에다 다 현금으로 보관해요.

전　집에다가요?

마　네. 그러니 도둑 많이 들죠. 그러니까 내가 내 집에 잘 보관해야지요. 잊어먹지 않을 데를 찾아서 숨겨놔야죠. 그렇죠. 북한은.

전　아니 그러면 집에 불나버리면 끝이네요?

마　그렇죠. 불나서 타버리면 끝이죠. 어디 가서 하소연해볼 곳도 없죠. 그러니까 불 안 나게 간수를 해야죠. 불이 나도 안 타게 해야죠. 근데 불에 안 타게끔 모을 수 있는 돈이 있었으면 좋겠어요.(웃음)

● 환율을 얘기하고 있다. 북한 돈이 아무리 많아도 중국 돈으로 환산하면 터무니없이 적은 금액이 나온다는 얘기다. 예컨대 대한민국 돈 1250원을 들고 외환은행이나 환전소에 가면 1달러 한 장을 주는 것과 같은 맥락이다.

전 　보통은 어떻게 해요? 불이 안 나게 하는 방법이 있어요?

마 　불에 안 타게 하는 방법. 뭐 나는 거기서 살 때 돈 없이 살았으니까 그런 걱정은 못하고 살았어요. 주머니에 들어갈 돈도 없는데 언제 고민하겠어요.

전 　부자들은 어떤 식으로 해요?

마 　다 알아서 자기 집에다 간수해요. 땅을 파든 굴을 파든 어쨌든 그렇게 간수해요. 집에 불나도 안 타면 되니까 그렇게 간수하는 거예요. 참 이 중국이랑 한국이 좋은 게 어딜 가도 일자리가 다 있잖아요. 북한은 그 일자리가 없어요. 오직 내가 시장에 가서 장사하지 않으면, 물건을 싸게 팔고 이런 거 안 하고 농사를 짓지 않는 이상은 직장이 없어요. 회사가 엄청 많잖아요. 거기는 직장이 없어요. 돌아가는 일이 없어요. 그러니까 그것이 문제죠. 유럽처럼 아들한테 '이제 컸으니까 알아서 살아라'는 것도 그 정도만 됐으면 걱정도 안 하겠어요. 진짜 걱정 안 하겠어요.

전 　그러면서 내공들이 생기신 것 같아요.

천상병(1930~1993)이라는 시인이 있다. 막걸리 한 병과 담배 한 갑만 있으면 하루를 버텼다고 소문났던 가난한 시인은 1967년 중앙정

보부의 간첩단 사건인 '동백림 사건'에 연루되어 간첩이라는 누명을 쓰고 전기고문을 당했다. 그 후 성 불구자로 평생을 살았으며, 시를 쓰면서 어렵게 생활했다. 그의 곁을 아내인 목순옥 여사가 지켰다. 천상병 시인은 우리에게 잘 알려진 '나 하늘로 돌아가리라'로 시작되는 시 「귀천歸天」을 썼다. 재산이 불에 탈 수도 있다는 북한의 상황에서 천상병이 떠오른 것은 기막힌 에피소드 하나 덕분이다. 가난해서 큰돈을 만져본 적이 없었던 천상병의 가족은 1993년 4월 28일에 천상병이 유명을 달리하자, 조의금으로 대략 800만 원이 들어왔다고 한다. 당시로서는 매우 큰 금액이었으나 장례를 치르는 동안 은행을 갈 수가 없어, 시인의 장모가 그 돈을 지키려고 아궁이 속에 넣어두었다. 그걸 몰랐던 시인의 아내는 아궁이에 불을 지폈고, 그 바람에 조의금의 많은 부분이 소실됐다. 그래서 가족들은 불에 탄 지폐를 들고 은행에 가서 새 돈으로 교환이 되는지 유무를 물었다는 아픈 뉴스가 전해진다.

마　특별하게 내공이라기보다는 내가 살기 위해서 하는 거 아니에요? 생존을 위해서.

전　아…… 생존을 위해서.

마　네. 다 그렇게 하는 거죠. 지하철 노숙자들은 생존을 위해 노력을 안 하니까 그렇게 사는 거예요. 안 하니까. 그런데 남들이 옆에서 나를 보고 '너는 혼자인데 왜 그렇게 열심히 사냐?'고 그래요 '언니는 왜 그렇게 아등바등 사냐'고. 저도 모르겠어요. 그게 몸에 배었는지 올해는 내가 집에서 편하게 놀고 있는데 이제까지 10년 생활 동안 그저 뱅뱅 돌면서 살았던 것 같아요. 손에서 일을 놓으면 뭔가 불안했어요. 일이 없어서가 아니라 '오늘 일을 놓으면 내일은 어떻게 살지?'라는 불안감이 내 속에 항상 있었던 것 같아요. 나도 모르겠어요. 그게 천성인지, 그냥 열심히 살았던 것 같아요. 작년 여름에도 어깨가 너무 아파서 큰 병원까지 다녔어요. MRI 찍으니까 여기에 종양이 생겼다고 하더라고요.

전　어머, 어떡해요?

마　이 뼈에 생긴 거는 아픔을 모른대요. 그런데 내가 어깨를 못 써서 병원 가서 MRI를 찍으니까 여기에 종양이 생겼다고 나왔어요.

전　그럼 제거해야 하는 거 아니에요?

마　종양이긴 종양인데 올해 6월에 다시 오라고 얘기했거든요, 작년 6월에 갔으니까. 그런데 올해 6월에 안 갔어요. 그거 때문에 약을 한 달 먹었어요. 거기서 약을 대줘서. 이렇게 많이 약을 먹었는데 그러고 나서 아직까지는 괜찮아요.

전　　그래도 검사해보세요.

마　　네. 검사해봐야겠죠?

　종양이라고 하니 무지 걱정됐다. 약을 먹어서 괜찮다고는 하는데, 그래도 걱정이다. 무거운 얘기라 화제를 좀 돌려봤다. 결혼에 관한 것이었다. 그녀는 북한에서 결혼했는데, 남편과 10년 살고 헤어졌다고 한다. 신랑은 나가서 빚만 져오는 골칫덩어리에다 싸움꾼이었다고 했다.

전　　북에서 생각나는 거 하나만 말씀해주실래요? 결혼은 어땠어요?

마　　하…… 신랑이 딱 10년 같이 살았는데 남편 복이 없기도 없죠. 그래도 시집 안 가는 것보다 갔다 오고 후회하는 게 낫다고 생각했어요. 갔다 와도 내 내공은 생길 것이고, 내 팔자고 그러려니 하면 되니까. 안 갔으면 안 가본 걸 후회하지 않겠어요. 가봤으니까 가본 것도 후회하고. 그러니까 가보고 후회하는 게 나은 것 같아요. 신랑이 너무 속을 썩였어요. 나가면 빚져오고 나가면 골칫덩어리들을 안고 오니까 그 사람하고 내가 너무 많이 싸웠어요. 진짜 싸움꾼이라고 소문날 정도로 싸웠어요. 왜? 신랑이 일거리를 자꾸 나에게 안겨주니까. 그 사람들이 나한테 와서 달라고 하면, 나는 그 사람들이랑 거래한 일이 없는데, 신랑이 만들어놓은 것을 가지고 내가 같이 사니까 나한테 달라고 하는 거예요. 성질나잖아요. 그래서 싸우고 욕해서 쫓아보내면 신랑한테 가서 말해요. 그러면 이게 또 같이 싸우게 돼요. 그러면 남편은 '너보고 내가 빚 물어주라는 소리 안 한다. 왜 그 사람들하고 싸우냐?' 이렇게 말하는 거예요.

전　　나가서 무슨 빚을 지는 거예요?

마　　모르겠어요. 빚만 지고 돌아와요. 하여튼 장사하다가도 빚지고, 뭐 하다가도 빚지고, 그냥 나가서 뭐 처먹고도 빚지고 진짜 속 엄청 썩였어요. 지금 와서 생각해보면 그 속터지는 남편이랑 살았으니까 남편을 버리고 여기까지 올 수 있었다는 생각도 해요. 그것도 내 복이다. 내가 거기서 잘 살았으면 여기에 왔겠나 그런 생각도 해요. 다시는 만나고 싶지 않은 거예요. 부부라는 건 참 가까우면 제일 가깝고 멀면 진짜 남남인 거예요.

전　　헤어지면 남이라고 하잖아요.

마　　네. 헤어지면 남이에요. 그런데 부부라는 것은 헤어지면 아무런 의미도 없어요. 정말 남남이에요.

전　　그래도 살았던 정이 있지 않을까요?

마　　그런 게 하나도 없어요. 근데 그 사람이 미우면 애도 미울 것 같은

데 자식은 안 그래요. 자식은 그렇게 소중해요.

전　두 사람 피가 섞여서 애도 미울 것 같은데요?

마　그게 그렇지 않아요. 아무리 신랑하고 싸워도 '아들이 밉다' 이런 감정은 못 느껴봤어요. 그래서 내가 속이 타서 '안 산다'고, '내 동생 집에 가서 산다'고 아들 데리고 간 적이 있거든요. 그런데 내 동생이 '언니, 오려면 언니 혼자 오지 왜 그 사람 종자를 데리고 왔냐'고 나한테 지랄 지랄을 하는 거예요. 그런데 그게 안 그래요. 자식이 무슨 죄가 있어요. 자식은 안 그래요. 엄마가 돼봐요. 어떤 사람들은 자식한테 화풀이한대요. 그런데 나는 그렇게 안 돼요. 자식이 내 품을 떠나면 못 살 것 같고, 그렇다고 나랑 안 살면 애 아빠한테 주고 나 혼자 살겠다는 이런 생각도 없어요. 오직 애는 내가 끌고 다녀야 한다는 생각만 하고 살았어요. 내가 중국에 있을 때 이 쪽으로 오라는 소리는 못했지만 여기 와서 오라고 했을 때 아들이 안 오겠다고 하니까 그래서 안 데리고 있는 거예요. 안 오겠대요, 걔가. 그래서 못 데리고 온 거예요.

전　왜 안 오겠대요? 거기가 더 편한가······.

마　거기서 사는 것도 뭐. 근데 엄마가 그냥 잘 살게 보내주니까. 그러니까 안 오는 거죠.

전   그래도 엄마랑 같이 있으면 좋을 텐데.

마   그런데 이렇게 오다가 잘못된 사람들도 있고 잡혀나가도 걱정이고. 운이란 건 모르잖아요.

전   그렇긴 하네요.

아들은 왜 엄마에게 올 기회를 마다하고 있는가. 경계선을 넘어야 하는 두려움을 극복하기가 어려워서일까, 아니면 그녀의 말처럼 그녀가 보내주는 돈으로 살 만해서일까, 그도 아니면 북한의 삶과 체제를 옹호해서일까. 나라면 어떻게서든 엄마 품으로 가려고 했을 텐데 말이다.

마   그리고 내가 중국에 있을 때, 그때는 아들이 십대 초반이었거든요. 열한 살 초반이니까. 그때는 전화통화를 했거든요. 아들이 나한테 하는 말이 '어머니, 조심하시라요' 그래요. 아들은 내가 잡힐까봐 항상 걱정이래요. 그러니까 어린 마음에 그런 걸 안고 살아서 그런지 오다가 잡히면 어떡하나 하는 두려움도 있는 것 같아요. 그 어린 마음에 나하고 통화하면 '어머니, 조심하세요. 누가 봤는데 어머니를 봤답니다' 나한테 이러는 거예요. 아들이 '어디어디 시장에서 어머니를 봤답니다' 그래요. 나보고 조심하시라고. 항상 이런 말을 하는 거예요. 내가 잡혀나가는 걱정을 하는 거죠. 잡혀나가면 엄청 고생하거든요.

전 그러니까 어렸을 때 엄마랑 전화통화 하고 그래서 더 겁이 날 수도 있고.

마 네, 그것도 있을 수 있어요. 첫 마디에 안 오겠다고 그러데요.

전 서운하세요?

마 뭐 그런 생각보다 걔 의견을 존중해줬어요. 내가 너 오기 싫다고 했는데 오라고 했다가 잘못되면 아무리 자식이라도 걔한테 원망을 끼치는 일이잖아요. 너가 오겠다고 하면 돈을 얼마든지 들여서라도 너를 데리고 오겠는데 그렇게까지는 하고 싶지 않았어요. 어떤 애들은 딸 데리고 오다가 잡혀서 소식도 모르고, 아들이랑 남편 데리고 오다가 감옥 가고 죽기도 하고 그러잖아요. 그러니까 나는 그런 원망을 듣기 싫었어요. 그래서 내가 아무도 못 데려온 것 같아요. 나는 하나도 못 데리고 올 것 같아요. 윗집 언니도 딸하고 같이 오다가 딸 잃어버렸잖아요. 아들이라도 같이 내려와서 사니까 아들 복이라도 있잖아요. 사주 보니까 언니는 아들 무릎 베고 죽는다 했는데 진짜 아들이랑 같이 있잖아요. 그런데 나는 새끼 덕도 없어요. 남편 덕도 없어요. 어차피 성인이 되면 부모 품을 떠나야 되는데 그냥 일찍이 떠났다고 생각해요. 그래도 엄마가 살아서 뒤에서 봐주니까 그것도 자기 복이죠 뭐. 나는 그 나이 때 엄마 없이 살았는데. 여기서 100만 원만 부쳐주면 1년 동안 밥 먹고 살 수 있어요.

전   100만 원으로 1년을 살아요?

마   100만 원이면 먹고 쓰는 데는 지장 없어요.

전   아니 월이 아니라 1년요?

마   1년은 그냥 밥만 먹고 살지. 밥만. 그러니까 다른 거 일체 안 하고.

전   그럼 10만 원, 20만 원이면 한 달 살겠네요.

마   그렇게 살죠. 그러니까 그냥 밥만 먹고. 여기서도 그냥 김치만 가져 다놓고 밥만 먹으면 왜 못 살겠어요. 너끈히 살아요. 거기는 세금이 없잖아 요. 북한은 세금이 없어요. 물론 전기도 잘 없지만. 내가 전기를 쓰거나 물 을 써도 물세라든지 이런 세금이 없어요. 아무 고지서도 없고. 세금이 없으 니까 그런데, 거기는 100만 원 벌 데가 없잖아요. 뭐 집세 얼마 나가고 이러 는 게 없어요.

전   집은 다 나라에서 주나요?

마   그렇죠. 다 나라에서 줘요. 그리고 내가 좀 능력이 되고 돈이 있으 면 개인적으로 밀거래해서 아무리 나라 집이라도 살 수가 있어요. 죽을 때까지 팔지만 않으면.

전   아, 개인 돈으로.

마   그렇게 밀거래는 되는데 내 재산이라는 게 없잖아요. 그래도 열심히 일해야죠. 열심히 일하고 땅이라도 농사를 지으면 내가 일군 밭은 나에게 오잖아요, 그러니까 열심히 살아야지. 열심히 안 살면 여기 말로 노숙자지. 그러니까 거기서도 열심히 살아야 돼요. 공짜 없잖아요. 내가 시장에 나가서 아무거나 팔더라도 팔아야지, 그냥은 안 돼요. 거기서도 그래요. 직장 나가서 열심히 일해도 안 해도 그 차이지, 내 가정을 위해서는 열심히 살아야 돼요. 진짜 한 나라가 어쩌다 땅이 반으로 나뉘어서. 그런데 지금 생각해보면 종자들은 종자라고 생각해요. 그 작고 작은 나라에서 그렇게 둘로 갈라져서 이게 뭔 짓거리예요?

국가에서 일괄적으로 집을 준다는 것도 놀라운 얘기였는데, 개인 돈으로 밀거래를 통해 집을 살 수가 있다고 하니, 이 또한 더 놀라웠다. 돈이 어디서 났냐고 군이나 당에서 나와 조사하면 걸리는 것 아닌가 하는 생각도 들었다. 이게 어떻게 가능한 것일까. 밀거래로 살 수 있는 북한의 집은 가격이 어느 정도일까.

전   어머니는 현실적이에요?

마   옛날에는 내가 현실적이라는 생각을 못하고 살았어요. 지금 와서 생각해보니까 그래요. 내 마음을 돌아볼 여유가 생겼다는 게. 그 전에는 그런 생각을 할 여유가 없었고 내가 긍정적인 마음으로 살아야지 하는 생각도 못해봤어요. 마음에 여유도 없이 살았으니까. 지금에 와서는 마음에 여유가 많이 생긴 것 같아요. 여기 왔으니까 이렇게 살지, 중국이었으면 이렇게 못 살죠. 여기 왔으니까 인간답게 생각할 수 있는 것들을 많이 느끼는 것 같아요. 그냥 현실적이라는 게 내가 노동하고, 수입이 있고, 상대를 생각할 때에도 어떤 사람들은 마음에 없는 소리도 하는데, 내 마음은 아니고. 겉으로 맞는 것처럼 행동하는 사람이 있는데 나는 절대 그러지 않아요. 그냥 내 마음이 없으면 없는 대로, 있으면 있는 대로, 나는 그대로 표현하고 그대로 주고받는 편이에요. 솔직하다고도 할 수 있고 또 어떻게 보면 정직하다고 표현할 수 있겠네요. 어떤 때는 장점 같아도 단점이 돼요. 어떤 때는 숨길 수도 있어야 하잖아요. 다 표현한다고 좋은 게 아니에요. 그러니까 '이렇게 사는 게 답이다, 저렇게 사는 게 답이다'라는 게 없는 것 같아요. 골고루 기능을 맞추면서 사는 게 답인 것 같아요.

전   이렇게 숨기려고 해도 잘 안 숨겨져요?

마   네. 그게 잘 안 돼요. 마음에도 없는데 막 웃을 수 있고⋯⋯ 나는 그게 표가 나요. 싫으면 그대로 얼굴에 표현이 돼요. 그리고 표현하기 싫어져요. 마음이 안 가요. 하고 싶지 않아요. 나는 내가 싫으면 확실하게 싫고 내가 좋으면 확실히 가고 그러는 거예요. 좋고 나쁨이 확실한 것 같아요. 그리고 내 마음이 내키지 않는 일은 안 하고 싶어요. 저번에 한번 보쌈집에 가서 먹는데 보쌈이라는 게 고기를 썰면 일자로 다 썰어져서 나오잖아요. 여기에 통째로 썰은 거 하고 나머지 흩어진 거 다 모아서 나오는데 우리 상에 나온 게 그런 거였어요. 그래서 얘기했더니 내 친구가 나를 자꾸 꼬집으면서 '고대로 먹지 왜 말하냐?'고 하는 거예요. 나는 '야, 우리 똑같은 돈 내는데 왜 이런 거 먹어야 되는데?' 나는 그대로 표현했어요. 그게 완전 내 성격인 거죠. 애들은 나보고 '저 언니, 성격 까칠하다'고 그래요.

전   까칠하다?

마   네. 그렇게 표현할 때가 많아요. 그런데 사실은 그게 '바른소리' 하는 사람을 그렇게 말하잖아요. 하기 싫은 건 죽어도 하기 싫어요. 내가 하기 싫은 걸 좋다고 억지로 표현하는 것도 싫어요. 어떤 때는 그냥 넘어가야 하는데 그게 어려워요. 그냥 인간관계에서 트러블이 있는 거는 참고 넘어가는데, '이게 옳다 아니다'에서는 참기 힘들어요. 인간관계에서는 웬만하면 두루뭉술하게 좋게 좋게 넘어가자 해요. 이런 거 저런 거 다 꼬집으면 서로가 불편하잖아요. 그래서 그런 거는 넘어가자고 생각하는데 생활에서 옳고 그름은 확실하게 구분해야 좋은 것 같아요.

전   그러면 속으로 삭인다고 해야 하나? 그런 적은 없으세요?

마　많아요. 인간관계에서. 그때가 제일 많은 것 같아요. 이렇게 일할 때라든가 옳고 그름이 분명한 데 가서는 내가 표현하는데, 인간관계에서는 그냥 내가 뒤로 빼기도 하고 눈감고 모른 척하기도 하고 많이 넘어가요. '내 말도 남한테 안 좋게 들릴 수도 있는데' 이런 생각을 할 때가 많아요. 그리고 이 사람이 아무리 나를 좋아한다고 해도 내가 싫으면 만나기 싫어요.

　속으로 삭이면 자기 마음에 병이 들고, 삭이지 않고 직설적으로 말하면 상대방 마음에 병이 든다. 그래서 인간관계가 제일 어려운 것이다. 서로 간에 상처가 되는 얘기를 할 때에는 적절한 타이밍이 필요하다. 하나의 현상에 대해서 가치관이나 잇속이 다르면 종종 타협과 협상을 해야 하고, 상대방의 눈치를 보거나 배려도 해야 한다. 그렇다고 비굴해하거나 굴복할 필요는 없으며, 역으로 도도하거나 자만할 필요도 없다. 상대방과 그 차이를 적절하게 조율하여 간극을 좁히는 수밖에 달리 방법이 없다. 그런데 상대방의 속내를 알 수가 없으니, 이 얼마나 힘든 일이겠는가. 내가 15년 상담 일을 하면서 깨달은 바가 있는데, 그것은 바로 '속으로 삭이지 말고 표현할 것'이다. 상대방이 기분 나쁘게 반응하면 그 자리에서 바로 내 속내를 털어내어 납득을 시키면 된다. 이제 그녀에게 남한에서 적응했던 경험을 들어야 한다.

전　남한에 내려와 적응하면서 어떠셨는지, 그 경험에 관해 이야기해 주실 수 있어요?

마　　남한에 살면서 배운 것 같아요. 중국에서도 내가 이렇게 살아가는 것에 대해서 감사한 적은 없었어요. 그냥 고달프게 살았어요. 나는 왜 이렇게 살아야 하지? 그냥 고달프다는 생각만 하고 살았어요. 그런데 한국에 와서 성격이 많이 바뀐 것 같아요. 사람이 환경의 변화를 받는다는 게 맞는 것 같아요. 내 주변이 어떤지, 어떠한 환경인지가 중요하죠. 북한에 있을 때 북한 사람들은 자기 아들보고도 '이쁘다' 하면서 엉덩이를 치고 이렇게 표현할 줄만 알았지, '사랑한다' 이런 말을 표현할 줄 진짜 몰라요. 그거 말하면 곁에서 이상하게 봐요. 그러니까 그런 문화가 없어요. '사랑한다. 내가 너를 좋아한다. 보고 싶다' 이런 표현을 할 줄 몰라요.

전　　그런 표현이 북한에는 없어요?

마　　한국에 와서 내가 아들하고 통화하다보니까 '아들, 사랑한다'라고 표현하게 된 거예요. 북한에서는 문화 자체가 없어요.

전　　그럼 북한에서 연애할 때, '보고 싶다, 사랑한다' 이런 얘기 안 해요?

마　　둘이 좋으면 같이 손잡고 데이트하고 다니지, 굳이 '사랑한다. 보고 싶다' 이런 표현은 잘 안 해요. 그런 게 없어요. 내 말로 표현하는 것은 없어요. 그런 거 거의 못 보고 자랐어요. 내 곁에서나 주위에서나 그런 거 모르고 살았어요, 그쪽 문화인 것 같아요. 여기 와서 그런 거 많이 배웠어요. 중국에 있을 때에도 그런 거 못 배웠어요.

전　　그래요?

　　나 역시 '사랑한다, 보고 싶다'는 애정 표현에 인색하다. 감정 표현을 자유롭게 하는 가정을 못 만났기 때문이리라. 꼭 그런 것을 말로 표현해야 그 진실한 감정이 전달될까 싶다. 그러나 명심할 것이 있다. '말하지 않아도 안다'는 초코파이 정情 시리즈 광고 문구는 이제 무색해졌다. 오늘날의 세대는 연애하든 사랑하든 눈빛보다 말로 해야 한다. 제발 표현하고 살자.

마　　마음에 여유가 없이 살았으니까 그런 게 눈에 안 들어왔겠죠. 식당에서 먹고 자고 했으니까 볼 겨를이 없었잖아요. 그냥 같은 곳에서 먹고 자고 먹고 자고 하니까 서로를 돌아볼 겨를이 없었어요. 아무튼 여기 와서 배운 게 많아요. 내가 살아온 것도 돌아보게 되고. 그리고 이 땅에 와서 살게 된 것도 감사하게 생각되고. 그냥 일상생활 모든 게 여기 와서 사는 것 자체가 감사해요. 어찌 보면 여기 온 사람들은 운이 좋다고 생각해요. 나를 비롯해서. 중국에서 살 때 한국 사람들은 그저 빨리빨리 쳇바퀴 돌듯이 열심히 살아가잖아요. 그게 제일 눈에 들어왔어요. 북한에서 살 때는 그렇게 빨리빨리 못 살아본 것 같아요. 그냥 살았던 것 같아요, 그냥. 중국 사람들도 그냥 흘러가듯이 살아요. 그래서 한국 사람들은 마음에 여유가 없는 것 같아요. 중국에 있을 때는 마음이 편했던 것 같아요. 시골에 가도 노후에 대해서 편하게 얘기할 수 있었어요. 그런데 한국에서는 시골이나 도시나 노후에 대해서 엄청 걱정하잖아요. 중국 사람들은 그런 걱정 없어요.

전　걱정을 안 해요? 신기하네요.

마　한국에 오니까 내 노후도 걱정되고 자식의 일도 걱정되고. 복잡하고 바쁘고 붐비는 속에서 산다는 느낌을 받았어요. 중국 사람들도 그런 얘기 해요. 여기 오니까 자기도 마음이 조급해진대요. 북한 사람들은 하루하루가 먹고살기 힘든데 어떻게 노후를 생각하겠어요. 그런데 참 바쁨 속에서 빨리 부대끼면서 사는 게 눈에 들어왔던 것 같아요. 중국에 가면 여유로워요. 오늘 벌어서 오늘 살지, 노후 걱정 크게 안 해요. 벌면 버는 대로 써요. 그런데 한국에서는 언론 때문에 각인이 되나봐요. 그러니까 마음의 여유 없이 사는 것 같아요. 쳇바퀴 굴리듯. 북한 사람들은 오늘도 걱정, 내일도 걱정인데 언제 노후 걱정을 하겠어요. 그런 게 없어요.

전　노후를 걱정하는 것 자체가 여유가 있다는 말씀이군요.

마　그럼요. 그런데 중국은 먹고사는 데에도 여유가 있어요. 거긴 땅덩어리가 넓기 때문에. 동북(둥베이) 3성에 사계절이 있지, 밑에는 사계절 다 여름이에요. 거기서 과일이 다 올라오는데 얼마나 많은지 몰라요. 겨울이 없는 땅덩어리가 많으니까. 중국 교포들이 회사에서 같이 일하는데 한국 아줌마들이 '너네 중국에서 이런 거 먹어봤냐?'고 하는데 중국 애들은 콧 방귀를 뀌는 거예요. 먹고사는 걱정이 없는 거죠.

전 자원이 많아서 그런가요?

마 그래도 개인의 자원이 아니잖아요. 그런데도 거의 노후 걱정 없이 살아요.

전 참 좋네요. 여유롭고, 걱정 없고.

마 중국 사람들은 마음의 여유를 가지고 사는 것 같아요. 먹고사는 것 도 그렇고. 북한은 먹고살기 힘든데…… 중국이야 뭐, 한국처럼 먹을 게 흔 하거든요. 여기 와서 이런 모습 보면서 '나도 열심히 살아야 노후가 편안하 겠구나' '걱정 없이 살 수 있겠구나' 하는 생각을 해요. 저 사람들 모습에서 내 노후를 보는 것 같아요. 중국, 북한, 우리나라에서도 살아봤지만 살아가 는 데 눈치가 참 빠른 것 같아요, 남한이요.

그녀의 눈에 한국은 지상낙원처럼 인식되고 있었다. 그런데 나는 그녀의 얘기를 듣는 동안 고개를 좌우로 살짝 여러 번 흔들었다. 그녀가 눈치채지 못하게 말이다. 아무래도 경제적인 이유에서인지 몰라도 그녀는 대한민국의 좋은 점만을 눈에 담고 있었다. 사실 생각해보자. 걱정이 없는 나라가 어디 있겠는가. 내가 볼 때 대한민국도 해결해야 할 것들 천지다. 예컨대 자살률이 높고 청년들의 실업률도 높고, 초고령화 사회로 치닫고 있고, 남북 문제만 놓고 봐도 아직 전쟁의 후유증이 해결되지 못한 채이고 등등. 그녀가 생각하는 것처럼 대한민국은 지상낙원이 아니다. 서울만 놓고 보자. 참고로 나는 경기도 남양주 시민이다. 바쁜 일상이 돌아가는 서울 공간에서 남양주로만 와도 여유가 생기고 숨통이 트인다. 내 입장에서 보자면 서울이라는 공간은 멀리서 보면 그야말로 휘황찬란한 곳이다. 그런데 그 휘황찬란함을 만들어가는 노동자들은 서울생활을 힘거워한다. 그러면서도 서울을 동경하고 서울에서 살고 싶어하는 이중성을 띤다. 내가 대한민국을 부정적으로만 인식하는 것이 아니라, 그녀가 지상낙원처럼 얘기를 하기에, 잠시 그 이면을 살펴본 것이다.

마 지금도 제일 자신감이 없다면 언어, 억양이죠. 이것만 괜찮으면 아무 문제가 없을 것 같은데 여기에 가도 표시가 나잖아요. 좋게 봐주시는 분들도 계시지만 편견을 가지고 대하시는 분들이 더 많아요.

전 똑같지 않으니까요.

마　우리가 부딪혀야 하는 것 같아요. 그것만 없다면 괜찮을 것 같아요.

전　그런데 그런 부분은 위축될 게 아니라 서로가 노력해야 하는 건인데. 그렇죠? 서울이 너무 바쁘게 돌아가서 제3국을 가시는 분들도 계시지 않습니까?

마　이 바닥에서 살아야 하는데 적응 못하고 가는 것 같아요. 그러니까 살기 힘들다고 생각하는 거죠. 북한에서는 노력해도 돌아오는 대가가 없는데 남한에서는 노력한 만큼 대가가 있고 얼마나 좋아요. 그러니까 생각의 차이인 것 같아요. 내가 일하면 되는데 그렇게 하기 싫은 거예요. 여기 와서 쉽게 생각했는데 일하기도 싫은데 원하는 결과는 안 오니까 돌아가는 거예요. 열심히 노력해야 해요. 북한 속담에 '부지런한 농사꾼한테는 나쁜 땅이 없다'는 말이 있죠. 열심히 살아야 해요. 그런데 노력도 안 하고 사회에 부딪히려니 적응하는 게 당연히 무섭겠죠. 그다음부터는 사회생활이 두렵고 무서워지는 거예요. 그런데 나는 항상 여기 와서 '내가 한 발 뒤로 물러나면 다른 곳에서 반 발 내밀지도 못한다'는 생각을 해요. 회사 다니면서도 스트레스 받아서 관두면 설 자리가 없잖아요. 여기서 적응해야 다른 곳에서도 적응할 수 있다는 마음 하나로 살아왔어요. 그러지 못하면 다른 곳으로 가야 하는데 나는 다른 곳에서 살아야겠다는 생각을 못했어요. 여기서 살았던 시간이 소중해요. 예전에도 옆에서 '캐나다 가자, 다른 곳으로 가자'고 나를 엄청 꼬셨어요. 그런데 내 마음이 동화되지 않아서 안 갔어요.

마   저는 또 사람들이 시각을 가질 때 부정적, 긍정적 이렇게 반반을 갖는다고 생각해요. 그런데 우리 같은 사람들을 부정적으로 바라보는 사람들은 무시했어요. 그리고 긍정적으로 생각해주는 사람들에게는 마음을 열었어요. 좋은 것만 받아들이고 나쁜 것은 무시했어요. 표현은 안 해도 '너희나 나나 똑같은 나라에서 똑같은 돈 받고 똑같은 시간 동안 노동한다'고 생각했어요. 좋게 대해주는 사람들은 '아, 이런 사람들도 있구나'라고 생각하고 좋은 것만 받아들였어요. 나쁜 면만 보면 스트레스 받아서 좋은 면도 안 들어와요. 같이 일하면서도 트러블이 있지만 아닌 건 무시해버려요. 그러니까 '너는 남한에서 나와 같은 수준으로 일한다'고 생각해요. 표현은 안 하지만 마음으로 생각해요. 표현하면 껄끄러워서 일 못해요. 인간관계는 조심스러워요.

전   굳이 갈등을 만들지 않고 나도 먹고살아야 하니까 마음으로 정리해나가면서 내 할 일 하고 그렇게요?

마   네. 말 한마디라도 위로해주는 사람 떠올리고요. 이게 참 도움이 되었어요.

전　　적응에 도움을 주신 떠오르는 분 있어요?

마　　그냥 같이 일하는 사람들이요. 말 한마디라도 따뜻하게 해주고 그런 게 도움이 많이 됐어요. 그리고 여기 와서 제일 먼저 잊혀지지 않는 게 사회복지사 한 분이 있어요. 여기 와서 아무것도 모를 때 복지사가 정말 잘 해주었어요. 제일 기억에 남아요. 지하철, 버스 타는 거 모를 때 일일이 데리고 다니면서 가르쳐주셨어요. 동대문도 데려가고, 많이.

전　　표 사는 방법도 모를 때잖아요.

마　　'이렇게 해라, 저렇게 해라' 참 많이 알려주셨어요. 첫날 방화동에 적응한 것도 그분 덕이에요. 제 담당 사회복지사였어요. 복지사가 되신 지 얼마 안 됐어요. 그런데 정말 잘했어요. 말도 그렇고 우리를 실제적으로 도움 주는 것도 그렇고, 이야기에 공감해주는 것도 그렇고. '나이가 어린데도 속이 깊구나' 생각했어요.

　　스물일곱 살, 사회생활의 절정기에 이른 나이에 나는 복지관에서 일했다. 계약직으로 3년 정도. 인턴과정까지 합치면 꽤 길게 일한 셈이다. 복지관에서 하는 일들은 여유로운 사람들의 삶을 더 여유롭게 만들어주는 것이 아니라, 여유를 찾지 못하거나 가진 게 적은 사람들에게 여유를 만들어주는 것이다. 그런데 내가 그곳에서 했던 일은 가정폭력 상담 업무였다. 분야가 그러하다보니 가정폭력의 다양한 형태를 충격적으로 경험할 수밖에 없었다. 특히 여성들이 남성들에게 무차별적으로 폭력을 당하면서도 집 밖으로 뛰쳐나오지 않거나 뛰쳐나오지 못하는 상황을 얘기할 때면 순간적으로 주먹이 불끈 쥐어지고 윗니와 아랫니도 꽉 깨물었던 기억이 난다. '왜 저렇게 맞고 살까, 도망 나와서 살지'라고 말이다. 그곳에서 마인드 컨트롤을 하며 가정폭력의 불편한 이면을 많이 봐왔던 것이다. 그 경력은 내가 살아가는 데 있어 세상을 바라보는 시각과 인간의 본성에 관해 깊이 고민해볼 기회를 제공했다. 가치관을 형성하는 데 기여했다. 무거운 짐을 이고 가는 사람들의 힘겨움을 덜어주려고 하는 것, 그때부터 상처받은 영혼들을 보듬어야겠다는 생각을 많이 했다. 이것은 비단 나뿐만이 아니라 복지관에서 일하는 모든 분의 생각일 거라 믿는다. 감정은 쉽게 전염된다. 특히 아픈 감정이 그렇다. 그래서 내가 복지관을 떠나지 못하고 기웃기웃하는 게 아닐까.

전　살아가는 의미가 뭘까요?

마　음…… 살아갈 의미가, 살아가는 의미가 뭐지? 내가 살아가는 의미는요. 부모가 나를 낳아줬으니까, 태어났으니까 살아가는 거예요. 그냥 내 삶이 있을 때까지는 열심히 산다 이거죠. 사는 순간까지 그냥 내가 사는 생명이 다하는 날까지. 태어났으니까 사는 순간까지 누구한테 지지 않고 열심히 살면 되는 거예요.

전　내가 태어났으니까…….

마　응. 그렇게 사는 거지 뭐. 말하는 게 그러네요. 내가 이런 쪽으로 공부를 했으면 멋있게 말을 할 텐데.

전　아뇨. 이거는 참 어려운 거예요. 멋있게 말하는 것이 어렵죠. 멋있게 말을 못해도 진실하면 되고, 상대방의 말 속에서 그것을 느끼면 되는 거예요.

마　처음엔 '나 혼자만 답이 없나' 그랬지. 거창한 게 없잖아. 뭐라고 딱 꼬집어서 말하자면 쉬우면서도 어려운 질문인 것 같아요. 말로 표현하려니까 어렵네요. 어쩌겠어. 이 사회 왔으니까 그거 안 받아들이면 적응 못해요. 상처받으면 어디 가서 일 못해요. 그러니까 그러려니 해야지. 지금 현재도 피부로 느끼고 있어요.

전　지금도요?

마　네. 지금도요. 진행형이에요. 끝나지 않았어요. 죽을 때까지 안고 가야 돼요. 지금 현재까지도 똑같아요. 어디든 지금도 편견이 있어요. 그거는 우리가 안고 가야 할 숙제예요. 받아들여야지 안 그러면 일 못해요. '너네 그래라. 내 그릇은 따로 있다'라고 생각해야지. 이 땅에 살려면 평생 안고 살아야 돼요. 어쩔 수 없어요. 근데 받아들이는 게 그렇게 안 돼요. 나중에 남과 북의 상태가 똑같아지면, 그때가 되면 편견이 없어질라나. 이렇게 있는 한에는 안 돼요. 북한 가서 한번 봐요. 사람들이 어떤가? 사람들한테 공포심을 주는 거예요. 우리 동네 얘기예요. 노숙, 꽃제비인 그 남자아이를 잡아서 아파트 3층으로 데리고 가요. 그래서 그 아이 내장을 고기처럼 삶아서 순대로 만들어가지고 시장에 파는 거라. 내가 봤어. 그래서 그 남자아이를 잡았던 그 가족 모두 총살했어요. 사람 창자지 돼지 창자지 모르니까. 그런 일도 다 있었어요. 말도 못해요. 사람이 사람을 잡아먹고. 그런 게 있었어요. 그러니까 이런 게 뉴스에 안 나오잖아요. 근데 진짜 이런 게 있었어요. 그래서 사람들이 저거 죽여야 된다고 그랬어요. 북한 사람들이 그랬어요. 거기에는 인권이라는 게 없어요. 여자도 밟고 차고. 구류장에 갔다 온 애들 보니 한 줄 세워놓고 일일이 때리면 힘드니까 이런 각자 있잖아요. '오승오 각자'로 한 번에 때릴 수 있어요. 줄 세워놓고 때린대요.

'오승오 각자'가 뭘까? 인터넷으로 찾아보니 가로세로 5센티미터 굵기로 된 나무 몽둥이라고 한다. 죄수를 물구나무 세운 채로 구타할 때 쓰는 고문 도구라고 하니, 얼마나 고통스러울까. 상상만 해도 끔찍하다.

전　　너무 고통스럽네요.

마　　북한은 먹을 것도 없어요. 그래서 풀도 먹기는 하는데 독이 있어서 위험해요. 북한에서는 사람이 풀을 안 먹고 돼지가 먹었지. 안 먹게 돼요. 내 동생도 먹을 게 없으니까 풀을 뜯어 삶아 먹다가 눈이 부었어요. 독이라서. 근데 죽지는 않데. 이렇게라도 먹고 사니까 대단한 거예요.

전　　풀도 없잖아요. 산도 다 벌거숭이고.

마　　굶어 죽지 않은 것만 해도 다행이에요. 그런 사회에서도 살아봤으니 아주 고맙다고 생각하죠. 여기 사람들은 살기 싫다 그러는데 이게 이해가 안 가는 거예요.

전　　인터뷰하는 어머니 중에 생리대 사연 말씀해주시던데 상황이 어떤가요?

마　　북한에서는 구경도 못했어요. 두루마리 휴지라고 하나? 2000년대에 중국에서 넘어왔는데 두루마리 휴지라는 게 북한에는 없었어요.

전　　그러면 뭐 써요? 2000년대에도 두루마리 휴지가 없었어요?

마　　그냥 이런 책. 구겨가지고 했어요. 생리대도 없고 샴푸도 돈 있는 사람들이나 쓰지, 없었어요. 돈 있는 사람들이나 비싸게 사서 써요. 그런 정도였어요. 다 비누를 쓰지. 비누도 거품이 안 나는 비누. 머리 감아도 머리가 떡져요. 비누가 나빠서.

전　　빨랫비누 같은 건가요?

마　　네. 그렇게 열악해요. 지금은 못사는 사람은 못살고 그래도 눈 돌려서 사는 사람은 잘산다고 그러데.

전　　해산시장에서 중국 돈으로 장사 많이 하시던데요.

마　　중국 돈으로 장사하고. 화폐 교환 언제 할지 모르니까 다 중국 돈으로 가지고 있데요.

전　　도강증渡江證이라는 게 있나봐요?

마　　불법으로 왔다 갔다 하는 게 도강이에요. 도강증이라는 거는 북한에서 여권 떼주는 거예요. 그게 이 사회와 합법적으로 오는 거지. 몰래 오는 거는 다 도강이에요.

전　여권을 뗀다는 거 자체가 돈을 주고 떼는 거예요?

마　돈 주고도 못 떼요. 올여름에 동생하고 통화했거든요, '여권 떼서 아들을 중국에서 보내라' 이랬거든요. 여권 자체를 안 뗐어요. 돈 먹여서 뗄 수 없대요. 중국 사람들은 나가고 싶으면 마음대로 나가는 거예요. 저 사회(북한)는 다 닫혀 있어서 말도 마음대로 못하고 그래요. 그러니까는 이 사람들은 이 사회(남한)가 좋은 줄, 고마운 줄 모르는 거예요. 그래서 우리 사람들이 고맙다고 생각하고 그래요. 내 몸 건강을 위해서 운동하는 것은 생각도 못했어, 거기서는. 그런 게 하나도 없어요. 그 땅에 있는 사람들은 다 불쌍한 사람들이에요.

　잘사는 북한 사람도 많다고 어느 선배가 그랬는데, 그녀의 경험은 모두 참상에 가까웠다. 경험을 통해 발화되는 참혹함 앞에서 나는 그야말로 참혹해졌다. 그래서 화제를 좀 돌려보기로 했다.

전　TV에 평양의 일부 명품 백화점 이런 데가 나오잖아요. 구경도 못 해보셨어요?

마　거기도 통행증이라든지 외국 나가는 여권처럼 국내에서 다닐 수 있는 증명증이 있어요. 그거 있어야만 갈 수 있지. 여기는 마음대로 다닐 수 있잖아. 그리고 장애자들은 평양에서 못 살아요. 다 지방 내려보내요.

가족 통째로. 평양에서는 장애, 병신인 사람은 못 살아요. 불구는 병신이라고 말하지, 북한에서는 장애자라고 말 안 해요.

전　장애인이라고 안 하는군요. 이미지 관리한다고 그러는 거 아닙니까?

마　네. 평양 시내 이미지 관리한다고. 그 김정은이라는 젊은 애 밑에서 놀아나는 사람도 가난한 사람이에요. 그 밑에서 꼭두각시한 장성택이도 참 미련했어요. 바보예요. 그러니까 사람 일은 한 치 앞도 못 보는 거야.

전　집집마다 김일성 사진 걸어둔다고 들었어요.

마　걸어놓고 매일 닦아야 돼요. 매일매일. 먼지 있으면 걸리는 거예요. 먼지도 없어야 돼요.

전　조사는 수시로 해요? 먼지 있으면 어떻게 해요?

마　가끔씩 가다 조사하지. 먼지 있으면 비판 대상이 되죠.

전　그 액자 딱 두 개 걸어놓고. 그죠?

마　벽면이 하얀 데다가 두 개만 걸어놓고. 그 밑에도 다른 거 걸어놓으면 안 돼요. 그리고 북한에서는 신문에 김일성, 김정은이 사진 나온 거 찢으면 큰일나요. 감옥에 가야 돼요. 사진 보고 손가락질해도 안 돼요.

전　그럼 어떻게 버려야 돼요?

마　모아서 손에 받히는 건 괜찮아요. 모아서 휴지를 쓰고 이러면 안 돼요. 사진이 있는 거만. 사진이 없는 부위는 괜찮은데. 어렸을 때부터 세뇌 교육이 들어가요. 그러니까 그게 몸에 밴 상태에서 살아요. 받들어야 되고. 두 손을 모으는 자세를 취하며 이렇게 해야 돼. 손가락으로 하면 안 돼요. 어릴 때부터 교육된 거예요. 각인되어 있는 거예요. 우상화가 엄청난 거지요. 그니까 거기 사람들은 '김일성, 김정일 사진을 이렇게 모셔야 되는구나' 하고 생각해요. 여기서는 사진을 '걸어놓는다' 이렇게 말하잖아요, 거기서는 '걸어놓는다'고 말하면 큰일나요. '모셔놓는다'고 해야 합니다.

전　중국 돈에도 김일성 사진이 있어요? 북한 돈엔 뭐 그려져 있어요?

마　김일성 사진이 있어요. 돈에 있어요. 김정숙도 함경도 회령이 고향인데 동상도 해놓고 한 지역을 얼마나 대대적으로 크게 만들었는지 몰라요. 김일성의 첫 어머니니까 조선의 어머니라고 얼마나 잘해놨는지 몰라요. 엄청 커요. 적응이 안 돼요. 24시간 불이 켜져 있어요. 낮에도 밤에도, 새벽에도. 동상은 불이 환하게. 거기는 정전이라는 게 없어요.

　우상화를 위해서는 전기를 아끼지 않으면서 정작 북한 주민들에게는 전기를 아끼는 북한. 그곳에 사는 주민들은 당최 어디에서 숨을 쉬어야 하며, 어디를 보고 이상 실현의 꿈을 꿀까. 현실과 이상의 괴리가 커도 너무 크다. 비극적인 공간으로서의 북한 주민과, 이상적인 공간으로서의 평양과 김씨 일가의 기념관들이 완벽하게 분리되어 있어 안타깝다. 정전이 일상화된 북한 주민의 실상과 정전이 일어나지 않는다는 기념관의 동상. 나라를 사랑하는 마음을 애국愛國이라 하는데, 글쎄 북한 주민들에게 그런 마음이 있을까. 너무나도 처참하다.

전　한국 사람이 북한 사람을 바라보는 편견을 없애려면 어떻게 해야 할까요?

마　남북한이 통일돼서 경제 수준이 같아지면 모를까, 아니면 그런 게 없어지지는 않을 것 같아요. 일단 편견 없애는 것은 내 몸에서 나와야 돼요. 그때만이 편견이 없어질 거 같아요. 시간이 많이 걸려요. 남북 대화도 제대로 안 되는데. 그냥 안고 살아야죠. 그냥 이 땅에 사는 것만 해도 고맙다 하고 안고 살아요. 근데 내가 불평을 해봤자 이루어질 수 없잖아요. 기대를 안 해요. '남한에서 태어났더라면 어땠을까.' 몇 번 생각해봤어요. '내 삶이 조금 달라지지 않았을까' '여기서 태어나고 자랐으면 참 좋았을 텐데'

그런 생각은 해봤는데, 그렇다고 불평하고 이래보지는 않았어요. 그냥 일상생활인 거 같아요. 내 일은 내가 해결해야지, 그 누가 해결해줄 수 없잖아요. 수다 떨면 이런 것도 가라앉고 밝아지는 느낌도 있고 한데. 여기가 고맙고 좋은 게 옛날에는 북한 사람이 이렇게 왔으면 받아나 줬겠어요? 우리 같은 사람도 받아주고 하잖아요. 우리 사회에 보탬을 준 것도 없잖아요. 대한민국도 힘들 때 있었잖아요. 이 땅에서 살지도 않았고 하나도 보탬을 준 게 없는데 사람 받아서 살게끔 해주는 제도가 너무 고맙다는 생각이 들어요. 우리가 돈 준 것도 없는데 이렇게 살게 해주니까 얼마나 고맙냐고요. 모든 게 자유롭고 아무 데나 갈 수 있고 언론의 자유가 있고. 내가 한 것만큼 살 수 있고 내가 노력을 적게 하면 그만큼, 많이 하면 그만큼 주잖아요. 이게 너무 좋은 거예요. 그니까 정치 하는 사람이 물고 뜯고 싸우지만 그래도 복지는 복지대로 우리 같은 사람들 품어주고 하니까 너무 고맙지요. 북한에서 이런 삶은 상상도 못할 일이지요. 그게 너무 고마워요.

전　　어떤 도움이 가장 기억에 남아요?

마　　우리 사람들은 마음이 외롭거든요. 그래서 외롭지 않게 대화를 자주 하는 거. 그게 제일 중요한 거 같아요. 돈 안 주고도 버팀목이 돼요. 우리 사람들 곁에 아무도 없는데. 남한 사람들 속에 나만 달랑 있으면 외로운 거 같아요. 근데 처음에 한국 올 때 하나원에서는 '한국에 왔으면 한국 사람 만나라' 그래요. '남한 땅에 북한 사람들이랑 있으면 북한 사고방식

못 벗어난다.' '북한 사람들하고 연 끊고 남한 친구들 많이 만들어야 된다' 이렇게 말하는 거예요. 처음에는 '북한 사람들은 이 사회에 적응하기 어렵겠지'라고 생각했어요. 근데 우리가 살아보니까 그게 아닌 거예요. 여기 사람들하고도 교류해야 되지만 마음의 위로는 우리 사람들(북한 이주민)이랑도 돼요.

전   같은 경험이 있는 사람이랑요?

마   이해를 못해요. 대화를 못해요.

전   노력을 해야겠죠.

마   피나는 노력이 있기 때문에 무대가 있어요. 노력은 무조건 해야 돼요. 그거는 내가 안 하고 싶다고 해서 안 하면 안 돼요. 무조건 해야 돼요. 못하는 사람도 백번 하면 돼요. 될 때까지 해요. '앞으로는 그런 마인드를 가지고 살아야겠다' 이런 생각을 했어요. '더 즐겁게 아프지 않게 건강하게 살아야겠다'. 지나간 거는 솔직히 말해, 북한이 어떻고 이런 거 기억하기 싫어요. 굳이 '뭐하러 말하냐'는 거죠. 기억 안 하고 싶어해요. 사람들이.

그녀의 마지막 말에서 삶의 의지가 느껴졌다. 그것은 어쩌면 우리가 살아가는 힘과도 같은 것이리라. 다시 말해, 기억하고 싶지 않은 것은 기억하지 않겠다는 것. 과거의 모든 상황이 다 떠오른다면, 근데 하필 그 기억이 아픈 것이라면 인간이 어떻게 살아갈 수 있겠는가. 결국 인간은 망각의 힘으로 살아가는 게 아닐까. 저마다 살아가는 힘이 있을 것이다. 누구는 사랑, 누구는 분노, 누구는 질투를 품고 살아갈 것이다. 지금까지 얘기해본 그녀는 미루어 짐작하는바 망각의 힘으로 살아가는 것 같다. '기억하고 싶지 않다'는 말에서 그녀가 자신의 과거를 들추는 일이 얼마나 고통스러웠을지 가늠이 된다. 인터뷰를 마치고 나니 그녀에게 바라는 것이 생겼다. 다시 만날 때에는 아픈 인상이 아니기를. 그때는 즐거운 얘기도 들려주시기를. 그리고 우울증에서 벗어나시기를. 그녀가 실천해주기를. 약속해주기를.

5장

딸이라는 에너지

"여동생과 그 집 딸 세 명 빼왔씨요"

김미숙

50세 여성

중국과 캄보디아 경유

2004년 남한으로 왔습네다. 대학생 딸이랑 둘이 살고 있어예. 어떻게 넘어왔냐고예? 북한에 있을 때 친구가 구류장에서 퇴소하고 나온 거예요. 제가 갸를 하룻밤 재워줬죠. 우연히 만나가꼬. 갸한테 남조선에 관해 처음 들었어요. 친구가 절 꾰어요. 중국에 일주일만 가보자. 전 그 말만 믿고 갔어요. 여동생 딸내미한테 맡기고 갔더만 다시 북한 갈 수가 없더군요. 무조건 한국에 와야겠다는 생각 하나밖에 없었습네다. 그래야 딸 데려오잖아요. 교회랑 주변 사람들한테 2700만 원 거금을 빌려달라 해, 여동생과 그 집 딸 세 명 빼왔씨요. 돈 많이 주니 일주일 만에 어렵지 않게 왔습니더. 딸내미랑 아침에 같이 밥 먹는 거, 그거 하나가 기적입네다! 뭘 더 바라겠습니꺼. 가가 지금 대학생 돼가지고 과외해서 용돈 벌어다줘요. 기특하죠! 가 하나 명문대 보내가지고 뿌듯합니다. 꼭 사회에서 필요한 인물로 만드는 거 제 마지막 꿈이죠!

또 강이 있고 또 건너고

예쁘고 귀엽게 생긴 얼굴이다. 북한에서도 남한에서도 인기가 많았을 것 같다. 그녀가 들어왔을 때 큰 눈이 가장 먼저 눈에 띄었다. 어머나…… '근데 뭐 눈이 큰 사람은 겁이 많다고 하지 않던가'. 속으로 위안을 삼아봤지만 그래도 부러웠다. 외모는 정말로 보통 북한 언니들과 달랐다. 북한 사람 남한 사람의 얼굴 표본이 있는 것도 아닌데, 그냥 내 느낌에 호감이 가는 얼굴이었다는 얘기다. 가녀린 손목과 스키니 청바지는 그녀의 외형을 드러내는 데 일조했으며, 뚜렷한 이목구비는 두말할 필요가 없었다. 그런데 '안녕하세요'라고 말하고 몇 차례 대화가 오가자, 북한에서 온 여성이라는 것이 단번에 드러났다. 역시 억양과 말투는 남아 있었던 것이다. 어쩌면 그게 저분의 콤플렉스가 되겠구나 하는 생각이 들었다.

전　여기 복지관 자주 오세요?

김　원예활동도 했고. 예전에는 봉사활동에 내가 많이 참여를 했어요. 처음에 와서 김치 행사를 한 번 한 적이 있고, 음식 하면서 어르신들 음식 나눠주는 것도 했고.

전 언제부터 다니셨어요?

김 2007년도인가 그럴 거예요.

전 처음에 여기 어떻게 알고 오셨어요?

김 복지관을 알게 된 것은 선배들이, 먼저 나오신 선배들이 '복지관에 가면 이러이러한 것을 도움받을 수 있다'고 했기 때문에 왔고. 제가 혼자 있을 땐 안 왔던 것 같아요. 여기 오게 된 동기가 어린이들을 위한 프로그램이 있다고 해서 우리 딸을 데려오고 싶었어요. 그래서 '내가 직접 발품 팔아 찾아가서 그거를 알아야 되겠다' 마음먹었죠. 그때 당시에 애가 피아노를 치고 싶어하니깐 피아노도 하나 사놓고 했는데, 끝내는 못 배웠어요. 못 배웠고, 그러는 과정에 뭐 이러저러하게 참여해서 생활했던 것 같아요.

상담하면서 느끼는 바지만, 남쪽이든 북쪽이든 엄마들은 하나같이 자식들이 우선이란다. 그녀도 결국은 딸이다.

전 적응하시는 데 도움이 좀 됐어요?

김 분명히 도움은 있었죠. 근데 작은 거지만 처음에 왔을 땐 저희가 밥상 하나 그릇 한 개도 없잖아요. 그릇 같은 것도 복지관에서 많이 노나

주기도(나눠주기도) 했고 쓰던 거지만 '골라갈 수 있는 데까지 골라가시라'고 했고.

전　아, 그러셨구나.

김　밥상 같은 것도 이제 챙겨주시기도 하고. 그런 자그마한 것들이 생활에서 많은 도움이 됐던 것 같아요. 그리고 그때는 미술 그림 같은 것도 있었던 것 같아요. 미술 뭐라더라?

전　미술치료요?

김　응. 치료. 미술치료 프로그램 같은 게 있었고. 가장 가깝게 느껴지는 게 물질적인 부분을 작게나 크게나 생활의 세세한 부분까지 챙겨주고 했던 거. 이 부분이 가장 고마웠어요.

전　실제로 내가 도움 받을 수 있었던 것이 특히 기억에 남은 거네요.

김　그렇죠! 그릇이라든가 그런 거 당장 없으니까. 딱 필요한 거니깐. 그게 가장 가깝게 와닿았던 것 같아요. 돈은 없고 한데, 뭔가를 활용하려니깐 뭐가 더 없고 그래서. 그럴 때 조그마하게 내 품에 안겨지는 게 엄청나게 커 보이더라고요. 봉사활동 할 때도 좋았고. 아 뭣보다 복지관에서 나와 생활상 편리에 대해서 먼저 물어봤을 때가 제일 고맙더라고요.

얼마 전 집 안 정리를 하면서 그릇을 많이 버렸다. 그중에는 예뻐서 샀으나 한 번도 쓰지 않았던 그릇도 있었다. 버리면서도 아깝다 생각했지만 지금 그녀와 이야기를 나누다보니, 복지관에 기부할걸 그랬나 싶다. 그때는 그런 방법을 몰랐거니와 그릇을 어딘가에 기부한다는 생각조차 못했으니까. 그릇 하나가 그녀에게는 소중한 살림살이의 일부가 되었던 것이다. 기부라는 게 '큰 것'만 가능하다고 생각했는데, 그 '큰 것의 의미'를 어디에 두느냐에 따라 규모가 결정된다는 사실을 깨달았다. 그런데 그녀는 그릇을 넘어서 자신의 근황에 대해 '먼저 물어본 것'을 감사하게 생각했다. 북한 사람이라고 해서 편견을 갖고 따가운 시선을 보낸 게 아니라 따뜻한 시선으로 다가온 사람들이 고맙다고 했다.

전　아, 어떤 질문을 받으셨어요?

김　지금 살아가는 데 제일 불편한 게 뭐냐고, 어떤 게 제일 어렵냐고 이렇게 물어봤을 때가 제일 고맙고, 또 그런 부분을 해결해줬을 때가 가장 감사한 것 같아요. 어떤 물질적인 무엇에서부터 정신적인 면까지 조금 차근히 어떤 설명과 그 이해심, 상대방을 바라봐주는 이해심, 그게 고마워요. 고맙다가도 우리가 좀 다가설 수 있겠다 싶으면, '복지관 선생님은 선생님이고 나는 나야' 하는 이런 느낌이 들 때가 있어요.

전　약간의 거리감이요?

김　거리감이 있는 거죠. 분명히 있는 거죠. 그냥 '너네는 책상머리에 앉아서 체크나 하고' 뭐 이런 느낌? 물리적인 어떤 현상에 따라서만 지배되는 거 같은 느낌. 가끔 그런 요소요소가 느껴져요. 아무리 본인들이 감추려고 해도 절대 감춰지지 않는 부분이거든요. 좀더 세심한 배려가 있으면 우리 사람들이 내 집인 것처럼 찾아와서 말할 텐데. 이런 부분이 안타까워요. 좀더 신경을 써주면 우리가 사회적 구성원이 되는 데 지름길을 찾을 수 있다는 거죠. 저는 그런 것 같아요. 그게 어떤 누구의 잘잘못이라고 따지기 전에.

전　뭐 때문에 그런 게 생길까요?

김　저 사람들(복지관)은 우리를 똑같이 생각하지 않는다는 거죠. 그 갭이 있어요. 그걸 줄여야 되죠. 그런데 누가 줄이냐? 생소한 땅에 심어진 우리가 변하긴 어렵다는 거죠. 우리는 그쪽에서 살아온 날들이 더 많기 때문에. 그러니깐 선생님들이 그 틀을 깨고 조금 더 근접하게 다가서주면 좋겠다고 저는 생각해요. 조금씩 움직여주면 좋다고 생각해요. 우리 심정에 맞춰줘야 되는 거고, 같이 이렇게 동감해주면 어떨까.

전　그렇군요.

김　저는요, 그런 거 같아요. 전화 한 통 받아도 가장 따뜻하게 다가서는 게 먼저이지 않을까. 뭐 전화 한 통을 들어도 '이렇게 오셨다는데 저희가 찾아뵙지는 못하고 전화로 드려서 죄송한데, 지금은 생활상에서 어떤 게 가장 힘든 건지 작게라도 우리가 도와줄 수 있는 부분이 있다면 도와드리고 싶은데' 이렇게 얘기가 됐으면 좋겠고요. 뭐 어떤 책 하나 놓고 책상머리 사람이 되지 않았으면, 복지관만은 그런 사람들이 되지 않았으면 하는 바람이 있어요. 정말 상대방 눈물을 자아내면서 그 사람의 심금을 울릴 수 있도록. 그 사람이 '여기 찾아오게 되면 너무 행복하다, 너무 고맙다'고 느끼게끔. 이래서 세상은 돌아봐야 되는 거라고 자부할 수 있게끔 만들어줬으면 좋겠다는 거죠.

전　그렇군요. 복지관에서 뭐 배우면 좋겠어요?

김　지식이 필요해요. 내 자녀에 관한 문제라든가 은행에 관한 문제라든가. 아니면 여러 가지 프로그램 만들 수 있잖아요. 그 프로그램을 통해 우리가 직접 그 생활에서 접할 수 있는 무언가가 있었으면 좋겠어요. 지금 이야기하면 뭐 어디 문화 탐방, 문화 탐방도 좋고 어느 역사물 그런 탐방도 좋고, 갯벌체험이라든가 이런 것도 좋고. 좋지만 좀더 강의에 근접해서 갈 수 있는 문화적 체험이라든가. 그러면 남한 사회를 알아가는 데 우리가 좀

더 빨리 접근하지 않을까 싶어요. 또 연차에 맞게 그 사람들에 대한 프로그램도 만들어야 되는 거고. 연구가 필요하다고 생각해요. 인문학 강의 같은 것도 좋을 거 같아요. 내가 가장 좋은 게 인문학 강의를 들었을 때 다시 태어나는 느낌이랄까 그런 게 들어요. TV에서도 저는 그런 채널을 많이 듣고요. 그다음 100분 강의 이런 것도 듣는데, 스페셜 인간극장, 뭐 이런 거 많이 보기도 해요. 그렇게 들을 때 남이 어떻게 성공했는지 그 사례라든가 이야기 들을 때가 좋았고. 우리 현실에 접근할 수 있는 좋은 강의들, 우리가 직접적으로 들을 수 있는 자리를 마련했으면 좋겠어요. 또 떠오르는 건 예전에 보건소 직원분이 건강검진 받으라고 할 때 그럴 때가 고마웠어요. 왜냐하면 우리 사람들이 심리적인 게 많이 저조하고 많이 막 힘들어하거든요. 건강상 문제 그런 거 체크해줄 때 '어디 어디 가면 어떻게 받을 수 있고' 이렇게 길 안내해주실 때가 좋았고.

전   주제를 바꿔서, 심리적으로는 어떻게 적응해오셨어요?

김   첫째가 건강관리예요. 건강관리에 포인트를 제일 많이 찍고 가요. 하루 일과에서 비타민 C를 챙겨 먹고. 그리고 막 복잡한 공간은 힘들어요. 저는 복잡한 공간이 너무 힘드니까 사람 많고 북적이는 것도 싫고, 갈등 상황도 싫어요. 어떤 갈등이 빚어졌을 때 얽혀 있고 이럴 때에는 정말 모든 게 다 막 다운이 돼서 힘들잖아요. 그러니깐 그게 제 건강하고 연결되니까, 그게 가장 크게 자리매김을 하는 거 같아요. 그래서 그렇게 안 되려고 혼자서 스트레칭도 해보고 운동도 해보고 그래요. 일단은 첫째 하루하루 건강이 중요하니깐 본인 스스로는 노력을 많이 해요. 물도 좋다면 일어나서 한 컵도 마시고. 근데 그게 매일같이 지켜지지 않아요. 내 몸이 첫째이긴 한데, 저 딸을 시집까지 보내야 되고 하니까, 항상 삶의 목표가 딸한테 집결돼 있다보니깐. 다운이 돼서 힘들면 혼자서 울어도 보고 막 용기도 내봤다가 그래요. 또 TV에서 어떤 긍정적인 프로그램도 봤다 이러는데, 그러는 와중에서도 '내가 죽으면 저 딸이 어떻게 살아갈까' 생각해요. 이런 애처로운 마음 때문에 '내가 건강해야 돼, 튼튼해야 돼' 다짐해요. 이거 때문에 본인 스스로는 비타민 C도 챙겨 먹고 스트레칭도 좀 하고 그런 거예요.

전   그렇군요. 건강을 위해서.

김   맑은 공기도 마시려고 개화산도 막 올라갔다 오고 노력 많이 해요. 제 이야기 하나하나가 다 바보 같지 않아요?

전   아니요.

김   뭔가 웃기지 않아요?(웃음)

전   전혀요.

김　누구한테 딱 상처를 받으면 그게 오래가더라고요. 엄청 오래가요. 저는 좀 쌓아두는 편인 거 같아요. 저는 그걸 막 해소하는 법을 몰라요. 그래도 그 해소하는 방법이 딱 한 가지 있어요. 유일하게 좋을 때가 물속에 들어갔을 때, '아 시름이 놓인다' 이럴 때 한 번 있고요. 산에 갔을 때 맑은 공기 마실 때 '시원하다, 맨날 하루가 이런 날들이었으면 좋겠다' 생각하죠.

전　오, 맑은 공기 마실 때요? 저도 산책 좋아해요. 비 온 뒤 촉촉하고 쾌청한 흙 냄새.

김　좋아요. 그럴 때 너무 좋아요.

　그녀는 건강에 관심이 많았다. 딸 때문이라고 하는데 내가 볼 때는 자신에 대해 더 많이 신경을 쓰는 것 같았다. 내가 오해한 것이라고 볼 수도 있겠지만. 어쨌든 운동은 삶을 건강하게 유지하도록 만드는 긍정적인 행동이니까 좋은 것이라 생각한다. 자신이 없으면 딸이 어떻게 사냐고 하면서 운동하고 비타민 C도 챙겨 먹는다는데, 딸도 비타민 C를 챙겨주는지 궁금했다. 그런데 이걸 물어보면 서로 뜨악해질 것 같아 참았다. 나는 개인적으로 스트레스를 받으면 산에 오른다. 그렇다고 정기적으로 가는 것은 아니다. 특히 내가 다니는 대학교 음대 뒤편에 배봉산이 자리하고 있다. 걸어도 숨차지 않을 정도의 낮은 산이고, 둘레길이 조성되어 있어서 좋다. 땡볕이 내리쬐는 정오보다 오전 10

시에서 11시 사이에 걷는 것을 좋아한다. 그때 가면 '피톤치드'•를 가득 마실 수 있기에 그렇다. 나무와 풀이 만들어내는 상쾌한 공기를 맘껏 들이마실 수 있는 시간이기에 그렇다. 비 온 뒤라면 금상첨화일 것이다.

전　그럼 북한을 벗어날 생각은 어떻게 하신 거예요?

김　'내 친할머니는 남한에 있어' 이 생각은 했지만 그걸 내가 매일 품고 살지는 않았어요. 매일 품었다면 내가 뭐 반역자의 길을 걸었겠죠. 거기서 사형을 당했거나 죽임을 당했겠죠. 매일은 안 했고 그냥 그날그날에 충실하게 살아왔던 것 같고요. 이 계기가 된 게 옛날에 아빠가 했던 얘기예요. 아빠가 돌아가시고 나서 조금 더 강렬하게 내 머릿속에 지배됐던 거 같아요. 어느 날 남한이 '경제 몇 위 몇 위까지 올라가서 잘산대' 하니깐 나도 잘살고 싶었어요. 그리고 중국이 북한하고 시장이 열리고 하다보니까 중국으로 가야겠다는 생각이 들더라고요. '우리 신랑도 나를 이렇게 힘들게 하는데, 이왕이면 내가 경제적으로 도움을 받아서 잘살 수 있는 곳으로 가자. 거기서 너를(남편을) 경제적으로 눌러봐야 되겠다' 이런 게 나한테 싹텄던

• 피톤치드phytoncide는 식물이 자신의 생존을 어렵게 만드는 박테리아, 곰팡이, 해충을 퇴치하기 위해 의도적으로 생산하는 살생 효능을 가진 휘발성 유기 화합물을 통틀어 일컫는 말이다. '식물성 살생물질'에 해당하는 피톤치드는 '식물의'를 뜻하는 'phyton'과 '죽이다'를 뜻하는 'cide'의 합성어로 1937년 러시아 레닌그라드 대학교의 생화학자 보리스 토킨Boris P. Tokin이 처음 사용한 용어이다. 산림욕을 하면 많은 양의 피톤치드를 흡입하게 되어 건강에 도움이 된다는 속설이 있으나 정확하지는 않다. 네이버 지식백과, 피톤치드(화학백과) 참조.

것 같아요.

전　　신랑과의 관계에서 발동이 걸린 거네요.

　북한에서 그녀의 남편은 의사였다고 했다. 깊은 사연을 들을 수는 없었지만 관계가 안 좋아 헤어진 것만은 사실이었다. 만족스럽지 못한 부부관계 덕분(?)에 그녀는 다른 세상을 꿈꿀 수 있었다.

김　　네, 신랑과의 관계에서. 그러니깐 저도 모르게 어느 날부터 중국하고 북한은 자유경제 이런 게 막 활성화되는 거예요. 그런데 중국으로 가려면 내가 법을 위반해야 된다는 것을 죽어도 생각 못했어요. 몰래 두만강을 건너고 그다음에 어떻게 해야 된다 이런 생각은 정말 못했던 것 같아요. 한다 해도 그것은 불법이기 때문에 내 입으로 누구를 믿고 던질 수 있는 상황이 아니었어요. 저는 남들보다 몇천 배로 남을 믿지 못하는 성향이 있었어요. 남은 나를 좋게 봐줬어도 나는 남을 믿지 못하는 성향이 있었어요. 그게 어떤 성향이냐면 저희 아빠가 전에도 항상 말씀하셨던 거예요. 저희 아버지께서는 정말 남자다운 남자였어요. 머리도 좋으셨고. 다 좋으셨는데 단 그 세계에서만은 살아남을 수 있는 어떤 생존율이 0.00001프로밖에 없었어요. 그러시다보니깐 항상 아버지의 교육은 달랐고 어머니의 교육도 달랐어요. 지금 내가 생각했을 때 정말 훌륭한 아버지셨고 좋으신 어머니셨다 이거예요. 항상 말씀하신 게 '누구든 믿어서는 안 된다'였어요.

전　아버지가요?

김　네. 믿지 말라고 말씀하세요. 아버지는 무조건 인연을 없애버려야 된다는 식이었어요. 적敵 같은 사람들이 곁에 많이 있었으니깐. 어머니의 말씀은 무엇이냐 하면 '나는 늘 사는 동안 시한폭탄을 안고 살았다. 이런 나를 가장 잘 알아주는 것은 너희 아빠다'였어요. 근데 저희 아버지께서 돌아가실 때 그 고마웠던 걸 다 말씀하시고 가시더라고요. '너희 엄마를 만나서, 비단결같이 고운 너희 엄마를 만나서 내 인생 그나마 너희 다섯 자식을 남겼다'고 하셨죠. '다 잘 키웠고. 여보, 고맙소' 이 한마디 하시더라고요. 저는 그래서 부모의 영향이 가장 첫 자리라고 생각을 해요. 어떤 부모 밑에서 어떻게 자랐느냐, 그다음에 사회적 배경이 좋으면 그 사회에 맞게 성장하고 내가 사회적 부모가 없다면 사회적 배경을 보면서 성장하면 되는 거고. 그거는 충분하다고 생각을 해요.

전　그래서요? 일단 내려가보자?

김　그렇죠. 그런 생각을 가졌어요. 가졌는데 그래도 선뜻 용단은 못 내리잖아요. 근데 내가 청진에서 살았어요. 길을 가는데 어떤 아가씨 하나가 걸어오는 거예요. 그분도 아마 여기(남한) 왔을 거예요. 회령에서 내가 살 때 그쪽에서 나를 알았대요. 그 친구를 내가 청진으로 이사 와서 다시 본 거예요. 근데 그 친구는 얼굴에 온 멍이 들어가지고 보따리 하나를 지고 길을 가고 있더라고요. 우리 딸을 자전거에다 태우고 막 가는데 자꾸 누군가 나를 부르는 거예요. 그래서 누구지 했죠. 한 번 본 사람을 내가 다 기억할 수는 없어요. 근데 그 친구가 '어찌 본 기억이 안 나냐?'고 물어봐요 그래서 '누구시냐?'고 했죠. '생각이 날 거 같으면서도 안 나는데 저도 어디서 본기억은 있는 것 같습네다'고 하니깐 '언니네 집까지 들어갔었는데' 그래요. '밥까지 먹었었는데' 또 그래요. 그래서 생각해보니깐 기억나는 거예요. 근데 얼굴에 멍이 들어서 '오, 근데 얼굴이 왜 이래요?' 그랬더니 '저 지금 감옥 갔다가 나오는 길이에요' 그러는 거예요. 감옥 갔다가 나오는 길이래요. 그런데 너무 불쌍하잖아요. 그 보따리 하나가 뭐 별거라고 그거 들 힘도 없어서. 그래서 내가 '그러냐?'고 하고, '우리 집이 사거리 쪽이니깐 빨리 가자'고 했죠. 내가 밥해줄 테니깐 빨리 가자고. 자기 친언니네 집도 여기 있는데 그 집을 찾아가자면 거리가 좀 있대요. 그래서 힘들까봐 내가 데리고 왔어요. 우리 집으로 데리고 와서 편하게 있으라고 불을 때서 밥을 해줬어요. 밥을 먹으니깐 애가 막 금방 쓰러져서 자는 거예요. 그래서 안쓰럽잖아요. 이불 덮어주고 이렇게 하고 있다가 한 6시간을 자는 거 같았어요. 자고 일어나더니 어슬어슬했거든요. 아침에 봤으니깐 걔를. 그래서 얘기를 나누면서 들어보니깐 중국에 와서 남한으로 가는 것을 시도했다가 잡혀서 북송된 거였어요. 그런데 저는 그런 얘기를 처음 들어본 거였거든요. '왜 그랬냐, 너 정도면 여기서 충분히 살 수 있는데 왜 그랬냐?'고 했죠. '이쁘게 생겼지, 키 크지, 니가 하는 재간이 있지, 왜 그랬냐'고 막 훈계를 했어요. 그런데 걔가 '언니, 그러지 마'라고 쫙 설명을 하는 거예요. '언니 중국 가면 이러고 이러고 이렇다. 근데 한국 가면 더 좋대' 하는 거예요. 내가 전혀, 알 수 없던 얘길 하니깐, 상상도 못했던 얘기를 하니깐 놀랐죠. '우리 아버지 고향이 그렇단 말이야?'

전　속으로만?

김　네. 정말 그런 걸까? 얘가 지금 혹시 마음 떠보는 건 아닐까? 반반의 마음이 교차하는데, 얘가 조금 무섭기도 하고 당황스럽기도 하고 그랬죠. 이렇다 저렇다 말을 하는 애를 집에서 빨리 내보내야 되나 생각하는데, 나도 속에서 이러면 안 되는데 하면서도 뭔가가 나를 막 누르는 감정이 들었어요. 속으로, '아니야. 좀더 들어봐야 해' 이런 감정이 들어요. 해서 걔를 우리 집에서 재우게 됐어요. 호기심이 발동한 거지. 어떻게 보면 위험했죠. 걔를 막 뒷조사하러 뒤따라다니는 사람이 있을 수가 있잖아요. 그런 거 때문에 내가 두려웠던 거 같아요. 자고 나서 그다음에 얘기를 쭈욱 나누어보니깐 '언니 지금 많이 떨리지?' 걔가 그러는 거예요. 그러더니 '언니 같은 인물 체격이면, 중국 가서 정말 진짜 이쁨 받으면서 좋은 신랑 만나서 포옹하면서 살 텐데' 그래요. 워낙 신랑하고 감정이 안 좋아 죽겠는데, 이게 웬 떡이냐 싶었죠.(웃음)

감옥에서 나온 고향 사람과의 조우遭遇는 남쪽행을 결정하는 기폭제가 되었다. 처음에 그녀는 '고향 사람이 감옥에서 고문을 당해 미친

343

소리를 하는구나'라고 생각했을 것이다. 그러나 아버지의 고향이 남쪽이라는 호기심과 '다른 남자를 만나면 더 행복할 수 있겠구나'라는 막연한 희망이 더해져 남한으로의 이동을 꿈꾸게 된 것이다. 그녀는 당시에 부부 사이가 안 좋았기 때문이다. 생사의 위협이 느껴지는 상황 속에서도 그녀는 스스로 '이게 웬 떡이냐'는 자기 안도의 유머러스함을 잃지 않으려 했다. 비극과 희극의 교차, 그 경계에서 그녀는 자유의 삶을 갈망하게 된 것이다.

전　하하하. 그래서요?

김　사람이 허파에 바람 찬다는 게 이런 얘기예요. 바람 들었어요. 벌써 '아 그래?' 그리고 호응하고 있었어요. 그게 또 고마워서 그다음 날도 아침 밥 해 멕이고 그 언니 집까지 데려다주고 그랬죠. 그 언니도 고맙다고 하고 오빠들도 고맙다고 하고 그래요. 근데 그 애가 '언니, 나 언니네 집에 또 놀러 가도 돼?' 이러는 거예요. 그래서 내가 마지막에 걔한테 물어본 게 있어요. '너 다시 잡혀도 탈북할 거야?' 하니깐 '언니. 나 열 번 잡혀도 또 가고 싶어' 이러더라고요.

전　그때 제대로 바람이 드신 거네요.

김　근데 걔는 나왔잖아요. 그러니깐 노동교화라는 데를 갔다가 나왔대요. 자기가 지금 그렇게 몇 개월을 고생하고 나오는 거래요. 근데 그 첫걸음에 나를 만난 거죠. 결국에는 걔 영향이 컸던 것 같아요. 걔 이름이, 성뭐였는데. 이름하고 얼굴이 맞아떨어져서 얼굴 보면 표가 나는 이름이 있어요. 걔 이미지가 그래요. 진짜 이쁜 애예요. 그때 아가씨였고 체격도 요만하고. 애가 성격도 좋고 내가 이쁘다고 막 그러면서 했거든. '언니, 나도 시집가면 이런 딸 낳을까?' 이러면서 애가 성격이 너무 좋았어요. 내가 속으로 생각했거든. '아 순수하다'고. 걔 눈을 보니깐 너무 깨끗한 거예요. 내가물어봤어요. '너 겁나지도 않니?' '너 이제 또 잡혀서 이러면 죽을지도 몰라' 그랬죠. '그래도 난 가고 싶어' 그러는 거라. '왜? 언니랑 오빠랑 다 위에 있잖아. 난 니가 그런 결단을 내리는 게 부럽다'고 그랬거든요. 그래서 결국에는 걔가 '언니 또 왔어요' 하고 우리 집을 또 온 거예요. 무조건 가자고 해. 언니 가재. 동생한테 애를 맡기고 가자는 거야. 진짜 이틀 동안 내가 머리쪼개지는 줄 알았어요. 멍하고 뭔가 전기 감전된 느낌 있잖아요. 막 이러고집에 혼자서 '벌벌벌' 떨고 있었어. '언니. 그렇게 떨 거 없어. 뭘 그렇게 떠냐?'고 나보고 그래요. 그래서 내가 '야. 너 말은 그렇게 하지만 너도 처음에떨렸을 거잖아. 나 지금 모든 게 다 경직되고 막 움직여지지 않아. 너 총이막 뒤통수를 겨누고 있다고 생각이 안 돼?' 하니깐 '언니 그렇지 않아. 다이거 돈 주고 가는 거라서, 다 짜고 가는 거라서 하나도 그렇지 않대' 그래. '야. 그러다 이렇게 총 딱 맞으면 어떻게 될까? 우리 죽는 거겠지?' 이러면서진짜 별말을 다 했어요. 그랬더니 걔가 '언니. 언니처럼 그러면 못 가. 그럼내가 먼저 가서 언니를 오라고 할게. 내가 먼저 갈게' 이러는 거예요. 그래서 '아니야, 아니야. 그러면 안 돼. 날 데리고 가' 그랬죠. 그러다가 또 정작 딸을 보면 못 가겠고, 하.

얼마나 무서웠을까. 더 무슨 말을 해야 할까.

김   그래서 얘가 그러는 거예요. '언니. 그러면 언니 안 되겠다. 언니같이 심장이 약한 사람은 못 간다. 그러니깐 언니 못 가겠고 일단 내가 먼저 갈게. 먼저 갈 테니깐 언니 나중에 내가 사람을 보낼게, 그럼 와. 그때 정말 안전하게 하니깐. 그땐 걱정하지 말고 와야 돼' 그러는 거예요. 그때 이 친구 갈 때 같이 가고 싶어서, 뭐 건덕지라도 잡고 싶어서 점을 봤어요. 근데 점쟁이가 가지 말래요. 나보고 안 좋다고 가지 말래요. '니가 가는 날은 어느 날이지, 그날이 아니래요' 그래서 '너 먼저 가' 하고 우리 집에서 헤어졌어요. 헤어지고 나서 걔는 들어갔는지, 어쨌는지 모르죠. 근데 그게 딱 계기가 되니깐 사람이 괜히 자꾸 궁금해지는 거예요. '어떤 세계일까?' '뭘까?' '왜 얘가 모험을 하고라도 가자고 했을까?' 계속 교차되는 거예요. 그 래서 '아, 중국까지만 가면 여기 있는 형제들이 나를 도와서 돈만 있으면 사니깐, 살아갈 수 있는 길이 있으니깐 뭐라도 되겠지'라고 드는 거예요. 또 점집을 가서 봤어요. '어떻게 될 거 같냐'고 하니깐 그때는 '니가 원래 그런 길을 가게 된 사람'이라는 거예요. 그러면서 '어, 그때는 괜찮을 거 같애' 이 러면서 '그땐 사람이 안 보이네. 옆에 아무도 안 보이네' 이러는 거예요. 그 래서 무난히 갈 수 있대요. '그게 언제냐?' 하니깐 '언제'래요. 근데 그 날짜가 언제냐면 걔가 넘어간 날하고 불과 2~3일밖에 차이가 안 나는 거예요. 그래서 결심했죠. 스스럼없이 나도 결심하게 되더라고요. 정말 그때는 내가 어떻게 움직이고 어떻게 했는지 생각도 안 나요. 동생 형제들 많지만 동생한테 얘기할 때도 '잠깐 갔다 올게. 중국 들어가서 형제들 찾아서 돈 좀 가지고 나올게' 그저 이 정도까지만 얘기했어요. 그리고 '만약에 형제들 못 찾으면 중국에서 내가 벌어가지고 잠깐 나올게' 이랬어요. 그냥 '잠깐만 있다가 나올게' 하고.

전　　딸은 어떻게 두고 오셨어요?

김　　그날은 우리 딸이 기타 배우러 가는 날이었거든요. 그래서 보슬비가 사박사박 오는데, 비옷을 입히고 기타를 어깨에 메어주고 '열심히 하고 와야 돼' 이러고 보내놓고 빠빠이 막 이러고. '열심히 하고 와, 우리 딸' 하고 보내고 나니까 우리 동생은 막 울고 까무러치는 거예요. 애가 막 까무러치고 해서 의사 불러다가 약 멕이고 그랬거든요. '언니 가지 말자. 그냥 우리 이렇게 같이 붙어 살자. 잘사나 못사나 그냥 무시하고 살면 되지 않겠냐. 언니 지금 당장 죽을 것도 아니고 아직 부모님이 주신 재산도 좀 있고' 그러는 거예요. 사실 나는 부러운 건 없었어요. 그래서 '언니, 왜 그래야 되냐 응? 집이 없는 것도 아니고 먹을 게 없는 것도 아니고 언니 다 있는데 왜 그러냐고' 하더라고. 그래서 '언니는 일단 마음먹었다면 해야 되니깐 모르겠어. 뭔가 자꾸 내 속에서 꿈틀거려, 움직이라 그래. 그러니깐 아무 말 하

지 마. 잠깐이면 돼. 잠깐 갔다 올게. 뒤돌아보지 마. 일단 딱 돌아서서 나가
는 길 외에 넌 날 보지 마. 돌아보지 말라. 그리고 나도 널 다시 돌아 안 볼
거야. 그러면 길조가 안 좋대. 서로 돌아보는 것이 안 좋다니깐 보지 마' 그
랬어요. 그래서 대문 딱 닫고 나왔는데 우리 동생도 들어가고 나도 갔어요.
한 번도 안 돌아보고 갔어요. 정말 열 번 백 번 돌아보고 싶은데 이 마음이
'하면 안 돼. 하면 안 돼. 내가 쟤한테 피해 줄 수 있어. 안 돼. 그러면 안 돼'
속으로 그랬어요. 안 된다고 생각했어요. 미칠 것 같았어요. 돌아보고 싶어
서. 그래도 속으로 계속 '안 돼, 그러면 안 돼' 했죠. 그리고 말없이 철도길
을, 그 길을 그대로 걷는데……

　그녀는 고개를 떨어뜨렸고, 조용히 눈물을 흘렸다. 감정이 격해지
는지 흐느끼는 소리만 들렸고 어깨가 수차례 들썩였다. 위로를 해주
고 싶었으나 내 제스처가 소용없을 것 같았다. 그때 인터뷰 장소의 시
간은 멈췄다. 그녀가 울고 있는 순간의 시간만이 흘렀다. 그래야 하고,
그래야만 될 것 같았다. 그녀가 회상했던 '안 돼, 그러면 안 돼' 소리가
자꾸 내 귓가를 맴돌았다. 그래서 나도 티슈 한 장을 조용히 꺼내 들었
다. 시간은 조용히, 천천히, 느리게, 상대방을 배려하면서, 그렇게, 흐
르다, 멈췄다. 서로 민망했던지 선뜻 눈 맞춤을 하지 못하고, 마음만
추슬렀다. 잠시 그리스 · 로마 신화에 나오는 메두사와 사이렌이 떠올
랐다. 메두사의 얼굴을 보면 돌로 변하고, 사이렌의 음성에 유혹되면
죽는 것. 돌아보면 죽고 소리에 유혹되면 죽는 것. 그녀와 동생 사이를

오갔던 애절한 그리움을 신화에 비유하는 것 자체가 그녀에게 미안하다. 그 단장斷腸을 어찌 표현할 수 있을까. 얼마나 돌아보고 싶었을까. 이 얼마나 비극적인가.

전　브로커가 데리러 안 오셨어요? 가다가 만나셨어요?

김　브로커는 출발점부터 같이 간다고 했는데 그러지 않고, 어디까지 오라고 연락이 온 거예요. 그러다보니 브로커라는 사람도 못 믿겠는 거예요. 무슨 얘긴지 아시죠? 브로커라는 사람도 못 믿는 거예요 나는.

전　그래도 거기서 믿을 사람이 그 사람밖에. 길도 모르고 하잖아요.

김　그래도 난 그 사람 안 믿었어요. 단 '내가 너를 믿고 니가 인도하는 길로 가지만 어떤 상황이 발생되면 나는 너를 믿을 수가 없어'라고 생각했죠. 그래서 자그마한 면도칼을 하나 딱 넣어요. 그냥 뭐 잘못되면 내 삶이 없다고 생각하고, 면도칼 하나로 동맥을 끊고 죽는 게 가장 깨끗한 길이라 생각을 했죠. 내 스스로는 그렇게 다짐했어요. 그렇게 되면 만약 내가 잘못되는 길이면 우리 형제들 다 힘들어지고 우리 형제들이 다 어떻게 될지 모르기 때문에 내가 혼자 죽는 게 가장 간단하니깐 깨끗하다고 생각했어요. 그래서 딱 왔는데, 음, 그 사람이 이제 막 길을 인도하는데, 가래요. 그냥 건너가래요.

전   어딜 건너가요?

김   강으로 가는데, 이제 강을 건너야 되거든요

전   같이 건너주지 않아요?

김   같이 건너도 가지만 이렇게 다 똑같이 서서 걸어갈 수는 없어요. 그렇잖아요. 어떻게 될지 모르니까. 그러니깐 이제 다 똑같이 건너지는 못하고 그냥 조금씩 간격이 나서 가는데, 나는 나 혼자인 줄 알았는데 한 명이 더 있는 거예요. 여자 한 분이. 저보다는 나이가 좀 있었던 분 같은데, 그분은 어떻게 됐을지 모르겠어요. 얼굴도 기억 안 나요 그분은 너무 잠깐이었고 아들이 또 여기(중국) 와 있다고 그러더라고요. 아들이 먼저 왔는데, 아들이 이렇게 초청해서 가는 건데, 정보를 알고 가는 사람하고 생소한 나하고는 너무 차이가 많잖아요. 그 사람들이 다 건너가는데 물이 너무 얕은 거예요. 생각보다는 물이 너무 얕어.

전   물이 머리 위로 차오르지 않아요?

김   아니요. 무릎 아래, 물이 무릎 아래로 오는 거예요. 그러니깐 이 브로커들이 길을 잘 선정한 거죠. 어떻게 보면 돈을 많이 주고 그랬으니깐.

전　강인데요?

김　깊은 데가 있고 얕은 데가 있는 강 같아요. 근데 너무 얕은 데다보니깐 그냥 막 뛰어가도 될 정도로. 중간에 뛰어가다보니깐 이렇게 그 모래 자갈밭 같은 게 물이 다 안 차 있어요. 거기까지 갔는데, 난 거기까지 가서 다 온 건 줄 알았거든요. 이게 중국인 줄 알았어요. 근데 보니깐 또 물이 있어 '후~ 살았구나' 했는데 또 물이 있어요. 지금은 웃으면서 이야기하는데 그땐 정말 얼마나 힘들었는지. '삶이냐 죽음이냐'잖아요. 이 두 사이를 넘나드는데, 기가 막힌 거예요. 다 왔나 했는데 또 강이 있었어요. 또 강이 있고 또 건너고. 또 강이 있고. 그래서 강 건너가고 할 때마다 엄청 깊은 줄 알았어요. 저는 물 보니깐 막 무서워서 그러는데, 거기도 얕은 거예요. 겨우 무릎 정도.

전　그 브로커가 되게 좋은 길을 찾은 거네요.

김　그리고 또 저벅저벅 갔어요. 거기서 사람을 기다리니까. 차 끌고 나왔어요. 옷까지 다 가지고 나왔어요. 보니까 아주 그냥 뭐라고 할까, 좀 이상한 옷들이었어요. 차 타고 들어가면서 '노선에 검문대가 있고 뭐가 있다' 막 얘기를 해요. 그 사람들이 태연한 척하라니깐 그냥 가만히 있었어요. 옷을 그럴듯하게 입혀놓으니깐 그냥 그렇게 들어갔죠. 무사히 통과했고 무사히 들어간 것까지는 좋은데, 거기서부터 또 문제인 거죠. 이제 어떻게 될 건지, 근데 이 사람들을 믿어야 하는지. 내가 아무리 중국 땅으로 건너간 사람이라도 나는 믿지 않으니깐, 그 사람들을 나는 믿지 않으니깐.

강은 다 깊은 줄 알았다. 그런데 그녀의 말을 들으면서 '사람을 살리는 수심과 강줄기'가 있고 '사람을 죽이는 수심과 강줄기'가 있다는 것을 알았다. 돈을 많이 받는 최고의 브로커는 사람을 살리는 수심과 강줄기를 잘 안다고 했다. 그만큼 노련하다는 뜻이 되겠다. 그들은 가급적 수심이 낮고 물살이 약한 줄기를 파악해, 북한 이주민들을 안전하게 이동시켜준다고 했다. 물을 두려워하는 사람들을 고려해서 허벅지 정도까지 차는 물줄기를 선택한다고 했다. 탈북을 꿈꾸는 이들에게 그 강은 성경의 요단강이 될 수도 있으며, 바리공주가 떠난 서천서역국이 될 수도 있다. 북한에서 중국으로, 다시 말해 입사식入社式을 위해 치러야 하는 고통치고는 너무 크지 않은가. 그녀는 브로커를 믿지 않는다고 했으나, 사실은 그녀 스스로 속내를 내비치지 않아서 그렇지, 누구보다 브로커에 의존하고 있었던 것은 아닐까. 생사의 경계에 선 자들은 누구나 그러했을 테니까. 브로커를 믿지 않는 여자와, 여자를 안전하게 데려가야 하는 브로커 사이의 묘한 갈등이 느껴졌다. 동상이몽同床異夢이라 했던가. 중요한 것은 그녀가 실력이 있는 브로커를 만나 도강에 성공했다는 것이다.

전   너무 힘들 것 같아요.

김　그러니깐요. 내가 생각했던 것하고 너무 차이가 많았으니까. 이제부터는 내 생각과 판단이 중요한 거죠. 그때 만감이 교차하는데, 지구에 아무도 없고 나 혼자만 있는 느낌, 지구 한가운데 떨어졌다는 느낌이 들었어요. 이제부터 스스로 생존과 사투를 벌여야겠다는 생각이 들더라고요. 그런데 그 사람들은 우리 사람을 보면 매매하려 합니다. 얘기 들어봤죠?

전　네.

김　그 사람들도 자기 생존이 걸린 문제이기 때문에 머리싸움을 하는 거예요. 자기들도 머리를 쓰겠지만 나도 머리를 쓰고 움직이는 것이기 때문에 길은 항상 여러 갈래로 열려 있는 거예요. 그렇죠? 뭐 그 사람들 보고도 '인신매매해서 생존할 수밖에 없겠구나' 하고 이해됐고. 무슨 짓을 하든지 간에, '나도 너네 머리처럼 난 내 머리가 있다'고 생각했어요. 그래서 불편하지 않았어요. 단 내가 정말 한국에 있는 친척을 찾아서 얼마 정도 도움받을 수 있는지, 그리고 만약 그 사람들 못 찾아서 돈을 못 받으면 내가 이 땅 어디에 정착해서 살아야 하고 어떻게 돈을 벌어가지고 나갈 수 있는지 이게 복잡한 거예요. 생각이 엉켜졌던 거죠. 그랬는데 운 좋게도 내 삶에서 그렇게 악인惡人은 안 만났던 것 같아요.

전　중국에서 얼마나 계셨어요?

김   얼마 안 있었어요. 한 3개월?

전   되게 짧게 계셨네요.

김   그때 내가 정말 많이 아팠어요. 중국 와서부터 이 심리적인 고충이 들어가기 시작하니깐 사람이 먹지도 마시지도 못하고 먹어도 살로 가는지 뼈로 가는지 알 수가 없고. 뭐가 그렇게 안 되고. 그냥 그러니깐 살려고 먹기는 하는데 다 약을 먹듯이 쓴 거 있잖아요. 모든 게 다 썼어요. 과일 먹어도 쓴데 밥 같은 건 또 받지도 않아요. 중국 가니까 과일이 많더라고요. 거기(북한)는 추운 지방이라서 과일이 중국을 통해 오긴 하지만 힘들게 먹었어요. 돈이 많아야 사 먹을 수 있으니까. 그래서 오이 같은 거 막 사먹고 그랬는데. 여기 오니까 과일이 많아서 먹고 있었는데 그것도 막 써요. 그렇게 삶을 어렵게 살았는데, 그 시간에 거기서 잠시 만났던 지인분들이 나를 살리느라고 정말 많은 것을 해주셨어요. 주사도 놔주고 링겔(링거)도 많이 맞게 해주고. 그러니깐 그게 정신적인 거예요.

전   얼마나 긴장하셨겠어요.

김   이렇게 넉넉지 않았는데 내가 이걸 너무 단순하게 생각하고 떠났구나 생각했고, 그다음 거기 와서 시간이 지체되고 이러다보니깐, 돌아갈 수 있는 길이 이제 막혔으니까 나는 삶의 목표를 어떻게 설정해야겠는지

난감했고. 그러다보니 몸은 점점 쇠해졌고 병은 병대로 쌓아졌고. 그래서 이제 막, 내가 아주 막 정신이 놔질 정도로 됐는데, 그래도 인간의 도움으로 해서 살아올 수 있었고 여기까지 오게 된 거죠. 그러니깐 제 인생에서 악영향은 없었던 거 같아요. 나를 모질게 힘들게 하고 막 학대하고 이런 건 없고 내 스스로 안에서 복잡한 생각이 들었던 거지. 만난 사람들 한 분 한 분이 다 소중했고 고마웠고 그래요. 누군가 도와줬고 다 은혜를 입었다고 생각을 하죠. 지금도 나는 살면서 잠깐 스쳐간 인연이라도 고맙게 생각하고 감사하게 생각하고 다 잘됐으면 좋겠고 그래요. 이왕이면 그 사람들 삶이 다 소중하게 느껴졌으면 좋겠다는 바람, 그런 게 있어요.

전　　굉장히 힘들게 도강하신다는 분들도 있잖아요.

김　　그렇죠. 두 번 세 번 감옥에도 가고. 그러니까 사람은 늘 그런 것 같아요. '아, 정말 나는 참 많은 복을 타고난 사람이구나. 많은 복을 타고났고 어떻게 보면 내가 부모도 잘 만났고 살아가는 길 와중에도 내 조상님들이 뭐 선행을 하셨나?' 하고 생각해요.(웃음) 아무리 아파도 모질게 아파보진 못했으니깐. 그나마 참 감사하다고 생각해요. 나 스스로 부족해서 삶의 끈을 놓으려고 했던 적은 많아도 누군가 나를 해코지하고 힘들게 하고 아픔을 줘서 그렇게 하려고 했던 적은 없어요. 내 스스로 삶의 무게를 이기지 못해서 휘청거리고 그럴 때마다 '아, 죽고 싶다, 많이 아프다, 힘들다' 하고 말지, 그 외에는 살아갈 수 있는 세상이고 살아서 행복하다고 느끼고 그러면 되지. 그런 것 같아요. 내가 물속에 들어갔을 때 '아 좋다' 이러고, 또 맑은 공기 마실 때, 냇물 같은 거 흐르는 데서 조용히 살다가 그냥 소리 없이 폈다가 지는 꽃이 되는 거, 산골에 있지만은 누군가 지나가다가 '이야, 심산 속에 저런 예쁜 꽃이 있었나?' '저 꽃도 지겠지?' 하는 것처럼 그렇게 지나가다 얘기해줘도 괜찮을 정도로 나는 살다 가고 싶어요. 조용히 왔다 조용히 가는 인생이 되고 싶어요.

누구에게나 향기가 있듯, 시든 꽃에도 향기가 나기 마련이다. 화려하게 핀 꽃이든 쭈글쭈글하게 핀 꽃이든 세월이 지나면 다 흙으로 돌아가기 마련 아니겠는가.

전　그래도 남한에서 더 잘 살아보고 싶단 욕구 있지 않아요? 왜 그렇게 조용한 노년을 보내고 싶으세요?

김　욕구? 그 말의 뜻을 이해해요. 저는 다시 세상에 태어난다면, 이 땅 (한국)에 태어나서 우리 아빠의 딸로서 성장한다면 탤런트도 되고 싶고 아나운서도 돼보고 싶고 그래요. 어떤 주목받는 사람이 되고 싶기도 하고, 내가 행복해서 많은 이들한테 리더십을 심어줄 수 있는 사람도 되고 싶어요. 충분히 해보고 싶죠. 근데 이제는 우리 딸 하나를 잘 키우는 게 이 사회에 이바지하는 길이라고 생각하고. 저는 저 자신을 내려놨어요. 이제 조그마한 소망이 있다면, 내 얘기가 남한테 전달돼서 많은 이들이 '아, 그래 희망을 잃지 않고 살았으면 좋겠다'는 그런 행복전도사 같은 거 해보고 싶어요. 그냥 어떤 마이크를 잡든 안 잡든 간에 주어지는 환경이 있다면 그렇게 해보고 싶어요. 하지만 안 된다면 그냥 소리 없이 조용히 내려놓고. 딸 하나를 잘 키워서 이 세상을 살아갈 때 당당하고 떳떳하게 누가 손 내밀었을 때 잡아줄 수 있는 사람이 되어봤으면 좋겠다 싶어요. 따뜻한 사람이 되고 싶어요. 난 이렇게 살고 싶어요.

지난 얘기지만, 2010년 10월에 행복을 전하던 행복전도사 최윤희 선생님이 남편과 함께 경기도 일산의 한 모텔에서 동반자살을 했다. 동반 죽음이라서 명확한 사인을 파악하기가 어려웠으나 2년여의 투병 생활이 원인이 아니었을까 짐작된다고만 했다. 자신은 고통스러운데, 타인에게 행복을 전한다는 게 얼마나 힘들었을까. 개인적으로 좋아하는 팬이었기에 그 사건은 아직도 내 머릿속에 충격으로 남아 있다. 따라서 그녀의 이야기를 들으면서 최윤희 선생님이 떠오른 것은 우연이 아니었다. 행복전도사들은 정말 행복할까. 행복전도사들이 말하는 행복은 남을 위한 것일까, 자신을 위한 것일까. 진짜 행복해서 행복을 전하는 것일까 아니면 자신이 행복하지 못해서 스스로 최면을 거는 것일까. 행복이라는 단어는 참 밝은데, 정작 그 단어가 입 밖으로 내뱉어지는 순간, 그것의 사전적 의미가 그대로 상대방 혹은 자신에게 전해지는지 궁금했다.

전　그러니까 딸이 굉장히 큰 의미가 있네요, 선생님 인생에서요.

김　그렇죠. 전 그래요. 인생의 동반자라고 할까요?

전　동반자요. 그 딸 이야기 좀 해주실 수 있어요? 어떤 사람인지 궁금하네요. 딸이니까 집에서 맨날 봐왔겠지만 좀 객관적으로 봤을 때 성격은 어떤지.

김　저는 가끔 '딸, 난 니가 아들이었으면 좋았을 거 같아'라고 말해요. 분명히 나는 딸이 정말 이쁜데 왜 그런지, 생각을 바꿔야 해요. 그러니까 장난치는 딸한테 '이놈의 새끼가' 이렇게 말해요. '우리 예쁜 가시내, 기집애' 이렇게 얘길 해야 하는데 그게 안 나오고. 나 스스로도 '이놈의 시키가 농질을 하냐'고 막 이렇게 나와요. 그때마다 '아 이게 뭐지?' 몇 번씩 되짚을 때가 있어요. 내가 애를 남성적으로 키우는가 싶고 내가 왜 이러지 싶은데, '엄마가 왜 자꾸 이렇게 얘기를 할까?' 딸한테 물어보니까 '그냥 엄마가 나를 바라보는 그대로야. 엄마, 내가 너무나 털털하고 그러다보니깐 그렇겠지. 엄마, 너무 그렇게 신경 쓰지 마' 그래요. 딸이 성격이 털털해요. 리더십 많은 애 같고. 그리고 그 긍정적인 에너지가 많은 애예요. 교회도 끊임없이 다녀요. '엄마. 성경책을 봐. 엄마 정말 책 보기 싫다면 성경책 한 문장이라도 읽어봐. 하루 한 문장이라도. 그러면 거기서 삶의 지혜가 묻어난다'고 그래요. 지하철을 타고 가는데 딸이 노숙자한테 돈을 줘. 그러니까 나보고 하는 이야기가 '엄마. 주머니에서 빨리 돈 꺼내'래요. 돈을 주고 가는 게 우리 일이래요. 그렇게 얘기할 수 있는 어린애가 몇 안 돼요. 빨리 주래요. 그러면서 또 하나님 이야기를 해요. '하나님은 약한 자도 센 자도 다 이 세상에 같이 공존하고 산다고 했어. 엄마 빨리 줘' 그래요. '저 사람들 불쌍하지 않냐'고 그래. '우리가 돈을 안 주면 저 사람은 오늘 굶어. 빨리 돈 놔줘' 그래요. 그래서 처음에는 몇 번을 놔줬어요. 내 주머니를 털어서 천 원도 놔줬고 오백 원도 놔줬고 잔돈 있으면 다 놔줬고 했어요. 그런데 애가 너무 자주 그러니깐 짜증나더라고요. '엄마, 처음에 왔을 때 어땠는지 알아? 집에 냉장고든 뭐든 아무것도 없었어' 그래. 그나마 부산에 있는 친척들이 도와줘서 냉장고 하나를 사놓았는데 거기다가 제일 처음으로 올려둔 게 물이에요. 여름에 길을 가는데 어떤 어린 여자아이가 아이스크림을 먹고 있는데, 그걸 확 뺏어먹고 싶은 거야, 내 마음속에서. 목이 너무 마르다 못해서 그랬지. 숨도 삼켜지지 않았어. 집까지 거리가 한 5분, 7분이면 되는데 그 거리를 못 올라와서 애가 아이스크림을 들고 있는 걸 확 뺏어서 먹고 싶은 그런 욕구가 생기는 거예요. 그래서 '조금만 참자. 조금만 참자' 이러고선 집에까지 와서 냉장고 문을 딱 열고 물을 먹는데 세상에 그렇게 물이 맛있을 수가 없는 거예요. 행복할 수가 없더라고요. 그래서 그때 '감사합니다'를 외쳤어요. 물 한 모금 먹고 세상에 '감사합니다.'를 그렇게 외쳤어요. 그러고는 그 물통에 있는 1리터짜리 물을 다 마셨어. 너무 달고 너무 맛있어 가지고 정신없이 마셨는데, 어떻게 마셨는지 어떻게 넘어갔는지도 모르죠. 내가 딸한테 그래요. '엄마가 이 돈을 벌자고 아픈 몸을 끌고 코피 쏟으며 귀에서 피가 나는데도 누구한테도 말도 못해. 내가 피가 나는데 말도 못하고 이러고 다녔던 엄마야. 너 엄마 얼굴 처음 봤을 때 어땠는 줄 알아? 정신적인 타격에 의해서 엄마 얼굴이 다 썩었어. 썩어 문드러졌어. 그랬던 엄마를 알어? 허리 사이즈? 22~24인치밖에 안 됐어 엄마가.' 그렇게 어느 날 밤에 얘길 쭈욱 풀었어요. 내가 살아온 얘기를.

전　　그때 딸이 몇 살 정도예요? 초등학교?

김　　중학교 이제 올라갈 그때 좌악 이야길 했어요. '엄마는 단돈 500원, 100원도 아까워. 무슨 이야긴지 알지? 엄마는 누굴 줘야 되는 형편이 아니라 받아서 너를 양육해야 될 형편이야. 그러니까 너가 제발 이젠 안 그랬으면 좋겠어' 그랬죠. 근데 걘 자기 주머니에 500원짜리든 100원짜리든 있으면 가서 불쌍하니까 계속 놔주면서 '힘내세요.' 이랬대요. 그러면서 그래요. '엄마, 나 엄마 심정도 모르고 그랬어.' 그래서 내가 '너 거기(북한) 있을 때 돈 내보냈던 거, 100만 원 200만 원 돈 해보냈던 거 그거 엄마가 못 먹고 보낸 거야. 내가 지금 너를 키우는 거, 엄마는 동냥하며 너를 키웠어. 어떻게 키우는 줄 알어? 남이 입다 버린 거 있잖아? 그거 가양에 있다 그러면 가양에 가고 신정에 있다 하면 신정 가서 한 꾸러미씩 머리에다 이고 왔어. 엄마가 누가 있어? 그렇게 이고 와서 너를 입히고 복지관에서 옷 같은 게 있다 하면 거기에 가서 그 헝겊 속에서 또 집어서 널 입히고 그러면서 키운 거야. 너 그런 마음을 아냐. 어머니로서 산다는 게 쉬운 일 아니야. 그래서 어머니의 자격을 포기하는 사람 이 세상에 많아. 자기가 낳은 자식도 미국에 입양시키고 캐나다에 입양시키고. 어머니로서 산다는 건 정말 가장 위대한 일이야. 그게 어머니야. 이 세상에 있는 박사나 영웅 모두 어머니가 만드는 거야. 나는 내 어머니에게 배웠던 걸 고스란히 너에게 물려주고 싶어. 뭐든 가정에서부터 시작되는 거다' 그러면서 좋았던 감정, 안 좋았던 감정을 쭈욱 나열해서 이야기를 많이 해요. 지금도 우리는 얘길 많이 하는 편이고요. 근데 자식이 먼저 얘기를 하자고 절대 안 하거든요. 엄마가 끌어내야 되는 거예요.

전　선생님 말씀도 맞지만 어린 나이에 그걸 다 들어준 딸도 마음이 좋지 못하고 힘들었을 수 있겠다 싶어요.

　부모가 자식 걱정을 하는 것은 당연한 것처럼 여겨지는데, 자식이 부모 걱정을 하니까 좀 낯선 감이 있다. 그래서 딸 편에 서고 싶다. 생각해보자. 딸이 세상을 얼마나 알겠는가. 그런데 엄마의 넋두리를 다 들어주고, 힘들지만 베풀라고 하지 않는가. 그런 딸이 대견하지 않은가. 그녀의 딸은 이미 대학생 수준 이상으로 말하는 것처럼 느껴졌다. 엄마의 상황도 이해가 되지만 딸에게 '사는 게 힘들다'고 푸념을 늘어놓으면 그 딸은 '비빌 언덕'을 어디에서 찾을 수 있을까. 삶조차 이해하지 못할 나이에, 한창 젊음을 느끼고 사랑할 나이에 엄마의 고통스러운 삶을 다독거려주고 있으니 말이다. 만나보지는 않았지만 그 딸이 대견스럽고 안쓰럽게 느껴졌다.

인터뷰를 마쳤으나 오늘은 뭔가 불편하고 어색한 감이 있었다. 잘 정리되지 않은 상태로 끝나서 아쉽기도 했다. 그녀 역시 못내 아쉬운지 차를 마시며 시간을 일부러 끄는 것 같았다. 그렇게 쭈뼛쭈뼛 어색한 공기가 잠시 흘렀는데, 딸에게서 '지하철역에 도착했다'는 문자가 왔다며 지금 집으로 가야 한다고 했다. 몇 살이냐고 물으니 대학생이라고 한다. 명문대 다닌다고 어깨를 으쓱였다. 요즘 영어와 수학 과외를 해서 용돈도 준다고 했다. 휴대전화의 발신 버튼을 눌러 딸과 바로 통화를 했다. 휴대전화 너머에서 들리는 딸의 목소리는 어린애 같았다. 딸이 궁금했다.

그런데 이게 웬 떡인가. 그녀는 딸에게 방금 상담 끝났으니 복지관 지하 계단으로 내려오라고 휴대전화에 대고 얘기했다. 그녀는 버릇처럼 자꾸 인터뷰 대신 상담이라는 단어를 썼다. 내가 그렇게 상담이 아니고 인터뷰라고 했건만. 지하 계단을 내려오는 소리가 들렸다. 문이 열리고 딸이 들어오는데, 짙은 갈색의 긴 생머리가 양볼 옆을 가리고 있어 얼굴을 정확히 볼 수는 없었다.

그녀는 딸을 아이 다루듯 했다. 말투를 들어보려고 나도 말을 걸었는데, 개미 목소리만 하게 말해서, 자꾸 되묻게 됐다. '일부러 북한 말투를 숨기려고 하는구나'라는 느낌이 들어서 묻는 것을 하지 않았다. 그녀의 말처럼 딸의 프로필은 좋았다. 그런데 참 재밌는 생각을 해봤다. 속 깊은 그 딸이 앞으로 엄마의 속을 더 깊게 만들어주고 편안하게 해줄지, 아니면 속을 태울지 알 수가 없다. 그렇다고 내가 그들 모녀지간의 관계를 부정적으로 보는 것은 아니다. 인생이 한편으로는 그렇다는 거다. 깊은 딸을 덤으로 보게 되어서 나는 무척 기쁘고 반가웠다. 첫 인터뷰는 이렇게 마무리가 됐다.

혼자 살면 세상에 무엇 있으랴

첫 번째 만남에서 그녀는 귀엽고 예쁜 차도녀 같았는데, 오늘은 순박한 소녀 같다. 한 사람이 다양한 인상을 준다는 것은 실로 부러운 일이겠다. 나는 오랜만에 만나는 지인들로부터 한결같다는 얘기를 자주 듣는 편인데, 그 표현이 좋다가도 스스로 '나는 다른 매력이 없나' 싶어 기분이 처질 때도 있다. 다양한 색깔을 띠든 그렇지 않든 간에 일단 사람은 예쁘고 잘생기면 된다. 그런데 엄밀히 따지면 외모가 뛰어난 그들 스스로 팔색조인 것이 아니라 그들을 바라보는 주변인들의 시각 자체가 팔색조인 것이다. 어쨌든 그녀는 오늘도 호감이 가는 외모를 하고 인터뷰에 응했다. 나는 지난주 만났던 딸을 중심으로 이야기를 해보고 싶었다. 그녀의 삶에 중심이었던 딸은 어떻게 성장하고 있는가.

전　　지난번에 보니까 딸이 대학생이 되었는데도 애기같이 바라보는 것 같아요.

김　　그렇죠. 경제적인 것보다 딸애가 내 옆에 있다는 것만으로도 행복하고.

전　　그 존재가 나에게 어떤 의미죠?

김　　삶 자체? 에너지죠. 나한테는 우리 딸이 에너지다 생각해요. 그 에너지 중에서도 살아갈 수 있게 하는 이유라고 봤거든요. 전에는 이런 감정을 못 느꼈는데 쟤가 있기 때문에 뭔가를 배워야 되고, 쟤가 있기 때문에 화를 내고 싶어도 참아야 되고, 애 때문에 내가 많은 걸 배우려고도 노력했고, 애 때문에 내가 많은 것을, 그 뭐라 그럴까 TV 하나만 봐도 그걸 소홀히 안 봤던 것 같아요. 가정적인 면에서도. 드라마 보면 너무 디테일하게 잘 나오잖아요, 그런 부분이 나한테는 생활의 교과서잖아요. '아, 내가 어떤 방향을 저렇게 보여주면 되겠구나. 아, 저런 건 안 좋으니까 안 해주면 되겠구나' 싶죠.

전　　엄마로서의 역할을 되게 잘하고 싶은 거네요.

김　　그렇죠. 내가 이제까지 주지 못한 어떤 빈 공간에 대한 걸 확실하게 하고 싶고, 늘 내 안에 존재하는 거는 뭐냐면 지금 내가 이 나이를 먹고서야 우리 부모님의 삶이 이런 것이었겠구나 싶어요. 그때는 그냥 '우리 부모님도 나를 키울 때 이렇게 했기 때문에 나도 이렇게 해야 된다'는 고정관념이 있었던 거 같아요. 내 안의 고정관념이랄까요.

전　　어떤 고정관념이요?

김　어떤 건 맘에 정해진 대로 '이렇게 해야 돼' 하는 것. 어떤 법칙처럼 내가 스스로 해놓은 그런 게 나한테 있는 것 같아요.

전　우리 부모님이 나한테 이렇게 했으니까 나도 이렇게 해야 되겠다?

김　응. 교육을 이런 방향으로 해줘야 되고 또 이렇게 하는 게 맞는 거구나 하는 거. 근데 거기 또 플러스가 되는 게 TV를 보든 어디 가서 강연을 듣든 어떤 사람들하고의 대화 자리든 거기서 내가 받아들이는 감정의 좋고 나쁨이 느껴지는 게 좋아요. '이런 면에서 이런 감정이 나오는구나' 싶죠. 그러면 나는 속으로 '그래. 나는 딸하고 기본적으로 대화가 잘 이루어졌으니까' 하고 만족해요. 보통 애들은 얘기를 많이 안 하려고 하는 거 있죠. 사춘기 때 저는 그걸 끄집어내는 것도 내 몫이라고 생각했어요. 왜? 애 하나를 온전히 키울 때 있어서는 그 옛날 어르신들이 하시던 말씀 있잖아요. '애 하나 키우는 데 오만공수가 들어간다'는 말. 오만 가지 노력과 어떤 품이 많이 들어간다는 얘기죠.

전　어떻게 보면 그게 힘든 책임감으로 다가올 수도 있겠네요, 애를 키운다는 거 자체가.

김　네, 책임감이 크죠.

전　　때로는 에너지로 느껴지면서도 그렇지 않은.

김　　근데 인간생활에서 전 그렇지 않다고 봐요. 우리 부모님도 12남매를 키웠는데 내가 자식 하나를 키우면서 부모님의 감정을 읽을 수도 있잖아요. '어떻게 키웠을까? 우리를.' '이렇게 말 안 듣고 이렇게 생각이 제각기인 우리를 어떻게 키웠을까?' 그런 생각을 하는데, 그냥 그게 부모님들의 삶을 보면서 나는 무조건 해야 돼 싶어요. 애의 엄마로서 나는 무조건 일을 해야 되는 어떤 사명감? 인간으로서 내가 이 세상에 나왔고 부모님 밑에서 컸고 부모님께서 나를 키웠고 내가 자식을 낳았고, 뭐 그런.

전　　어떤 도리일까요?

김　　도리? 당연히 해야 되는 기존의 법칙과 같이 그 길을 가고 있고 그 법칙 안에서 느끼는 것은 내가 혼자 있었을 때하고 누군가 같이 있을 때하고 그 감정은 다르더라고요. 오히려 애를 키운다고만 생각했는데 내가 더 배우고 내가 더 커지는구나, 이게 어른이 되어가는 과정이구나 싶어요. 그래서 저는 옛날 어르신들 하면 다 존경이 가요. 그분들은 우리보다 애를 더 많이 낳았고 애를 더 많이 키워가면서도 징말 세세한 감정까지 다 읽을 수 있었잖아요. 그래서 '그때 부모님들의 삶은 더 정에 가까웠고 더 인간성에 가까웠던 거다' 이렇게 생각하거든요.

전　굉장히 긍정적인 해석들이네요.

　인류가 예나 지금이나 유사한 형태로, 가족의 경우도 그렇고 유사한 형태로 성장하고 발전할 수 있었던 것은 물론 유전자 덕이겠지만 일종의 패턴이 '대물림'될 수 있었기 때문이라고 본다. 교육과 학습을 통해서 이루어지는 여러 패턴의 대물림, 그중에서도 사회를 구성하는 기본 단위인 가족 시스템 안에서 이루어지는 패턴의 대물림은 인간관계를 유지, 발전, 지속, 연결, 확장시키는 데 큰 기여를 했다고 본다. 유구한 역사를 통해서 만들어진 가족 시스템 안에서 우리는 인간과 사회를 배우고 서로를 학습한다. 그리하여 조상이 있고 내가 있고 후세가 있음을 배우게 된다. 따라서 자신의 현재는 과거의 부모이자 미래의 자식임을 깨닫는 것이다. 그 연결들이 모여 오늘날 우리 사회가 만들어진 것이리라. 마치 '자기 유사성'을 밝혀낸 프랑스 수학자 망델브로의 '프랙털fractal'처럼 말이다. 삼각형 안에 또 다른 삼각형들이 지속적으로 반복되는 모형을 우리는 본 적이 있을 것이다. 부분과 전체가 유사성을 띠면서 반복적으로 구성된다는 것이 프랙털 이론인데, 부모와 자식의 관계가 아마도 이와 유사하지 않겠는가. 내 부모에게서 받은 것을 내가 행하고, 내가 행하면서 얻은 삶의 지혜와 교훈을 내 자식에게 물려주는 행위야말로 인류가 이루어낸 거대한 성과 아니겠는가.

김　모르겠어요, 저는. 그래서 언제는 우리 동생한테 물어봤어요. '나 이렇게 생각하는데 너는 어때?' 했더니 '언니 너무 잘하고 있어. 근데 언니는 원래 그렇게 착한 것 같아. 언니는 원래 태어날 때부터 착하게 태어난 것 같아'라고 하는 거예요. 동생이 이런 얘기를 해서 나 혼자 속으로 웃기다고 생각했는데, 그게 사실은 내가 착해서가 아니라 내가 동생의 삶을 타인처럼 지켜봐서 그런 것 같아요. 애 교육하는 거나 자기 본인의 삶에 있어서나 전혀 나하고는 다른 어떤 삶을 사니까 간섭을 안 한 거죠. 정말 동생하고 나하고는 다르니까. 다른데 간섭하면 뭐해.

전　뭐가 달라요?

김　애를 교육하는 기본적인 것에 있어서도 그렇고, 사랑을 주는 것에 있어서도 그렇고. 어떤 때 보면 저건 맹목적으로 주면 안 되는 것 같다고 생각하는데 우리 동생은 무제한적으로 해주는 타입이고, 어떤 건 절제해가야 하는데, 절제도 못하고. 그리고 걔가 나한테 질문했을 때 정확한 답을 해주고 싶었어요. 그러니까 그 정확한 답이라는 게 우리가 인터넷에 쳐볼 수 있잖아요. 제가 딸을 키울 때 그랬어요. 모르는 게 너무 많잖아, 그래서 인터넷에 쳐요. 그래서 걔(딸)가 답을 하기 전에 인터넷으로 찾아보고 해서 숙제를 먼저 풀어요. 그것을 머리에 기억하려니까 안 돼요. 그래서 휴대전화에 적어가지고, 메모장에 적어가지고 다시 한번 보고 정리하고 기억하면서 '어제 너가 질문했던 건 이렇고 이런 거래' 얘기를 해요. 근데 이제는 내가 거꾸로 돼서 우리 딸이 나를 배워주는 형태로 왔어요. 사랑의 그

원천이랄까. 악의와 선의를 똑같이 가지고 있는 인간 감정의 밑바탕에서 어느 것을 우선으로 딸에게 활용할지 생각하는 거죠. 이쁘게 또 멋지고 훌륭하게 정말 이렇게까지 키우고 싶죠. 근데 다 노력인 것 같아요. 끊임없이 노력해야 된다 이거죠.

앞에서도 얘기했지만 아무래도 내 생각이 맞는 것 같다. 부모에게서 받은 것을 대물림하는 행위야말로 인류의 최대 성과라는 점 말이다. 엄마가 뭐기에, 딸이 뭐기에.

전　딸하고 어머니하고 지금 둘이잖아요? 지금 둘이 아니라 혼자였을 때도 있잖아요. 그 혼자였을 때랑 둘이었을 때 가장 두드러지는 차이점은 뭔가요?

김　혼자 있을 때랑 둘이 같이 있을 때라. 저는 늘 사람 인(人)자를 얘기하는데요. 그 존재 이유라는 게, 사람의 존재 이유라는 게 동물이나 사람이나 똑같이 자식을 낳아서 번식하는 과정이지만 그 번식하는 과정이 인간이 되어가는 과정이라고 생각해요. 혼자서 존재할 수 있는 세상이라면 인간 하나만, 지구에 인간 하나만 만들어서 살아 숨 쉬었을 것 같아요. 혼자 있을 때하고 그 애가 갓 태어난 생명체라도 둘이 있을 때는 달라요. 그거는 어떻게 비교할 수 없을 만큼, 표현할 수 없을 만큼 차이가 너무 크다고 생각해요.

전　인간의 언어로 표현할 수 없는 뭔가가 있나요?

김　그 뭔가, 인간의 언어로 표현하기 어려울 정도로 너무 크다는 거죠. 생명 자체만으로도 너무 크다 그거죠. 옛날 말에 그런 말 있잖아요. 자식이 넷인데 마지막 하나가 좀 안 좋은 장애를 갖고 태어나면 그 장애를 가진 자식이 제일 눈에 밟히고 죽을 때까지 그렇잖아요. 과연 살아갈 수 있을까 하는 그 두려움. 세상을 다스릴 수 있게 한 것도 사람의 힘인 것 같고. 그 힘의 원천으로 사람을, 또 하나를 키우게 되는 것도 너무 위대하다 싶어요. 너무 값진 거다, 이거는.

전　위대한 사람을 낳는 것도 사람이군요. 아니 어머니군요.(웃음)

김　그러니까 이 사랑의 총체는 애를 낳아본 사람, 가정을 가진 사람이 애 안 낳아본 사람, 가정을 못 가진 사람보다도 크겠죠. 사랑의 차이는 있다고 생각해요, 분명히. 그럴 것 같아요. 하나를 낳은 사람과 열을 낳은 사람의 차이도 분명 있을 것 같고요. 정말 다를 것이다. 어떤 표현력이나 그런 것에서부터도 다를 것 같아. 안 낳아본 사람하고 낳아본 사람, 그 차이가 분명히 있을 것 같아요.

전　뭐가 다를까요? 낳아 본 사람과 낳지 않은 사람 간에.

김　언니가 결혼하고 임신해서 애기를 낳는데, 해산 조리를 갔어요. 딱 갔는데 언니가 너무 진통을 겪으면서 애 하나를 탄생시키는데 그 경이로움. '와 뭐야' 하는 그런 것도 있지만 그 생명이 왔다 갔다 하는 그런 거를 목격하잖아요? 그럼 거기서 오는 어떤 그 충격적인, 그 인간의 본능적인 마음이라 할까? 혈육 간의 정? 그런 게 더 가깝게 다가선대요. 나는 예전에 그런 생각도 해봤어요. '여기(북한)가 시설도 잘 되어 있고 다 좋아. 그런데 거기에 경제적으로 밑바탕만 되면 아들 하나 꼭 낳아서 이쁘게 멋있게 키우면 좋겠다' 했죠. 이런 바람도 있었는데 대한민국 경제를 딱 알고 나니까 정말 이거는 하늘의 별 따기이고, 하늘과 땅 차이더라고요. 그래서 저는 아예 단념을 해버린 거예요. 근데 그것도 저는 확실하게 정답이라고 생각 안 해요. 지금도 '그때 내 생각이 짧았구나' 하지만, 그래서 오히려 내가 딸 하나라도 온전히 키웠을 수 있지 않을까 그런 생각도 하죠.

여자는 결혼할 때가 다르고, 임신할 때가 다르고, 출산할 때가 다르다고 한다. 결혼할 때는 사랑이 지속되리라는 낭만을 꿈꾸고 서로만을 바라본다. 그러다 아이가 들어서면 현실적인 고민에 봉착하면서 어떻게 최고로 양육할 것인지를 고민한다. 그러다 막상 출산할 때는 세상에 이런 고통이 있었나 싶을 정도로 지옥을 경험하게 된다. 중요한 것은 여성들이 망각의 힘으로 둘째, 그리고 셋째, 넷째를 낳는다는 것이다. 어떻게 출산의 고통을 잊을 수가 있을까. 내 입장에서는 그저 신기할 따름이다. 엄마, 아니 여성에게는 출산의 트라우마가 없을까. 궁금하다.

전　여기를 요렇게, 어머니 마음이라고 생각하면 지금 어떤 것들이 있는 것 같아요?

김　내가 건강했으면 얼마나 좋을까 하는 거. 아, 그때 내가 좀더 나이 어리고 건강했을 때, 그때 내가 하고자 했던 일들을 못했는데 하는 아쉬움, 그런 것도 있고. 요즘에는 '내가 자식을 이 정도까지 키웠는데, 나는 자식의 감정을 세부적으로 다 읽어주려고 노력하는데 자식은 지 나름대로 공부하고 왜 나를 몰라줄까' 이러는 거. 그러니까 엄마의 세부적인 걸 못 느끼잖아요. 그래서 서운할 때가 있지. '그냥 자식인 거지' 하고 생각은 하면서도 뭔가 쓸쓸함, 쓸쓸함이라고 해야 하나. 뭐 어떤 그런 거. 나는 이게 제일 무서워요.

전　그러면 추억이라는 건 뭐예요?

김　몸이 아플 때 많이 생각나는데, 옛날 일들, 그 어릴 적 감정들, 아빠하고 나하고 친구네 집 가서 술 먹고 아빠 등에 내가 업혀 오면서 쫑알쫑알하던 그때 그런 거. 어릴 때부터 내가 고등학교 정도까지, 어느 날 갑자기 주마등같이 추억이 솟아오르면서 꿈으로라도 다시 봤으면 좋겠다는 그런 생각? 갑자기 어느 순간에 막 생각이 떠오르고 하는 거. 어느 날은 내가

373

갑자기 창문을 보면서 끄집어낼 때도 있어요. '그래, 저 눈 보니까 그런 생각도 나네. 처마 밑에 눈이 많이 쌓였던 생각도 나고.' 혼자 그래요. 근데 나는 그런 생각을 해요. 추억은 정말 좋은 거다 이거지. '언제 눈이 왔어. 눈을 보면, 눈이 오면 공기가 맑아 좋아. 아, 우리 고향도 그랬지' 그래. 우리 고향 그러면 막 상상이 되면서 오는 거잖아요.

전   그 추억들이 떠올랐을 때, 내 마음속이 그려지면서 어때요?

김   기분 좋아요, 저는. 아픈 것보다는 좋은 것을 많이 상상하는 것 같아요, 나는. 내 생각에는 아픈 생각은 그렇게 떠오르지 않아요. 떠올리고 싶지도 않고. 근데 그냥 좋았던 일들, 눈 치우면서 좋았던 일들, 내 앞에 눈 다 치웠을 때 뭘 해냈다는 성취감? 부모님한테 칭찬받은 거, 어떤 기회 찬스를 가졌다는 것도 너무 좋았고, 동심 같은 그런 것도 있고. 그리고 뭐라 할까, 정말 많이 아플 때는 엄마 아버지가 제일 많이 놀라요. 그러고는 어디 먼 길 갔다 오시면 창문에다 대고 엄마가 쓱 들여다보시며 '왔다!' 막 이러면서 들어오시고.

전   그 추억이 굉장히 좋잖아요.

김   우리 집 뒤쪽에 작은 강이 있는데 강강 사이에다가 나무 다리를 이렇게 두 개 얹어놓고 거기다가 소래 같은 거 넣고.

전   소라? 소래?

김   소래.* 소래가 뭐냐 하면 여기에 있는 소래포구 그런 게 아니고. 바구니 말고 물건을 담을 수 있는 어떤 거. 뭔가를 무칠 때 쓰는 거랄까?

전   다라이? 그릇?

김   다라하곤 다르죠. 다라는 사투리죠. 그냥 그릇이라고는 안 하잖아요. 그 이름 없어요? 뭐 핑크 소래? 핑크 그릇도 있고 파란 그릇도 있고 뭐 색깔별로 있다 하면 그 담을 수 있는 소중대의 그릇을 보고 그냥 그릇이라고는 안 하잖아요. 왜 그 옛날에 시골에서 세수할 때 그.

전   세숫대야!(웃음)

김   그 '대야.' 그럼 다 대야라고 여긴(남한) 말해요? 소중대 대야 이렇게 말 안 하고? 그냥 그릇이라 해요?

전   대야는 보통 세숫대야예요. 얼굴 씻는 걸 대야라고 그러고, 보통 대야라고만 말하지 않죠. 식당에서는 그릇이라 해요.

———
● '소래'는 '대야'의 함경도 방언이다.

김　　그냥 그릇이라 그래요? 우리는 대야라고도 하지만 세수 전에, 그러니까 대야가 소래인 거예요, 소래. 내가 잘못 말하나? 맞는데? 우리는 소래라고 얘기했던 것 같은데. 소래. 하여튼 우리는 말할 때 소래에다 담아야지 이렇게 했던 것 같아요. 내가 기억을 잘못하는 건진 모르겠지만, 정확히 소래라고 했던 것 같고. 큰 소래, 소중대로 큰 것, 중간 것, 작은 것 뭐 이렇게 이야기했던 것 같고. 근데 왜 이 말이 나왔죠?(웃음)

　　소라든 소래든 대야든 소중대 대야든, 그게 나에게는 별로 중요하지가 않다. 사실 뭐라 잘못 말했어도 상관없었을 것이다. 왜냐하면 그 상황이 이해되고 맥락만 파악하면 되니까. 그런데 그녀에게 '소래'는 매우 중요한 단어다. 그 안에 추억이 담겨 있기에 그렇다. 그녀가 고개를 갸우뚱거리고 눈동자를 허공으로 보내면서 '내가 잘못 말했나?' '뭐였지?'라고 되뇔 때 불안한 기색을 보이며 살짝 어이없다는 듯이 웃었다. '소래'가 아니라면 그녀가 기억하는 추억도 어쩌면 온전할 수 없을 것이기 때문이다. 그래서 지금 이 순간에 소래는 소래여야만 한다. 그녀가 그 단어에 집착했던 이유는 여기에 있을 것이다.

전　　추억을 이야기하고 있었어요.

김　　아, 그렇죠. 근데 어머니 하니까 또 생각나는 게 있네요. 옛날 그 놋그릇 같은 큰 대야가 있었어요, 우리 집에 있었는데 거기다가 우리를 앉혀

놓고 목욕 시켜주던 생각, 막 그런 것도 떠올리게 되고. 또 때 안 밀겠다고 하니까 엄마한테 등을 철썩철썩 맞아가면서 눈물 찔찔 짜면서 막 울었던 거 생각이 나고요. 목욕 타올에 비누만 묻혔는데 창문으로 다시 들어간다고 했다가 아버지한테 붙잡혀 끌려나가 더 호되게 쳐 맞았던 거. 맞으면서 씻쳤던 기억도 나고요. 그런데 그게 정말 너무 좋은 것 같아요, 나는. 그런 좋은 추억들 때문에 안 좋았던 감정은 다 숨어버린다고 해야 되나? 그 정도로 안 좋았던 건 기억이 잘 안 나는데 좋은 것들만 기억이 나네. 그래서 어떻게 보면 저는 참 다행이라고도 생각해요. 내가 이렇게 컨디션도 안 좋은데 자꾸 안 좋은 감정만 불어나면 얼마나 더 다운이 되고 힘들었을까 싶어요.

전   추억을 정리하신다면?

김   좋은 추억도 있고 안 좋은 추억도 있지만, 내 안에 있는 거는 좋은 추억을 많이 불러일으키기 때문에 그런 면에서는 추억이라는 게 참 좋기도 하고 그래요. 그 추억 때문에 내가 또 조금 뭐랄까, 한 단계 더 발전할 수 있는 디딤돌 역할도 하고 그래요. 또 내가 그리는 그림 안에 희망이 다 들어갔을 때 상상과 행복, 희망을 꿈꿀 수 있으니까. 모든 게 다 포함된 상황이죠. 내 삶에 어떤 추억이 있고 그것들이 다 모아져 희망이라는 어떤 확실한 미래가 만들어지면 좋겠어요. 내 딸이랑 뭘 해야지 이런 것도 좋고. 그 자체가 희망이고 그렇지, 나에게는. 정말 이것으로써, 이것들로 내가 행복하게 되는, 그래서 내가 여기에 와서 어떤 행복을 많이 찾는 것 같아요. 가끔 한번씩 그런 생각을 해보잖아요. 자식을 키워오면서 슬펐던 일, 기뻤던 일, 너무 행복했던 일, 소중했던 시간들, 앞으로 꿈꿔야 될 시간들 이런 게 희망이라고 생각해요. 저는 이런 게 내가, 나를 지지해주는 에너지, 이런 게 되는 거죠.

사람은 시간 속에서 생성하고 소멸한다. 멈추지 않는 연속성을 지닌 크로노스Chronos의 시간 앞에서 인간은 결국 소멸할 수밖에 없다. 유한한 존재이니까. 하지만 우리에게는 카이로스Kairos의 시간도 있어서 추억을 더듬을 수가 있다. 특정한 순간에, 그러니까 삶에서 유의미한 순간이 발생했을 때 우리는 무언가를 생성할 수 있다. 일전에 한 여성은 서른 즈음에 남편을 떠나보냈다. 남편의 사인은 암이었는데, 그가 죽기 전 마지막으로 함께 여행을 떠났다고 했다. 그때 남편은 아무 말 없이 아내의 손을 한 시간 정도 잡고 나무숲 길을 걸었다고 한다. 그 후 기적은 일어나지 않아서 남편은 저세상으로 떠났다. 그런데 아내가 남편을 보내고 나서도 40년 동안을 혼자서 자식 키우고 살아갈 수 있었던 것은 바로 40년 전 남편이 나무숲 길에서 자신의 손을 잡아주었던 그 시간, 그 촉감, 그 추억을 간직한 덕분이었다. 인간에게 카이로스의 시간이 있다는 것은 얼마나 큰 축복이자 위로일까.

전　　따님이 선생님께는 삶의 의미이자 살아가는 이유라고 생각돼요.

나를 살아가게 해주는 이유요. 그렇다면 가정 밖에서는 어떤 것이 있을까요?

김   밖에서 내가 힘을 얻을 수 있는 에너지 원천 같은 것들이라. 어떤 분들은 종교가 될 수도 있고, 그니까 교회가 되고 절이 될 수도 있고 그렇겠죠. 또 어떤 분들은 하나원에서의 생계비 지원이 되기도 하고, 경찰서에서 주는 하나로마트 상품권 같은 것이 될 수도 있고. 그런 게 도움이 되고 힘이 되기도 하고, 따지면 한도 없이 많죠. 우리나라 민주주의 체제, 자유민주주의, 우리나라의 정책이 굉장히 좋기도 하고. 그게 나한테 자유를 주니까. 뭐 문화부터 복지관 어떤 프로그램까지도 그렇고. 환경이라는 건 굉장히 많잖아요?

전   그중에 몇 가지만 선택한다면 어떤 것이 있어요?

김   교회도 좋죠. 교회, 그다음에 복지관도 도움 많이 되고, 그다음에 경찰, 그리고 이웃들. 뭐 이렇게? 내가 처음에 왔을 때 교회를 접했잖아요? 교회 성경책에 나오는 글들이 다 좋았고요. 그 글의 가르침을 전달하는 사람도 인간이고 나도 인간이에요. 그런 과정을 내가 교육을 받고 세상, 우리 사람들이 사는 세상을 봤을 때 교회라는 거는 정말 좋은 데 같아요. 선한 사람, 악한 사람 모여서 다 회개할 수 있고 또 회개하면서 다른 누군가를 도와줄 기회가 생기니까, 이런 게 너무 좋은 것 같아요.

전   교회 다니세요?

김   옛날에는 다녔어요. 근데 지금은 내가 거리를 두고 있는 편이라서. 근데 이 교회 자체는 좋은 것 같아요. 힘도 많이 되었고 그런 분들이 있어서 오늘의 내가 있었다는 생각이 들어요. 이런 교회라는 게 있기 때문에 어떤 법을 떠나서 내가 뭘 지키면서 살아갈 수 있지 않을까 싶어요.

전   그때 어떤 도움들을 받으셨어요?

김   어떤 기도의 힘들도 있었고, 내가 하는 것에 대해 나누고자 하는 그런 마음들, 위로도 있었고. 뭐 경제적으로 자기들이 헌금을 내서 어떤 사람들에게 조그마한 보탬이라도 되고 싶어하는 그 노력들.

전   북한은 교회가 공식적으로 없죠?

내가 알기로 북한에는 공식적인 교회가 없을 것이다. 그곳의 신은 김씨 일가가 될 테니까. 「십계명」의 첫 구절에 나와 있는 것처럼, '너는 나 외에 다른 신들을 네게 두지 말라'고 했으니까. 북한에서 김씨 일가 외에 또 다른 신을 섬기는 것은 용서가 안 될 일이겠다. 우상화, 신격화를 위한 세뇌 교육이 얼마나 무서운지 알 것 같다.

김　없죠. 그래서 남한에 왔을 때 생소했죠. 그런데 교회 성경에서 나오는 걸 그냥 듣는 거하고 내가 직접 메모하면서 그에 대해 깨달음을 얻는 거는 분명히 차이가 있더라고요. 처음에는 적었어요. 앞에서 얘기하는 거를. 그때 나는 메모하는 습관이 있었으니까. 뭐 마태복음 몇 장 몇 절에 이런 게 있다, 이런 구절이 있다 하면 그것을 메모해요. 메모한 책자 하나를 버릴 때마다, '아, 내가 그런 얘기도 들었었지' '아, 내가 이런 노래도 불렀었지' 그러면서 조금씩 조금씩 교회에 대한 관심이 점점 넓어졌고 그랬죠. 교회에 나가서 지인들을 만나 대화를 나눠보고 그들이 느끼는 감정, 뭐 어떤 걸 통달했을 때 쭉 지켜보면 정말 천사인 사람들인 것 같고 그래요. 사회가 정말 성경 책자대로만 움직인다면 너무 좋겠다는 생각을 했어요. 내가 이게 교회를 처음 접한 게 여기가 아니고 캄보디아였어요. 우리가 잠시 머무르는 시간에 캄보디아에 있었어요. 한국으로 올 때 보통 제3국을 거쳐 오잖아요, 중국과 캄보디아 이런 데. 그때 캄보디아 교회에서는 성경책이 많지 못하다보니까 앞에서 서술식으로 얘기를 쭉 해요. 그러면 경청하는 사람은 경청하고 메모하는 사람은 메모하고 중요한 걸 불러주면 다 같이 메모하고 그러면서 접했는데 글이 너무 좋은 거예요. 글귀들이 너무 좋고. 어떤 주체사상에 대해서, 김정일 가문에 대해서, 역사에 대해서 배우듯이 이것도 하나의 정신과 사상을 배우는 거라서 너무 좋았어요. 그때 접한 것이 여기 와서도 있었고, 여기 와서 보니까 실제 사람들이 또 삶을 그렇게 살아가고 있고 하니까 '아, 교회라는 것이 이런 거구나' 하고 느꼈죠.

전　근데 캄보디아에서는 어떻게 교회에 가시게 되었어요?

김　저희가 머물렀던 곳 자체가 교회였어요. 그곳에 목사님이 계시다보니까 자연스럽게 접하기도 하고 예배를 드리기도 하고 그랬죠.

전　그렇군요. 또 어떤 게 도움이 되던가요?

김　복지관은 제가 전에도 잠깐 얘기했는데 자그마한 곳이라도 우리가 생활상 정보를 가장 빨리 알 수 있는 곳이에요. 우리가 '이런 거 있는데 어떻게 해야 되죠?' 물으면 복지관 선생님들이 저희 때문에 고생하면서 알려줘요. 어떻게 보면 사회복지 중 저희가 제일 취약계층이니까 우리에 대해 세심히 관리하겠죠. 그 때문에 복지가 이루어지는데, 거기서 제일 고마운 것은 작은 거 하나라도 주려고 하는 게 있어요. 저희가 접시가 있어요, 뭐가 있어요. 무일푼에서 시작하려고 하는데 작은 거 하나라도 돌려주려고 하는 게 좋았어요. 그리고 우리가 힘들 때 찾는 게 복지관이잖아. 여기 달려오면 뭔가 해결할 수 있을 것 같고, 뭔가 내 얘기를 들어줄 수 있을 것 같고.

전　또 없어요?

김　그리고 경찰이요. 어떻게 보면 경찰이 법이고 법이 경찰이잖아요.

큰 거로 보면 그렇다는 거죠. 제가 처음에 여기 와서 안정을 느꼈던 게 경찰 덕분이에요. 왜냐하면 지금 우리가 얘기하는 국가 공무원? '나라의 녹을 타 먹는 사람은 나쁜 마음보다는 좋은 마음이 더 많을 거야' 이런 생각을 해요. '이런 사람들은 준비된 사람들일 거야'라는 믿음, '이런 사람들은 우리를 해치지 않고 도우려고 할 거야' 이런 어떤 신실한 믿음 같은 게 있어요. 그래서 이런 사람들에게 내가 '이번에 뭐 없어요?'라고 편하게 얘기해요. 근데 복지관은 또 아니에요. 많은 사람을 수용하기 때문에 이런 얘기를 못하지만 뭐 담당 형사 이런 분들 있으면 그냥 얘기해요. 예를 들면 '우리 너무 힘들어요' 이렇게 터놓고 얘기할 수 있고, 또 사는 게 힘든 것뿐만 아니라 경제적으로 '밑 빠진 독에 물 붓기다' 뭐 이렇게도 얘기했어요.

전   자주 만나지는 않으셨어요?

김   저는 많이 만나지는 않았어요. 뭐 삶의 과제나 숙제는 제가 해결해야 되는 거지. 이분들은 제가 정말 가볍게 만나는 거고. 이분들도 다 자기들 일이 있잖아요, 어떤 영역이 있고. 그냥 만났을 때만큼은 투정 삼아 편하게 할 수 있는 어떤 그런 거, 그런 든든함. 그냥 이렇게 얘기해도 '아, 그럴 수 있겠다' 이렇게 편하게 대해주니까. 이분들은 뭔가 확실하게 준비된 사람들이고, 뭔가 이렇게 우리들의 얘기를 잘 들어줄 수 있는 사람이라고 믿어요.

전　담당 형사가 좋으셨나봐요.

김　점잖은 분이셨죠. 남들은 담당 형사한테 가서 '왜 이건 이렇고 저건 저렇냐, 왜 사건에 대해 얘기가 없냐'고 하는데 저는 그냥 형사님들한테 이런 거를 다 얘기 안 해요. 형사님도 하시는 일이 있는데 이렇게 다 얘기하면 얼마나 힘드냐는 거죠. 그거는 내가 알아서 해야 하는 일이지, 그걸 내가 형사님한테 얘기해서 풀어야 할 숙제는 아닌 것 같습니다. 근데 단, 이거는 있어요. 내가 시간 내서 형사님 만나 어떤 상담 하면, 내가 시간을 투자하니까, 그 시간은 내 시간인데 아까우니까 '뭐 이제 좀더 주시는 선물 같은 거 없으세요?' '저희 배려 차원에서 뭐 없으세요?' 이렇게 가볍게 물어보는 거지, 거기에 목적을 두지는 않아요. 원래 담당이 정해져 있는데 그게 바뀌더라고요. 예전엔 아니었는데 지금은 바뀌어서 다른 분이 들어오셨고. 그래서 전화만 주시고 그러세요. 자주 들르시는 건 아니고 가끔 한 번씩. 행사 때나 모임 때 '무슨 뭐 장학금 나왔다' 그럴 때 많은 도움이 되잖아요. 앞으로 장학금 15만 원, 5만 원, 20만 원 주는 거, 그것도 우리 생활비에 비하면 어마어마하게 큰 거예요. 그것도 고맙고. 저분들도 분명히 사업상 필요한 것도 많을 텐데 예산을 다 우리에게 돌려준다는 것도 고맙고.

전　또 고마운 게 뭐가 있을까요?

김　참 이웃도 고맙지. 내가 여기 와서 만나고 스치고 지나가는 이웃들,

그 사람들이 있기에 내가 사는 이유를 알고 있잖아요. '아, 내 혼자 살면 이 세상에 무엇이 있으랴' 하고 생각해요. 그냥 사람들하고 같이 어울리기 때문에 좋든 싫든 내가 싸우든 기분이 안 좋든 너무 지쳐서 쓰러지든 간에 그들 때문에 아파하고 힘들어하고 이럴 수 있다는 거죠. 그것만으로도 감사하고 그냥 이 자체가 좋은 것 같아요.

조용한 심산 한 떨기 꽃처럼

마지막 인터뷰 날이다. 엄마가 차려준 정갈한 아침 식사를 하고. 그녀를 만나러 간다. 가족들은 내가 북한 사람 만나는 것을 별로 좋아하지 않는다. 나를 제외하고 가족들은 북한 사람이 위험할 수 있다고 생각하는 것 같았다. 하긴 그들 세대에게 북한 이미지가 좋을 수 없을 테니까. 정말로 빨간 망토를 두르고 머리에 뿔이 달린 괴수가 사는 동네라고 믿었을 수도 있으니까. 그래서 편견과 선입견, 세뇌 교육이라는 게 무서운 거다. 그런데도 나는 청개구리 심보를 타고난 덕에 가족들이 바라는 바와 다르게 달려왔다. 그들의 염려를 뒤로한 채 차를 몰았더니 벌써 복지관 앞이다. 오늘은 마지막 인터뷰이기에 연구 주제도 잘 잡아야 하고, 그녀와 멋지게 인사도 해야 한다. 모든 일에 빈틈이 없어야 할 텐데 걱정이다. 가끔 이런 강박이 몰려올 때면 오히려 일을 그르친다. 조금 더 잘해내고 싶은 욕망은 누구에게나 있을 테니까.

전   어머니는 스스로 어떤 사람이라고 소개하실 수 있어요?

김   그냥 뭐, 내가 나를 표현하면 심산, 깊은 산속에, 그냥 조용히 누가 보지 않는 곳에서 핀 한 떨기 꽃 같은 존재? 그냥, 조용히. 응, 그냥. 그러다가 어느 누가 선뜻 지나가다 보고 '어머, 꽃이 예쁘다' 하는 거. 지나치게 화려하지도 않고, 또 너무 보기 안 좋은 것도 아닌, 그런 이미지? 그러니까 조용한 심산에 피어 있는 한 떨기 꽃 같은, 나는 그런 이미지인 것 같애. 그러니까 큰 아름드리나무보다는 응, 그냥 길 가다가 사람들이 보기도 하고 그런 거. 나무도 막 이렇게 무성한 거 있고 그렇잖아. 그런데 나는 그냥 막 꼿꼿하게 있는 거. 그러면서도, 있는 듯 없는 듯하면서도 그 자리만큼은 사람들이 한 번쯤은 기억해주는 거. 그래서 나중에 그 사람을 찾아가보고 싶은 사람? 그런 여운을 주고 싶은 것 같아요, 스스로가.

전   비유가 멋있는 것 같아요.

조용한 심산에 피어 있는 꽃 한 송이. 그 꽃을 한 번도 보지 못한 사람은 있어도, 한 번만 본 사람은 없을 정도로 조용히 여운을 주는 꽃이 되고 싶단다. 예쁘고 가녀려서 쉽게 꺾지 못하는 꽃, 그저 바라만 봐야 하는 꽃, 그런 꽃이자 사람이 되고 싶단다. 아놔~ 도대체 언제까지 예쁜 척을 하실지. 어쨌든 그녀와 다르게 나는 큰 백향목이 되겠다고 생각한다. 산에서 가장 두드러져 보이는 백향목. 그만큼 나는 욕심이 많아서 많은 걸 성취하고 싶고 이름도 널리 알리고 싶다.

김   아까도 집에서 나오는데 찬 공기를 마시니까 좋았어요. 그 찬 공기가 있고 그 바람이 있어서 내가 행복해지는 느낌이 들어요. 여름에는 자동차 타이어가 막 타는 냄새, 그리고 막 이글거리는 도로, 거기에 부대끼면서도 사계절이 있어서 고맙다는 느낌이 들어요. 눈이 올 때도 막 가끔 그런 생각하는데 너무 좋은 거야. 누가 나보고 '언니 추우니까 너무 싫지?' 그렇게 해도 나는 '아니야'라고 말해. 왜냐하면 나는 이 바람과 차디찬 매서운 바람이 너무 좋아. 왜 좋으냐면 여름에 후덥지근했던 공기를 다 씻어 내려놓는 것 같고 그 맑은 공기 덕분에 내가 호흡을 할 수 있다는 게 너무 행복해. 그러면서 내 스스로가 막 눈을 감고 들이키고 숨 쉬고 이러는 게 좋아. '아, 정말 사계절 있는 이게 행복하구나' 싶어요. 그러니까 막 옛날에는 눈이 오면 괜히 좋아요. 저는 사계절에서 제일 좋은 계절이 언제냐고 물어보면 겨울이라고 해요. 어릴 때도 겨울이 좋았고, 그 추운 지방에 살면서도 겨울이 좋았고, 여기 와서도 늘 느끼는 감정이 '눈이 왔으면 좋겠다, 비가 오면 좀 쓸쓸한데 눈이 오면 왠지 기분이 좋겠다' 그래요. 눈이 다 와서 쌓이고 하면 나중에 봤을 때 모든 것이 하얗게 되잖아요. 정말 산도, 모든 게 다 하얗게 됐을 때 그 느낌이 뭐 같으냐면, 모든 게 다 정화되는 거예요. 정말 세상 모든 것이 다 정화되는 느낌. 이 눈에 자연스럽게 녹아내려서 모든 게 다시, 새로운 것이 막, 응? 그런 기분이 들어서 너무 좋아요. 그래서 이제 길을 가다가 혼자서 막 중얼중얼해요. 뭐라 하냐면, 내가 이 눈을 맞을 수 있어서 너무 좋고, 눈이 온 다음 날에 내가 이 길을 가는데 공기가 너무 맑으니까 내가 숨 쉴 수 있어서 너무 좋다고.

그녀는 좋은 느낌을 얘기하면서 '막, 응?' 이런 표현을 굉장히 많이 썼다. 좋은 감정을 표현하고 싶은데, 그게 잘 안 되기 때문이라고 생각했다. 세월이 지난 탓에 북한어를 잊은 것도 있겠고, 남한에 적응하는 기간이 짧아 이쪽 표준어인 적절한 단어나 어휘를 순간적으로 떠올리지 못한 탓도 있겠다. 그런데 나는 그녀의 이런 서툰 표현이 아름답다고 느꼈다. 비록 순화되지는 않았지만 '날것 그대로의 언어'였기 때문이다. 예를 들어보자. 우연찮게 사랑하는 사람이나 이상형을 만났다면 우리는 상대방에게 '사랑해'라는 표현을 쉽게 내뱉지 못한다. 사랑은 말로 전달되는 게 아니라 그저 느껴지는 것이다. 이처럼 그녀에게 좋은 감정, 좋은 풍경이란 '좋다, 아름답다'가 아니라 '막, 응?'처럼 그냥 느껴지는 것이다. 그러니 얼마나 아름다운가.

전　그렇게 좋으세요?(웃음)

김　막, 응? 추운데도. 막 손이 얼어붙고 막 입김이 나오는데도 너무 좋은 서예요. 그래서 갑자기 생각나면 또 막 글을 적어요, 휴대전화에다 메모지에다 막 적어서, 대충 적은 글이지만 또 내가 적었다는 데 의미가 있기 때문에 보고 또 보죠. 남들이 봤을 때 '뭐니 너, 그거 괜한 소리 아니야? 야, 너무 일반적이잖아' 그래요. 근데 이건 막 순수한 내 감정이잖아. 막, 응? 그냥 좋은 거잖아요. 그러니까 똑같아도 할 수 없어요. 이건 막, 응? 내 감정이니까. 그래서 혼자서 보고 또 보고, 막 그걸 지우지 않아.

내가 만약 언어의 연금술사였다면, 저 '막'과 '응?'을 멋지게 풀었을 것이다. 말로 글로 무언가를 적확하게 표현한다는 것은 실로 어려운 일이다. 그러나 외마디 비명 같은 저 두 글자에 그녀가 숨 쉬는 이유가 담겼으니 이 얼마나 경이로운가. 소녀 같다고 느꼈던 내 예감이 어느 정도 맞아 떨어졌다.

전　　어머니, 소녀 같으세요.(웃음)

김　　이번에도 또 이렇게 막 눈이 왔는데 너무 좋은 거야. 눈이 오면 집 안에 있을 때하고 베란다에 딱 나갔을 때 그게 확연한 차이가 있잖아, 너무 춥다고 하는데도 밖에 보이는 도로에 비친 그 눈을 보면 너무 좋아요.

전　　눈에 대한 좋은 추억도 많으신가봐요.

김　　그럴까요? 그래서 그런가? 모르겠어요. 아직 다 기억나는 게 없는데.

전　　겨울에 태어나셨어요?

김　　아니죠. 저는 초봄에. 4월인데, 제가.

전　　태어난 날도 아닌데.

김　　그죠. 그런데도 겨울이 좋아요. 사계절 중에 제일 좋은 계절이 언제 냐고, 막 이렇게 서울 친구들이 물어보면 겨울이라 그래요. 그 사계절에 대한 어떤 스토리가 있잖아요. 봄은 뭐다 여름은 뭐다 가을은 뭐다 막 이러는데, 괜히 저는 겨울이 좋더라고요. 저는 겨울이 좋은 것 같아요. 그리고 막 음력설이다 뭐다 하면서 맘 설레는 것보다는. 성탄절이 막 오고 이럴 때 정도가 조금 가슴이 설레고 그렇지 뭐. 막 고향 생각도 나고 막 왠지.(웃음) 모르겠어요, 나도.

전　　어쨌든 겨울?

김　　겨울 좋아요, 전.

전　　근데 겨울 얘기가 왜 나왔죠? 인생 스토리를 하면서.

김　　응응, 인생 스토리를 얘기했어요. 나는 어떤 사람일까, 어떤 유형일까. 그리고 내가 지금 가지고 있는 생각이라든가 내가 나를 몰랐는데 조금 알 수 있는 생각이라든가, 아 나는 이런 사람인 것 같다, 그런 얘기하고 그랬죠. 선생님하고 막 얘기를 하는데, 질의응답 식으로 우리가 얘기를 주고 받기는 했지만 내 얘기를 막 많이 했던 것 같아요.

전   그래요, 맞아요. 다시 곱씹어보면 '아, 나한테도 참 행복했던 시절이 너무나 많았구나, 그리고 내가 지금 삶도 예전의 삶처럼 그 삶을 추구하고 있구나, 그냥 애를 쓰는구나' 하는 느낌이 들었어요.

김   그래서 '나는 아직 죽은 게 아니네. 나는 내가 다 완전히 완전히 완전히 다운돼서 나를 건질 수도 없고 뭘 할 수도 없다고 생각했는데 아니구나, 뭔가 나는 아직 할 수 있는 존재구나' 그런 생각이 들더라고요. 그래서 '아, 그래. 내가 좀더 뭔가 더 노력해야 될 때인 거지 아직은. 내가 아직 다 포기할 수는 없다'는 이런 생각? 그런 게 나 스스로한테 고마웠던 거예요. 좋은 벗들도 많았고, 정말 내 인생에 잠깐이라도 스쳐 지나갔던 모든 이들이 고맙고 감사했고. 왜 내가 지금에 와서야 그 감사함을 알지? 그 얄팍한 인간의 그 감정, 그게 대립이겠죠? 그런 걸로 해서 내가 나를 많이 참고 인내하고 막 이럴 때가 있어요. 근데 그게 나는 별로 좋았던 게 아닌 것 같아요. 그렇게 지나오다보니까, 마음에 탑을 쌓는다고 할까? 그게 좋은 탑이어야 하는데 안 좋은 탑이었거든요.

'겨울이 좋다'는 그녀에게 '겨울에 태어났냐?'고 물었다. 참으로 어리석은 질문이 내 입에서 나와버린 것이다. 그녀의 이야기에 몰입하다보니 맥락이 없고 엉뚱한 질문을 했다. 겨울에 태어나서 되레 겨울을 싫어할 수도 있는데 말이다. 그런데 그 어리석음이 그녀의 추억을 여과 없이 끄집어내는 데 도움이 되었다고 생각한다. 내가 그녀의 말에 반응하고 호응해주었기 때문이다. 그녀는 자신의 이야기를 내뱉으면서도 내 평가가 궁금했던 모양이다. 그래서 급히 내게 질문을 하는 것이었다.

김 이 사람은 색깔로 표현하면 어떤 색인 것 같아요, 저 말이요.

전 아, 어머니요? 어려운 질문이군요. 음…… 뭐랄까. 음…… 백합 색깔.

김 백합?

전 백합 아세요? 백합 꽃, 하얀 꽃 있잖아요. 그 하얀 색깔 같아요. 순수함이 느껴지고, 동화에 나오는 소녀 같다고 해야 될까요? 흰색은 아니에요. 흰색은 자연색이 아니니까. 아주 그 뭐라 그러지, 예쁜 하얀색 있잖아요. 그 꽃이 갖고 있는 본연의 하얀색. 그런 느낌? 어머니 스스로 생각하실 땐 어떤 색 같아요? 어떠세요?

김 나는 내 마음에 어떤 색깔이 있는지 모르기 때문에 선생님한테 질문한 거예요. 궁금했어요. 소녀 같은 마음이 내 안에 있구나.

전 그럼 무슨 색깔이 되고 싶어요? 선생님이 바라기에는?

김　내가 생각할 때 색깔, 제일 좋아하는 색깔이 뭐냐면 난 녹색이라고 말하고 싶어요. 그게 가장 좋거든요. 나무처럼 시원하고 좋고 편하다는 느낌. 그래서 내가 여기 그린공원에 자주 가요. 거기 가면 막 봄에 꽃을 막 가꿔놓잖아요, 그 꽃이 정말 마음 치료가 많이 되더라고요. 내가 막 속상하고 우울증 와서 스트레스 받고 그러면 우선 그 꽃을 보러 가요. 계속 꽃 들여다보다가 또 돌아가고, 사진도 찍었다가 그러고. '내가 너를 보면서 웃네' 속으로 이러고. 사람들 있거나 말거나 꽃만 들여다보고 있어요. 그럴 때는 '야, 남들은 그냥 무심히 지나가는 이것들이 내 눈에 들어오는 걸 보니 내가 단단히 병이 들었구나' 이런 생각이 들어요. 계속 거기만 눈길이 가잖아요. 막 걷다가도 그 아스팔트에 핀 민들레꽃 한 송이도 내 눈엔 그저 가볍게 안 보이거든요. '어머나, 예쁘다. 와, 예쁘다. 저거 누가 뽑아가면 안 되는데' 그런 마음이 들어요. 그런 적 있었거든요. 녹색이 좋아요.

갑자기 그리스 로마 신화에 나오는 나르키소스가 생각났다. 복수의 여신인 네메시스의 저주를 받아 물속에 빠져 죽은 나르키소스 말이다. 복수의 여신은 나르키소스가 자신을 사랑하도록 만들어버린다. 그래서 물속에 비친 자신의 모습을 보고 반해 물에 빠져 죽는다. 그녀가 꽃을 바라보며 사랑의 감정, 좋은 감정을 느끼는 병에 걸린 것 같다고 해서 그랬다. 어쨌든 그녀는 녹색을 좋아했다. 녹색이 시원하고 편안하다고 했다. 그런데 생각해보니, 그녀가 꽃을 자세히 들여다보는 병이 들었다고 했는데, 나는 거꾸로 꽃을 보고도 아무 감흥이 없는 사람들이 병들었다고 생각했다. 자연이 주는 고마움을 느끼지 못한 게 더 큰 병이 아닐까 싶다. 요즘 우리 세대는 꽃보다 스마트폰에 더 익숙해져 있다. 자연미보다 인공미나 디지털 미美에 더 빠져 살고 있다. 게다가 세상까지 바쁘게 돌아가니 우리는 꽃을 한참 동안 들여다볼 여유가 없는 것이다. 두드리고 만지고 연결하면 모든 게 이루어지는 세상에서 자연에게, 꽃에게 안부를 묻는다는 것은 미친 일일 수도 있다. 치열하게 사는 사람들에게는 그녀의 행동이 마치 공주병에나 걸린 것처럼 보일지 모르겠다. 백합과 같은 순수함을 우리가 더럽히고 있지는 않은지 생각해볼 필요가 있겠다. 그 안에 우리의 얼룩진 초상이 있지는 않을까. 그러니 가끔은 고개를 들어 하늘을 바라보고 돌담길에 이유 없이 핀 꽃에게도 안부를 묻는 여유를 갖자. 나와 내가, 자연과 내가, 그들과 내가, 우리와 내가 연결되는 소통의 꽃이 지금 필요할 때다.

연구 노트는 질적 연구에서 연구자가 참여자들의 담화록을 해석하고 분석할 때 참고하는 말 그대로 연구 노트다. 보통 당일 참여자를 만나고 오는 날 기록하고, 그 상황과 분위기를 남긴다. 기억은 망각되고 왜곡되므로, 담화록 해석의 신뢰성을 담보하기 위한 하나의 방법으로 활용한다.

연구 노트

마로니에 공원에서 만난 김미숙 언니와 그녀의 친구

언젠가 김미숙 언니가 마로니에 공원에 가보고 싶다고 했다. 그 부근 학교를 다녔던 터라 그 공간은 내게 익숙했다. 우리는 마로니에 공원에 놀러가기로 했다. 아, 이제 그녀도 마음을 열어 내게 진심이 통하는 북한 친구 한 명이 생기는가 했다.

혜화역 5번 출구. 난 그녀와 약속을 했는데, 한 명 더 나왔다. 내게는 말도 없이. 친한 북한 친구라고 했다. 그 순간 게임에서 밀린 듯한 느낌. 그녀와 더 친하게 좋은 친구로 우정을 나누고 싶었다. 북한 여자 두 명. 그녀는 왜 친구를 데리고 나왔을까. 커피를 마셨다. 낯선 사람을 예고도 없이 만나는 일을 싫어하는 성격이기에 난 별로 할 말도 없었다. 그냥 시시한 이야기들로 시작했다. 이 근처 학교에서 7년을 있었고, 난 연구자고 강의도 한다는 그런 이야기들. 그러더니 그 둘은 진로 고민을 털어놓았다. 대학을 가야 하는데 특별히 무엇을 좋아하는지 모르겠다, 계속 식당 일을 하기도 그렇다 등등. 이 둘은 진로 상담을 받기 위해 나온 것이었다. 내 직업이 상담사인 걸 알았으니까.

눈이 큰 그녀와 단둘이 아이스크림을 먹고 사진을 찍고 여유 있게 걸으면서 북한 얘기를 더 깊이 알고 싶었던 터라 실망스러웠다. 셋이 두리번두리번 마로니에 공원을 걸었다. 걷다 보니 의외로 기분이 상쾌해졌다. 그 둘은 건물 앞에서 사진을 많이 찍었다. 건물을 보며 감탄하는데 그 광경이 내겐 낯설었다. 그러면서도 익숙하게 접했던 건물을 다시 한번 올려다봤다. 특이한 건 별로 없었는데도 건물을 바라보는 그들은 마치 소녀가 된 듯 기뻐했다. 뭔가 코드가 맞지 않는다고 느껴졌다. 끝내 참지 못하고 난 물었다. "뭐가 그렇게 좋아요?" 건물이 예쁘고 멋있다고 했다. 그 둘은 건물을 구경하고, 난 그녀 둘을 구경했다.

그러면서 내 연구에 참여했던 북한 언니 한 명이 묻는다. "선생님은 상류층인가요?" 난 지금까지 이런 유의 질문을 앞뒤 맥락 없이 받아본 적이 없다. 그 질문은 내게 매우 생소하고 낯설게 다가와 아무 말도 못했다. 난 상류층이 아니기 때문에 사람들이 질문하지 않았던 걸까. '난 중산층이에요'라고 말하려다보니 상류층, 중류층, 하류층의 경계는 무엇이며, 그 질문을 한 그녀에게 상류층은 어떤 의미인가 이해하지 못해 답할 수 없었다. 그녀는 나를 부러워했다. 남한에서 태어난 사람이고 가족과 친지들을 언제든 만날 수 있기 때문에. 말투가 온전히 한국 사람이기 때문에. 가방끈이 긴 것도 부럽다고 했다. 그녀는 나를 '상류층'으로 여겨 이를 정확히 확인하고 싶었던 걸까? 그녀의 마음을 확인할 길은 없다. 그녀가 다시 묻는다면 이렇게 말해주고 싶다. 난 상위 1퍼센트는 아니지만 하고 싶은 일을 하며 해야 할 것이 많음에 감사한 생활을 하고 있노라고 말해주고 싶다. '잘사는 것'보다 다른 사람들을 '잘 살게 해주는 사람'이 되고자 하는 사람이라고 자세히 말해주고 싶다. 그렇게 그녀와의 1:1 미팅은 1:2 미팅으로 끝났다.

아침의 감사

아침 인터뷰. 커피가 필요했고, 우리 둘은 눈이 부었다. 커피를 마시며 한 주를 잘 지내셨냐고 물었다. 차를 마시며 그녀가 말했다. 아침에 일어나 딸을 옆에서 볼 수 있는 것에 대한 이야기다. 아침에 오실 만했냐고 묻자 그녀는 '아침에 일어나 딸을 볼 수 있어 감사하다'는 다른 말을 했다. 이해가 됐다. 두만강을 건너왔으니, 간절히 바랐던 딸을 데려와서 같이 살고 있으니 머리로는 이해가 됐다. 그럴 만하다. 그녀의 큰 눈동자에서 아침의 감사가 찬란하게 빛나고 있었다.

그녀의 말에 비친 나의 아침을 봤다. 피곤에 찌들어, 욕망에 사로잡혀 오늘도 뭐든 잘하려고 했다. 남보다 더, 남보다 더 많이. 아침 식탁에 차려진 음식은 그냥 먹어치워야 할 음식으로, 대충 먹고 일했다. 물론 감사하다. 일용할 양식과 가족들, 가야 할 곳이 있고 건강하다는 건 축복임을 잘 알고 있다. 그녀의 말을 통해 알게 된 건 마음의 감동이다. 마음의 감동을 느껴본 지 꽤 오래된 것 같다. 무엇이 마음을 감동시켜줄 것인가. 고민해봐야겠다.

인터뷰를 마친 후 식사 자리에서

혼신의 힘을 다해 인터뷰에 참여해준 다섯 분의 북한이주여성이 고마웠다. 그들은 연구에 크게 관심을 가져주었고 소정의 교통비를 받으며 흔쾌히 인터뷰에 응해주셨다. 인터뷰 과정에서 서로 정이 들었던 모양이다. 헤어지기 아쉬워했고 함께 식사를 하기로 했다.

그들에게 어느 식당이 좋겠냐고 물었다. 그중 한 명이 복지관 근처에 푸짐하게 먹을 수 있는 식당이 있다고 해 곧 그곳으로 이동했다. 이층 계단으로 올라가니 연말인데도 불구하고 동네의 작은 식당은 한산했다. 키 큰 주인 아저씨가 반겨주었고 우리는 좌식 형태 식당의 한산해 보이는 한편에 자리를 잡았다. 그곳은 독립된 방 형식은 아니었지만 우리끼리 충분히 웃고 떠들 수 있는 곳으로 보였다.

싱그러운 채소와 푸짐한 음식들이 차려졌다. 그야말로 진수성찬이었다. 우리는 그간 몰입해 인터뷰에 집중한 서로에게 위로를 건네듯 진행했던 인터뷰가 어땠는지, 불편한 건 없었는지, 처음 만났을 때 어땠는지 허심탄회하게 이야기했다. 그들은 말을 하면서 자신의 속 깊은 이야기를 난생처음 끄집어내서 좋다고 했다. 아차, 이건 상담이 아닌데…… 갑자기 그들이 상담을 받은 것처럼 이야기해 헷갈렸다. 그렇다면 또 어떤가. 그들의 속이 시원하다는 것 하나만으로도 만족스러웠다.

난 그들에게 연구의 포부(?)를 밝혔다. 향후 남북이 통일되면 사회문화 통합의 국면에서 해결해야 할 갈등이 많고, 정부는 정치와 경제에 초점을 둬왔기에, 사회문화 통합과 관련된 연구가 매우 필요하다면서 말이다. 특히 다른 어떤 영역보다 문화 영역에서의 조화는 시간이 많이 걸릴 텐데 당신들이 먼저 온 사람들로서 매우 의미 있는 일에 참여했음을 선포했다. 희망과 꿈이 '나'와 '그들'을 하나로 묶어주었다. 그들은 동참할 테니 앞으로도 북한에 관해 궁금한 건 뭐든 물어보라고 했다. 자신들의 경험에 국한된 이야기지만 주변의 또 다른 하나원 선후배들을 소개해줄 수 있다며 큰 의지를 내비쳤다.

약 1시간 반 동안 한참 이야기 나누던 중 오른편의 한 여성이 눈에 들어왔다. 샤브샤브집에는 월남쌈에 찍어 먹는 소스통들이 있는데, 이 집에는 땅콩소스, 칠리소스 등 몇 종류를 넣어둔 통이 있었다. 그 소스통이 그녀가 앉은 식탁 한쪽 모퉁이 속으로 쏙 들어가는 거 아닌가. 그 순간 난 옆 테이블에서 우리를 보고 있는 것 같은 기분이 들었다.

그때 난 경계선에 서 있었다. 그들로부터 나를 분리하기 시작했고, 예의를 지켜줄 것과 목소리를 작게 해줄 것을, 혹은 말투를 바꿔줄 것을 요청하고 싶었다. 난 어쩔 수 없이 그들이 불편했고 옆 테이블의 시선도 불편했다. 난 그렇게 누구의 편도 아닌 '연구자'로 그 자리에 머물렀다.

북촌 여행, 쌍화차

난 인터뷰에 응해준 북한이주여성 5명에게 아름다운 북촌을 보여주고 싶었다. 사계절 다르게 느껴지는 북촌이 난 좋다. 겨울이었지만 그리 춥지 않은 날이었다.

토요일 오후 안국역에서 가이드와 북한 언니들을 만났다. 겨울이어도 춥지 않게 햇살이 따뜻했다. 60대 가까이 되어 보이는 가이드는 역사를 공부한 뒤 자원봉사를 한다고 하셨다. 그녀의 자세하고 친절한 설명을 들으며 걷기 시작했다. 작은 가게들에는 아기자기한 소품들이 있고, 길거리에는 수제 가죽지갑, 머리핀 등도 보였다. 구경하는 재미가 쏠쏠했다. 가게 앞에 걸려 있는 세일한다는 모자와 가방을 구경하며, 발자국이 그려진 포토존에서 사진도 찍고 즐겁게 오후를 보냈다.

이 책에 등장하는 원민형 언니의 딸이 함께했다. 열 살이다. 어딘가 언덕쯤에 올라 사진을 찍고 가게들을 구경했는데 난 그들과의 추억을 간직하고 싶었다. 사진 한 장 찍자고 휴대전화 카메라를 켜자 갑자기 아이가 강아지처럼 전봇대 뒤로 잽싸게 숨었다. 중국에서 오랫동안 신분을 감추며 숨어 살았다는 원민형 언니의 인터뷰 내용이 떠올랐다. 전봇대 뒤로 숨은 아이의 눈빛이 잊히지 않는다. 우리는 아이 없이 사진을 찍었고, 그 아이는 우리를 지켜보고 있었다. 그 아이는 날 계속 경계했다.

언덕을 내려와 인사동에 도착했다. 그들과 인사동 단골 찻집으로 가서 차 한잔을 하기로 했다. 투박하고 오래된 나무 탁자와 허름한 방석이 있는 그곳에 들어서면 친절한 주인이 쌍화차 향과 함께 기다리고 있다. 전통차 집에는 모두 처음 온다고 했다. 3~4시간은 넘게 앉아 있었다. 조용한 날이었고, 그들은 자리를 옮겨 한자로 적힌 어떤 한지 밑에서, 특이한 소품 옆에서 사진을 찍었다. 그때 어른들 틈에서 같이 오랜 시간 머물던 아이가 눈에 들어왔다.

시간이 흘러 우리가 목마른 걸 눈치 챈 주인은 새로 나온 차라고 마셔보라며 찻주전자를 건넸고, 그 아이는 그걸 어른들에게 무릎 꿇고 대접했다. 열 살 된 아이가 그런 모양새로 차 대접하는 걸 본 적이 없다. 가운데 내 옆에 앉아 어른들의 잔에 차가 떨어질 때쯤 차를 채워줬다, 아무 말 없이. 아이치고는 너무 점잖다. 대견하고 기특하다며 칭찬해줬는데 묵묵부답이다. 그 아이는 구경을 하러 나온 걸까. 엄마를 지켜주러 나온 걸까. 내 눈에 비친 아이는 후자였다.

이 책에 소개된 다섯 명 중 네 명의 북한이주여성은 2016년 「북한이탈여성들의 심리사회적자원에 관한 질적사례 연구」(전주람. 『한국가족관계학회지』 20권 4호, 47-71쪽)에서 다룬 바 있다. 3장에 소개한 여군 출신의 여성은 당시 연구 표집 기준에 맞지 않아 싣지 못했는데, 이 책에서 그 증언을 되살릴 수 있어 기뻤다. 아래 내용은 당시 논문에 발표된 내용을 일부 소개한 것이고, 아울러 이 책의 가치를 간략히 언급한 것이다.

우선 위 논문에서는 남한에 거주하고 있는 북한이주여성들을 대상으로 다뤘다. 그들 스스로 자신이 처한 상황을 어떻게 극복하고, 다양한 요구를 해결하기 위해 어떤 식으로 심리사회적 자원을 획득하고 활용했는지를 탐색하고자 했다. 유의미한 결과를 도출하기 위해서 개인별로 심층 인터뷰를 하고 그 자료를 분석한 결과, 이들 여성의 심리사회적 자원은 '자기 보호' '자기 극복' '자기 존재 인식'으로 세분화할 수 있었다.

첫째, 이들 여성은 남한사회에 정착하는 과정에서 자기보호 수단으로 자기애와 가족애, 이웃들과의 물자 공유, 타인과의 원만한 관계를 중요하게 인식했다. 둘째, 자기 극복의 수단으로 안정적인 생활과 편안한 정서를 확보하기 위해 억척스러움, 성실과 노력, 자기만의 기분 전환 활동, 가까운 사람들과의 수다, 내려놓기, 감사와 낙천성을 심리사회적 자원으로 활용했다. 셋째, 과거에는 귀한 딸이었으나 현재는 엄마가 된 두 형태의 자기 존재를 심리사회적 자원으로 활용하고 있었다. 남한 정착의 과정에서 갈등 상황이 빚어졌을 때 각각의 상황에 맞는 대처 방식을 심리사회적 자원으로 활용했다.

이런 해석에 근거해 다음 결론을 끌어낼 수 있었다. 북한이주여성들은 남한으로 입국해, 첫째로 대한민국 국민으로서의 정체성을 확보하기 위해서, 둘째로 안정적인 정착을 위해서, 자기 보호, 자기 극복, 자기 존재 인식과 관련된 심리사회적 자원을 활용했다. 그리하여 이들은 남한 사회에서 이방인이 아니라 제1국민으로서 새로운 정체성을 확보하려고 했으며 특히 생존에 대한 강한 욕구를 드러냈다. 목표의식이 뚜렷한 덕분에 이들은 스스로 노력해 성공적으로 남한 사회에 정착해 나갔다고 볼 수 있었다.

아울러서 위 연구 결과를 완성하기 위해 인터뷰한 내용을 담은 『절박한 삶』은 이론적 측면에서 볼 때 북한이주여성들의 심리사회적 자원에 관한 연구의 영역을 확장하는 일환이 될 것이다. 또한 실제적 측면에서는 북한이주여성들을 위한 복지 및 정착 프로그램을 운용하는 데 참고 자료로도 활용될 수 있을 것이다. 왜냐하면 이들의 생생한 목소리가 '날것' 그대로 담겨 있기 때문이고, 저자들 또한 그들의 목소리를 그대로 담아내려고 노력한 덕분이라 하겠다. 아직까지 남한사회에서는 북한이주여성에 대한 관심과 논의가 중심보다는 주변적인 논의로밖에 전개되지 못하는 상황이다. 따라서 이 책에 담긴 내용이 북한이주여성을 대한민국 사회에서 중심적인 논의로 끌어올리는 데 일조할 것으로 믿는다.

저자인 우리는 북한 혹은 북한 이주민을 대상으로 한 학술 논문이 사회적 담론으로 확장되지 못하고 특정 연구자들에게만 국한되어 활용되고 있다는 점에 아쉬움을 느껴왔다. 그래서 대중과 담론을 형성해서 이들의 삶을 좀더 가까이에서 살펴보는 것이 의미 있으리라 판단했다. 그들의 문제는 곧 우리 문제이고 우리 남한사회의 문제인데도 불구하고 항상 '구별 짓기'를 해왔던 것이 사실이다. 이에 대중에게 거의 노출되지 않았던 그들의 목소리를 이 책에 담아내고자 노력했다. 요컨대 대중과 쉽게 소통할 수 있는 장을 마련하자는 것이 우리의 집필 의도였다. 그들의 삶을 설명하는 데 있어 어려운 개념과 정책, 정치와 이데올로기, 분단 상황과 역사적인 시각, 체제와 문화적 차이 등등을 소개하는 것보다 공감이 가는 목소리를 공유하는 것이 낫겠다 싶었다.

그런 의미에서 이 책은 또한 인문학의 한 분야를 담아낸 것이기도 하다. 인문학이란 무엇인가. 결국은 인간에 대한 연구가 아니겠는가. 북한 이주민이 어떠한 삶을 살았고, 살아가고 있고, 살아갈 것인지에 대해 문제의식을 공유하고, 아울러 공생할 수 있는 대안을 함께 마련해보는 것이야말로 절박한 것이 아니겠는가. 그 절박했던 순간과 절박한 언어들, 절박한 현실을 현장감 있게 전달하고자 노력한 결과가 바로『절박한 삶』이라 하겠다. 그 절박한 삶을 담아내기 위해서 두 연구자는 각자의 위치에서 많은 노력을 기울였다. 연구자 전주람은 구술口述을 담아낸 구슬을 많이 모았고, 연구자 곽상인은 구슬을 엮어 기술記述하는 기술skill을 연마했다. 두 달란트가 만나 세상에 의미 있는 결과물을 내놓았다고 생각한다. 함께 노력해주신 방화6종합사회복지관 김성미 관장님, 그리고 글항아리 이은혜 편집장님과 진상원 편집자님께도 감사의 인사를 드린다.

마지막으로 이 연구에 참여해주신 다섯 분의 북한이주여성과 인터뷰를 하면서 무심코 던졌던 약속이 떠올랐다. '반드시 단행본으로 출간하여 북한이주여성들의 삶을 공유하겠다.' 그 약속을 이제야 지킬 수 있게 되어 마음이 한결 가볍다. 또한 '인터뷰 내용을 여과 없이 남한 사회의 대중에게 밝혀도 좋다'라는 그분들의 약속 또한 고맙게 느끼고 있다. 약속은 서로 간의 신뢰로 이뤄지는 다짐 같은 것이다. 북한이주민들에게 불편하고 차별적인 시선을 던지지 말고, 긍정의 대상으로 바라보고 인식하겠다는 약속이 지금 우리에게 필요하다. 통일한국 시대를 맞이하는 시점에서 이 약속은 꼭 필요할 것이다. 그러고 보니 이 책은 그들과 우리가 했던 '약속'의 결과물일 수도 있겠다. 마치 '꼭 통일이 되면 다시 만납시다'와 같은, 어쩌면 그러한 약속, 그 약속 말이다.

절박한 삶 탈북 여성 다섯 명이 말하는 도망쳐온 생, 새로 꾸려가는 생
ⓒ 전주람, 곽상인

초판인쇄 2021년 1월 11일
초판발행 2021년 1월 18일

지은이   전주람, 곽상인
펴낸이   강성민
편집장   이은혜
편집   진상원
마케팅   정민호 김도윤 최원석
홍보   김희숙 김상만 함유지 김현지 이소정 이미희

펴낸곳 (주)글항아리 | 출판등록 2009년 1월 19일 제406-2009-000002호

주소 10881 경기도, 파주시 회동길 210
전자우편 bookpot@hanmail.net
전화번호 031-955-2696(마케팅) 031-955-2670(편집부)
팩스 031-955-2557

ISBN 978-89-6735-853-2 03900

이 도서의 국립중앙도서관 출판예정도서목록(CIP)은 서지정보유통지원시스템 홈페이지(http://seoji.nl.go.kr)와
국가자료종합목록시스템(http://www.nl.go.kr/kolisnet)에서 이용하실 수 있습니다.
(CIP제어번호: 2020051857)

www.geulhangari.com